JÖRG DIEHL/ THOMAS HEISE/
CLAAS MEYER-HEUER

Rockerkrieg

GOLDMANN
Lesen erleben

Buch

Rocker sind längst nicht mehr nur die tumben Schläger, die vor Diskotheken stehen und dort den Drogenhandel kontrollieren. Hells Angels und Bandidos sind inzwischen erfolgreiche Geschäftsleute, mischen in der Lebensmittelbranche mit, machen Immobiliendeals, sind Gastronomen und profitieren massiv von der Vermarktung ihres Lifestyles. Kurz: Sie sind Teil der Organisierten Kriminalität in Deutschland. Umso unerbittlicher führen sie seit Jahren einen Krieg um Macht und Geld, bei dem sie ihre Konkurrenten mit äußerster Brutalität bekämpfen. In diesem Buch zeigen drei ausgewiesene Kenner der Szene, wie es in den vergangenen Jahren zu dem eskalierenden Rockerkrieg zwischen Hells Angels und Bandidos kommen konnte, welche Ziele die Clubs verfolgen und wer dort das Sagen hat. Dabei wird deutlich, wie Rocker und Polizei, Politik und Medien den Konflikt für ihre jeweiligen Zwecke nutzen.

Autoren

Jörg Diehl, geboren 1977, hat Geschichte, Germanistik und Politikwissenschaft studiert und schreibt seit 2007 für SPIEGEL ONLINE. Von 2009 bis 2011 war Diehl stellvertretender Ressortleiter Panorama, seit März 2011 ist er Korrespondent in Nordrhein-Westfalen.

Claas Meyer-Heuer, geboren 1978, studierte Sportwissenschaft in Köln und ist Absolvent der RTL-Journalistenschule für TV und Multimedia. Ab 2005 arbeitete Meyer-Heuer als Regionalreporter für RTL, seit 2007 ist er als Reporter für SPIEGEL-TV tätig.

Thomas Heise, geboren 1959 in Berlin (Ost), ist seit 1994 Reporter für SPIEGEL TV. Von 2003 bis 2011 war er Redaktionsleiter des SPIEGEL-TV-Magazins, seit 2011 ist er Stellvertretender Chefredakteur. Heise ist Autor des Sachbuches »Freikaufgewinnler – die Mitverdiener im Westen« (1993).

Jörg Diehl/ Thomas Heise/
Claas Meyer-Heuer (Hg.)

ROCKERKRIEG

Warum Hells Angels und Bandidos immer gefährlicher werden

GOLDMANN

Dieses Buch ist auch als E-Book erhältlich.

MIX
Papier aus verantwortungsvollen Quellen
FSC® C014496

Verlagsgruppe Random House FSC® N001967
Das FSC®-zertifizierte Papier *Pamo House* für dieses Buch
liefert Arctic Paper Mochenwangen GmbH.

1. Auflage
Vollständige Taschenbuchausgabe August 2014
Wilhelm Goldmann Verlag, München,
in der Verlagsgruppe Random House GmbH

Sämtliche Abbildungen im Innenteil: SPIEGEL TV GmbH, Hamburg
Typografie und Satz: DVA / Brigitte Müller
Umschlaggestaltung: UNO Werbeagentur, München
in Anlehnung an die Umschlaggestaltung der Originalausgabe
(www.buero-jorge-schmidt.de)
Umschlagabbildungen: © Steve Thorne/Getty Images (vorne);
© ddp images/dapd (hinten)
KF · Herstellung: Str.
Druck und Bindung: GGP Media GmbH, Pößneck
Printed in Germany
ISBN: 978-3-442-15810-2
www.goldmann-verlag.de

INHALT

VORWORT
DIE BLUTSPUR

Es ist das Aufeinandertreffen zweier Legenden, Muhammad Ali gegen Mike Tyson sozusagen, wenn auch mit nicht ganz gleichmäßig verteilten Chancen: Auf der einen Seite die GSG 9, die Elite der Elite, die Enkel der Helden von Mogadischu, das ultimative Mittel des Rechtsstaates. Und auf der anderen Seite Frank Hanebuth, mächtigster Hells Angel in Europa, Ex-Schwergewichtsboxer, 1,96 Meter groß, locker 140 Kilo schwer. »Der Lange« gilt als Pate von Hannover, sein Wort ist vielen Männern Gesetz.

Hanebuth wohnt nördlich der niedersächsischen Landeshauptstadt, in der ebenso sattgrünen wie gutbürgerlichen Gemeinde Wedemark. Seine Villa, Fachwerk mit rotem Klinker, liegt hinter einem zwei Meter hohen Zaun, der mit Stacheldraht bewehrt und mit Kameras gespickt ist. Die Nachbarn des Chefrockers sind Musiker und Chefärzte, Manager und Politiker, die sich privat in ihre schöne, heile, wohlhabende Welt zurückgezogen haben.

In dieses Idyll dröhnt am 24. Mai 2012, morgens um kurz nach 5 Uhr, ein 3200 PS starker Hubschrauber der Bundespolizei vom Typ Super Puma. An Bord des blau lackierten Monstrums hocken ein Dutzend Elitepolizisten der Spezialeinheit GSG 9, Funkname »Wotan«. Schwer bewaffnet mit Maschinenpistolen, 9-Millimeter-Waffen, Pumpguns und Blendgranaten seilen sich die maskierten Kämpfer in den schwarzen Einsatzoveralls in Hanebuths Garten ab.

Sie erschießen einen sechs Monate alten Hütehund, zwecks Eigensicherung, wie es hinterher im schönsten Polizeideutsch heißt, als ihnen der aus dem Schlaf gerissene Rockerfürst auch schon entgegenläuft. Die Hände hält er über den Kopf, sich der Staatsmacht ergebend.

Denn diesen Kampf, das weiß Frank Hanebuth, kann er nicht gewinnen, und weil er ein cleverer Mann ist, will er sich auch gar nicht erst darauf einlassen.

Zeitgleich durchsuchen mehr als 1000 Beamte, darunter Hunderte Spezialeinsatzkräfte, Wohnungen, Häuser, Bordelle und Bars im Norden der Republik. Auf einer Pressekonferenz feiern die Polizeiführer Stunden später ihren Schlag gegen das Verbrechen. Die Aktion sei »historisch« gewesen, sagt ein Beamter sehr zufrieden.

Tatsächlich markiert der Einsatz der GSG 9 gegen den mächtigsten deutschen Hells Angel den vorläufigen Höhepunkt einer Entwicklung, in deren Verlauf der Druck des Rechtsstaats auf die Rockerszene stetig gewachsen ist. Immer stärker gehen die Ermittler in Bund und Ländern seit einigen Jahren gegen die sogenannten Outlaw Motorcycle Gangs (OMCG) vor. Es hagelt Verfahren, Durchsuchungen, Festnahmen, Prozesse und Vereinsverbote: Unter anderem in Neumünster, Flensburg, Frankfurt, Kiel, Köln, Aachen und Berlin werden Rockerclubs geschlossen.

Und dann geschieht im Sommer 2012 das Undenkbare. Die Hells Angels machen aus eigenem Antrieb kurz hintereinander ihre wichtigsten, größten und prestigeträchtigsten Dependancen in Deutschland dicht. In Bremen löst sich das Charter »West Side« auf, in Hannover der Club des Frank Hanebuth. Und auch die Berliner »Nomads« – im Selbstverständnis der Hells Angels eine Art Eliteverband – flüchten aus der Hauptstadt ins beschaulichere Brandenburg.

Für das Milieu der Motorradgangs ist das in etwa so, als hätten Borussia Dortmund, Bayern München und der Hamburger SV gleichzeitig ihre ersten Mannschaften vom Spielbetrieb der Fußball-Bundesliga abgemeldet – und zwar um einer drohenden Sperre durch den DFB zuvorzukommen. Es ist ein Erdbeben in der Bikerszene, Stärke 10,0 auf der Rockerskala, etwas, das es in dieser Dimension noch nie gegeben hat und das viele Jahre zuvor noch vollkommen unvorstellbar war. Die Frage muss daher lauten: Wie zur Hölle ist es dazu gekommen?

Denn eigentlich befand sich die Szene in einem beispiellosen Aufwärtstrend. Europol zufolge verdoppeln die beiden größten Clubs – Hells Angels und Bandidos – die Zahl ihrer europäischen Filialen seit 2005 nahezu. Deutschland ist im Frühling 2012 weltweit der größte Rocker-Standort nach den USA. Und während es im Herbst 1999 gerade einmal 50 Hells Angels in fünf Chartern gab, zählt das Bundeskriminalamt (BKA) im Jahr 2011 bereits 1211 Höllenengel in 57 Chartern. Dem stehen 1029 Bandidos in 73 Chaptern gegenüber – auch deren Zahl ist zuletzt explodiert: Nur ein Jahr zuvor registrierte das BKA bloß 721 Banditen in 50 Chaptern.

Begleitet wird die rasante Expansion der Gangs von einer jahrelangen Dauerfehde, in der sich vor allem Hells Angels und Bandidos auf das Brutalste bekämpfen. Die Presse erfindet dafür den Begriff »Rockerkrieg« – wie soll man es auch sonst nennen, wenn auf offener Straße Menschen getötet werden und die Anführer einer Gruppe ihren Mitgliedern befehlen, die Anhänger der anderen Gruppe anzugreifen, wann immer sie sie sehen? So ziehen die Banden durch das Land und hinterlassen eine Blutspur:

Am 23. Mai 2007 erschießen die Bandidos Heino B., 47, und Thomas K., 35, den Hells Angel Robert K., 47, in seinem Motorradladen im westfälischen Ibbenbüren.

Am 21. Juni 2009 greift ein Kommando der Bandidos im brandenburgischen Finowfurt auf offener Straße einen Konvoi der Hells Angels an: Danilo B., 27, erleidet multiple Stichverletzungen in beiden Beinen und im linken Arm, eine Fraktur der rechten Kniescheibe, eine Fraktur des linken Unterschenkels. Enrico K., 26, wird das rechte Bein fast abgetrennt, Sebastian W., 27, in Hals und Brust gestochen. Und Angels-Anführer André Sommer schleppt sich ins Krankenhaus, mit einer abgebrochenen Klinge im Rücken.

Am 26. Juni 2009 stoppen die Hells Angels Marcus S., 41, Danny A., 29, und Björn S., 27, auf der Landstraße 386 bei Stetten (Rheinland-Pfalz) den örtlichen Outlaws-Präsidenten Dirk O., 45, reißen ihn von seinem Motorrad, schlagen ihn zusammen und erstechen ihn schließlich.

Am 17. Juli 2009 findet im brandenburgischen Eberswalde ein Rocker der Chicanos einen verdächtigen Gegenstand unter seinem Auto. Die alarmierten Sprengstoffexperten der Polizei entschärfen wenig später eine russische Handgranate vom Typ RG 42.

Am 13. August 2009 tötet ein Unbekannter in Berlin-Hohenschönhausen den Hells Angel Michael B., 33, mit einem Schuss in die Brust. Ein Messerstich durchtrennt zudem seine Oberschenkelarterie.

Am 12. September 2009 rammt der damalige Anführer der Hells Angels Flensburg, Stefan R., 36, mit seinem Audi A8 zweimal den Bandido Thomas K., 24, der mit seiner Harley auf der Autobahn unterwegs ist. Der Rocker stürzt und erleidet lebensgefährliche Verletzungen.

Am 8. Oktober 2009 erschießt im Duisburger Rotlichtviertel der Hells Angel Timur A., 31, den Bandido Rudi Heinz »Eschli« Elten, 32. Ein »Szenario wie beim Schachspiel«, sagt der Vorsitzende Richter später: »Vier Züge bis Matt.«

Am 18. Oktober 2009 feuern Unbekannte im hessischen Usingen aus einem Auto heraus auf den Hells Angel Friedrich M., 44, als der in seinen Wagen einsteigen will. Ein Projektil durchschlägt den Arm des Mannes auf Brusthöhe.

Am 28. Dezember 2009 greifen die Bandidos Rafael H. und Nico R. in Erfurt den Hells-Angels-Unterstützer René F., 38, vor einem Motorradladen an. Das Opfer erleidet lebensgefährliche Hieb- und Stichverletzungen.

Am 17. März 2010 tötet im rheinland-pfälzischen Anhausen der Hells Angel Karl-Heinz »Kalli« B., 44, den Polizisten Manuel K., 42. Der Oberkommissar gehört einem Spezialeinsatzkommando an, das sich in den frühen Morgenstunden Zutritt zum Haus des Rockers verschaffen will. Der aber feuert – anstatt zu öffnen – durch die geschlossene Tür auf die vermummten Beamten, weil er, wie er später sagt, den Angriff einer konkurrierenden Bande fürchtet.

Diesen Hells Angel spricht der Bundesgerichtshof (BGH) am Ende sogar frei: »Er erblickte von einem Treppenabsatz aus durch die Teilverglasung der Haustür eine Gestalt, konnte diese aber nicht als Polizisten erkennen«, heißt es aus Karlsruhe. »Kalli« B. habe stattdessen angenommen, schwerbewaffnete Bandidos seien gekommen, um ihn und seine Verlobte zu töten. Als auf den Warnruf »Verpisst euch!« und das Einschalten des Lichts keine Reaktion erfolgt, habe der Mann geschossen.

Eine irrtümliche Annahme einer Notwehrlage sei nach ständiger Rechtsprechung ebenso zu behandeln wie ein Fall tatsächlich gegebener Notwehr, befindet der BGH, der sich damit ziemlich gut informiert zeigt. Denn im Grunde erkennen die Richter mit ihrer Entscheidung letztinstanzlich an, dass es in Deutschland verfeindete Banden gibt, die sich um das Gewaltmonopol des Staates wenig scheren und sich stattdessen mit tödlicher Brutalität und frenetischem Hass bekriegen.

Für die Ermittlungsbehörden jedoch ist das Urteil ein Weckruf, sie müssen handeln. Ziemlich zügig verständigen sich die Innenminister auf ein entschlossenes Vorgehen.

Doch der Verfolgungsdruck auf die Rocker, den Polizei und Staatsanwaltschaften in den Folgejahren aufbauen, all die Verbote, Verfahren und Razzien, die Sonderkommissionen und Datenbanken, das alles ist nur ein Grund für die heftige Bewegung in der Szene. Der andere liegt in den Clubs selbst. Seit ihrer Expansion und dem damit einhergehenden sogenannten Rockerkrieg befinden sich die Gangs in einem radikalen Veränderungsprozess.

Hells Angels und Bandidos haben in den vergangenen Jahren Hunderte junger Männer angezogen, die mit dem Lebensgefühl der Altrocker nichts mehr verbindet. Sie hören Hip-Hop statt Rock'n'Roll, sie rasieren sich die Köpfe, Gesichter und Achseln, statt lange Haare im Wind wehen zu lassen, sie gehen auf die Sonnenbank und tragen Brillis im Ohr, keine Eisernen Kreuze mehr. Man könnte auch sagen, sie wollen lieber wie 50 Cent aussehen als so wie Dennis Hopper in »Easy Rider«.

Ältere Rocker bezeichnen die Neuen daher manchmal wenig charmant als »das Gesocks«. In den Clubs mischen mittlerweile ehemalige Hooligans, Neonazis und Neuköllner Kleinkriminelle mit – nicht immer als reguläre Rocker, oftmals nur in Schlägertrupps, »Supporter«, also Unterstützer, genannt. Viele dieser jungen Männer, meist mit einem Faible für Kameradschaft, Kampf- und Kraftsport, haben einen Migrationshintergrund und eine dicke Strafakte bei der Polizei. In Berlin etwa befehligt der Ex-Boxer Kadir Padir einen Trupp Hells Angels, in dem kaum einer der Männer einen Motorradführerschein besitzt, geschweige denn eine Harley-Davidson, dafür aber den Respekt der Straße. Und das scheint heute in der OMCG-Welt einzig entscheidend zu sein.

Viele Jung-Rocker sind als Jugendliche sogenannte Intensivtäter gewesen und in einem Umfeld aufgewachsen, in dem Straftaten zum Alltag gehören. Der Berliner Oberstaatsanwalt Roman Reusch schrieb bereits vor Jahren über den Nachwuchs örtlicher Clans: »Sie haben eine Selbstbedienungsmentalität entwickelt, die darauf abzielt, sich zu nehmen, was immer sie wollen und wann und sooft sie es wollen.« Damit seien die jungen Männer ein »ideales Reservoir für die Fußtruppen des Organisierten Verbrechens«.

In Bremen etwa gründet im August 2010 der Kurde Mustafa B. gemeinsam mit knapp zwei Dutzend Mitgliedern seiner Sippe einen Ableger des internationalen Motorradclubs Mongols. Es ist das erste Mal, dass in Deutschland Angehörige eines muslimischen Zuwanderer-Clans, der bereits der Schweren Kriminalität zugerechnet wird, in die Bikerszene drängen. Inzwischen gibt es die Mongols und ähnliche Gruppierungen in vielen Städten.

Auch die großen Gangs, die vor Jahren noch eine strikt nationale Personalpolitik verfolgten, haben ihr Rekrutierungsschema längst geändert. Gesucht werden nicht mehr unangepasste Asphalt-Cowboys teutonischer Provenienz, sondern schlagkräftige Typen mit krimineller Vorerfahrung. Alles andere ist dann Verhandlungssache.

So sagt der Berliner Streetworker Taner Avci, 39, im Dezember 2011 der »Zeit« über sogenannte Bildungsverlierer: »Klappt es dann nicht mit einer Ausbildung, bleibt meist nur noch der Traum vom schnellen Geld. Nicht selten suchen sich Jugendliche dann auch illegale Wege, um an Geld zu kommen. Besonders erschreckend ist in Berlin der Zulauf zu den Hells Angels und den Bandidos, zwei Banden, die es schaffen, Jugendlichen einen fragwürdigen Halt zu geben. Für jemanden, der sein Leben lang in einer Hartz-IV-Familie verbracht hat, ist es nicht leicht, aus diesem Automatismus auszusteigen.«

Dass sich immer mehr Männer, wie etwa der Duisburger Free Fighter Timur A., der als Hells Angel im Oktober 2009 den Bandido »Eschli« Elten töten wird, von ihren Straßengangs ab- und den Rockerbanden zuwenden, hat nicht nur mit deren Stärke, sondern auch etwas mit der gesteigerten Medienpräsenz dieser Clubs zu tun. Gefragt, warum seine Bande sich den örtlichen Höllenengeln als Schlägertruppe angedient habe, antwortet im Januar 2012 ein junger Deutsch-Marokkaner aus Köln: »Ey, Mann, die sind berühmt. Guck mal YouTube!«

Doch mit diesen neuen Leuten in ihren Reihen beginnen die Motorradclubs sich zu verändern. Die OMCG-Szene steht in Deutschland vor einem grundlegenden Wandel, vor dem erfahrene Kriminalisten warnen. Denn während viele Altrocker über ihre Clubs, denen sie sich verpflichtet fühlen und an denen ihnen liegt, noch einigermaßen beherrschbar sind, scheinen die jungen Wilden keinerlei Loyalität mehr zu kennen. Wenn es gerade opportun erscheint, streifen sie die eine Kutte ab und ziehen die nächste an. Zudem sind sie häufig hochaggressiv und sorgen mitunter für heftige Konflikte, in die sie immer wieder die gesamten Gangs hineinziehen.

Den Ermittlungsbehörden, aber auch den Motorradbanden, die zumindest theoretisch strengen internen Regeln folgen und drakonische Strafen kennen, erwächst daraus ein Problem: Wie wird man die Geister wieder los, die man einst zu Hilfe gerufen hat? Kann man sie überhaupt wieder loswerden? Oder ist die Zeit der Etablierten abgelaufen – nicht nur weil die ungestümen, hungrigen Jungen nach vorne drängen, sondern auch weil den Alten inzwischen die Staatsmacht auf den Füßen steht?

In den vergangenen Jahren sind zahlreiche Bücher über die Motorradgangs erschienen, die alle dieselbe Perspektive auf die Szene wählen: Es sind subjektive Berichte von Insidern, Undercover-Polizisten oder ehemaligen Gangmitgliedern. Die Autoren beschreiben, was sie (angeblich) in ihrer kleinen Rockerwelt erlebt haben, einen größeren Kontext vermögen sie nicht herzustellen.

Dieses Buch soll etwas anderes sein, etwas, das es in Deutschland noch nicht gegeben hat. Aus Tausenden Seiten exklusiv vorliegender und vertraulicher Akten, aus Dutzenden Gesprächen mit Polizisten, Milieu-Größen und Rockern entstand die erste objektive Darstellung eines Phänomens, das die Sicherheitsbehörden in den nächsten Jahren massiv beschäftigen wird.

Dieses Buch beschreibt, wie es dazu kommen konnte, dass eine abgeschriebene und totgesagte Szene einen derartigen Aufschwung erlebt. Es zeichnet nach, wie Abertausende Rocker in Deutschland inzwischen ihr Geld verdienen, in welche Geschäfte sie verwickelt sind und zu welchen Politikern, zu welchen Prominenten sie beste Beziehungen pflegen. Und es gibt einen Eindruck davon, zu welcher Bedrohung die Gangs sich auswachsen, wie mächtig sie geworden sind, wie weit ihre Kontakte reichen. Rocker sind nicht mehr nur die tumben Schläger, die vor Diskotheken stehen und dort den Drogenhandel kontrollieren. Sie mischen in der Lebensmittelbranche mit, machen Immobiliendeals, sie sind Gastronomen, führen Unternehmen und profitieren von der Vermarktung ihres Lifestyles.

Vor allem aber möchten wir mit diesem Buch dazu beitragen, dass die Öffentlichkeit versteht, was in den vergangenen Jahren in dem oft beschworenen Rockerkrieg eigentlich geschehen ist. Worum es geht und welche Konsequenzen die Taten hatten. Wer die handelnden Personen sind, welche Ziele sie verfolgen und wie Rocker, Presse, Politik und Polizei den Konflikt für ihre jeweiligen Zwecke nutzen.

Eines noch: Es gibt Millionen kreuzbrave Motorradfahrer in Deutschland, manche von ihnen nennen sich Biker. Es gibt Tausende Clubs, in denen sie sich organisiert haben – doch um all diese geht es in diesem Buch nicht. Vielmehr geht es im Folgenden um die sogenannten »One Percenter«, also um das eine Prozent der Szene, das sich selbst als gesetzlos definiert. Es geht vor allem um Hells Angels und Bandidos, am Rande auch um Outlaws und Gremium – diese Gruppierungen sind ausschließlich gemeint, wenn in diesem Buch von Rockern, Bikern, Harley-Fahrern und Motorradclubs die Rede ist.

Nur damit es keine Missverständnisse gibt.

KAPITEL 1

»KOMM MAL HER, DU SCHWULE SAU, ICK FICK DICH!«

Rocker als Staatsfeinde, Subkultur und Promischmuck

Böse gucken früh um fünf – Rocker und der Rechtsstaat

Ein Mann schreit. Der Tonfall ist bestimmend, fordernd. Da will einer Randale. Es ist kurz nach Sonnenaufgang, die Hauptstadt genießt noch den unruhigen Schlaf einer Metropole. »Komm mal her, du schwule Sau, ick fick dich!«, brüllt der Mann im Juni 2008 aus dem offenen Fenster des Vereinsheims der Hells Angels am Spandauer Damm in Berlin.

In dem Siebziger-Jahre-Bau aus Waschbeton und Stahlträgern feiern die Höllenengel eine ihrer typischen Partys. Für ihre Zwecke ist der Bau bestens geeignet, denn nur eine Treppe führt nach oben in den Clubraum. Jeder muss hier hoch – einerlei, ob Angreifer einer anderen Gang oder Vertreter der Staatsmacht.

Musik dröhnt aus Lautsprecherboxen auf die Straße. An die blau gestrichene Brüstung sind rot-weiße Fackeln gebunden. Der Mann, der so schreit, heißt Rayk Freitag. Neben ihm auf der Empore des Hauses stehen rund 20 Hells Angels. Sie lehnen an der stählernen Brüstung, muskelbepackte Kerle, die meisten tätowiert, die Lederwesten über den engen T-Shirts und wild entschlossen, ein bisschen Spaß zu haben.

Unten auf der Straße stehen Ermittler des Landeskriminalamtes, genauer: die MEK-Rockerstreife der LKA-Abteilung 643. Auch manche Fahnder sehen furchteinflößend aus. Zur besseren Unterscheidung tragen sie grüne Westen, auf denen POLIZEI steht. Die Hells Angels lachen, zeigen auf die verdutzten Beamten, die das provozierende Verhalten wiederum nur bedingt witzig finden. Verstärkung wird angefordert, das Spezialeinsatzkommando rollt an, und die Geschichte gewinnt an Fahrt.

Freitag, ein 39-jähriger Karatekämpfer aus Brandenburg, kann nicht nur verbal austeilen. Als eine Art »Schlag-drauf-und-Schluss« hat er sich in der Rockerszene einen Namen gemacht. Mehrmals werden sich in den nächsten Jahren Polizei und Gerichte mit dem Mann beschäftigen.

An diesem lauen Sommermorgen gehen die Beamten davon aus, dass gegen Freitag ein Haftbefehl vorliegt. Um den zu vollstrecken, muss der Rocker rauskommen. Will er nicht freiwillig, und danach sieht es aus, müssen die Beamten eben rein und ihn sich greifen. Eine halbe Stunde nachdem die Polizei in ausreichender Stärke angerückt ist, verhandeln beide Seiten noch immer über den Delinquenten Rayk Freitag.

Einer der Hells Angels, untersetzt, mit Ohrring und Lederkutte, erklärt der Polizei sein Rechtsverständnis: »Wenn ihr anrückt, mach ich die Tür zu, ist doch ganz normal.« Der zuständige LKA-Fahnder raunzt zurück: »Wenn der uns da oben beleidigt mit ›Du schwule Sau‹, meinst du, das lassen wir uns bieten? Den holen wir da raus!«

Ein paar Baseballschläger, in der Szene liebevoll »Basies« genannt, werden beschlagnahmt. Dann folgt der Auftritt von Holger »Hocko« Bossen. Er führt mit den »Nomads« eine Art Edelabteilung der Hells Angels an, denn in jedem Land der Welt darf es nur einen Ableger mit diesem Namen geben.

Weit über zwei Zentner bringt Bossen auf die Waage, verteilt auf 1,90 Meter. Er trägt szenetypische Kleidung: schwarzes T-Shirt, schwarze Lederjacke, schwarzes Basecap. Mit Bossen ist nicht zu spaßen, Kenner des Milieus berichten, dass er vor Jahren in Skandinavien schon einen Mord begangen haben soll. Das konnte ihm aber nie bewiesen werden.

Seine Körperhaltung, was Wunder bei der Anwesenheit von so viel Polizei, ist angespannt. Er steht aufrecht, den massigen Kopf leicht nach vorne geschoben. Die Stimme ist fest, Bossen weiß, was er will. Es ist ein Heimspiel, sein Club, und es ist sein Kumpel, den der Staat will. Und so einfach geht das nicht.

»Wo ist der Einsatzleiter, bitte?«, fragt Bossen in die Runde. Keine Antwort. Dann starrt der Rocker den vor ihm stehenden Polizisten an. Ohne zu zucken, ohne den Blick abzuwenden. Rocker gegen Rechtsstaat: Ich habe keine Angst. Und du?

Trotz dieses beeindruckenden Auftritts wird Bossen kurze Zeit später von den Angels rausgeschmissen, weil er in die Vereinskasse gegriffen haben soll. »Out in bad standing«, so die clubinterne Bezeichnung für den Tritt in den Hintern, Bossen ist damit Freiwild. Im Mai 2011 wird er einen Mordanschlag nur knapp überleben, im November 2012 wegen eines mutmaßlichen Mordauftrags festgenommen, doch dazu später.

Beim Polizeieinsatz vor dem Vereinsheim ergibt sich der gesuchte Rayk Freitag zunächst der Staatsmacht. Freundlich scherzt der Karateka mit seinen Kumpanen und will sich nach Waffen abtasten lassen. »Hocko« Bossen und sein damaliger Stellvertreter André Sommer werden derweil von anderen Polizisten in Schach gehalten. Dann greift einer der Uniformierten an Freitags Arm. Der Rocker rastet aus.

Blitzschnell umklammert er den Beamten, reißt ihn nieder. Eine wilde Keilerei beginnt, zehn Polizisten schaffen es nur mit Mühe, ihren Kollegen aus der bedrohlichen Situation zu befreien. Möglicherweise will sich Freitag ein »Dequiallo« verdienen. Dieses Abzeichen bekommen Hells Angels, die einen Angehörigen von Polizei oder Justiz angreifen und verletzen. Es ist nur eine Auszeichnung unter vielen in der Subkultur der Rocker.

Rein nur mit Ramme – Rockerclubs als rechtsfreier Raum

In dieser Berliner Nacht entbrennt ein Kleinkrieg zwischen Ordnungsmacht und Rockern, obschon der Anlass nichtig ist. Die Polizisten als Vertreter des Rechtsstaats handeln für unser aller Gemeinwohl, denn das Zusammenleben in einer Zivilgesellschaft gestaltet sich einfacher, wenn es Regeln gibt, die allgemein anerkannt sind. Mit diesen Regeln wiederum haben Rockerbanden wie die Hells Angels oder die Bandidos so ihre Probleme. Darum bezeichnen sie sich selbst als »Outlaws«, als »Gesetzlose«. In der internationalen Polizeisprache ist der Begriff Outlaw Motorcycle Gangs (OMCG) gebräuchlich. In Deutschland sind die Hells Angels, die Bandidos, der Gremium MC und die Outlaws die führenden und mitgliederstärksten Banden der Szene.

Der Leitende Kriminaldirektor Bernd Finger ist ein Kenner des Milieus, seit Jahren begleitet der Chef der Abteilung für Organisierte Kriminalität im Berliner Landeskriminalamt die Entwicklung der Clubs. Sein Wort hat Gewicht in der Hauptstadt-Polizei. Für den grauhaarigen Ermittler ist klar, dass »die Rockergangs ihre regionalen Territorien, die sie mit einem Machtanspruch belegen, nach ihren kriminellen Interessen verteilen«.

Dabei kommt es immer wieder zu schweren Auseinandersetzungen, auf die der Staat seit geraumer Zeit angemessen zu reagieren versucht. Ein erster Schritt ist die Identifizierung des Problems. In einem vertraulichen Bericht der Innenministerkonferenz (»VS – Nur für den Dienstgebrauch«) wird 2010 die »Entwicklung eines ganzheitlichen und länderübergreifenden strategisch-taktischen Rahmenkonzeptes zur Bekämpfung der Rockerkriminalität« angeregt. Die Handlungsanweisung einer Bund-Länder-Projektgruppe mit dem Titel »Bekämpfungsstrategie Rockerkriminalität – Rahmenkonzeption«, im Behördenjargon »BLPG BR-RK« genannt, umfasst 64 Seiten. Es geht um Sprachregelungen, Definitionslisten, Handlungsempfehlungen und Leitlinien.

Kein Wunder, dass der Bericht so umfangreich ist, ist doch der Outlaw-Rocker in seinem natürlichen Lebensraum ein eher unbekanntes Wesen. Die Polizei weiß nur wenig über seine Ziele, kann nur schlecht einschätzen, wann er kooperiert und wann er schießt. Rocker sind klandestin organisiert und kaum soziologisch untersucht. Einer breiteren Öffentlichkeit bekannt sind meist nur die örtlichen Chefs, Präsidenten genannt. Seit einiger Zeit gibt es bei den deutschen Hells Angels eine eigene Presseabteilung, das »PR-Team 81«. Die 8 steht für den achten Buchstaben im Alphabet, die 1 für den ersten, HA gleich Hells Angels.

Allein in der Hauptstadt soll es 1000 Rocker der verschiedenen OMCGs geben, 800 von ihnen kennt die Berliner Polizei. Mit Namen und vom Angesicht. Doch die Informationsbeschaffung aus dem inneren Kreis der Clubs ist nicht so einfach, die Gewinnung von sogenannten VPs, von Vertrauenspersonen, gestaltet sich schwierig. Wer will schon der Polizei Vertrauen schenken, wenn ihm nach Enttarnung seiner Spitzeltätigkeit der Tod droht.

In dem polizeilichen Rahmenkonzept heißt es, dass sich das Phänomen der Rockerkriminalität von anderen Kriminalitätsformen in einigen wesentlichen Punkten unterscheide. Ganz oben stehen dabei der hohe Organisationsgrad und die enorme Gewaltbereitschaft gegen »Personen und Sachen unter Hinnahme eines erheblichen Eigenrisikos«. Rocker prügeln ohne Rücksicht auf Verluste.

Die Zusammenarbeit mit Polizei und Justiz ist gleich null. Es gilt das Gesetz des Schweigens, wie bei der Mafia. Was den Ermittlern zudem besonders auffällt, ist »das gezielte Herbeiführen von gewalttätigen Auseinandersetzungen, zumeist mit anderen Rockerclubs«. Außerdem, und auch das hebt sie eben von vielen anderen kriminellen Gruppen ab, verfügen alle großen Banden über »ein bundesweit und international außerordentlich gut funktionierendes Netzwerk«. Letzteres erleichtert zum Beispiel den Drogenhandel, wie sich später noch zeigen wird.

Natürlich kennen auch Deutschlands führende Rocker das Polizeipapier und bieten es zwischenzeitlich sogar auf einer ihrer Internetseiten zum Download an. So wissen sie zwar, warum der Staat etwas macht, aber nur selten wann.

Erwarte keine Gnade – Rocker als Subkultur

»God forgives, Bandidos don't«, lautet eine Devise des Motorradclubs: Gott vergibt, Bandidos nicht. Auf das alttestamentarische Prinzip der Blutrache (»Auge um Auge, Zahn um Zahn«) können sich alle Angehörigen und Unterstützer der sogenannten Outlaw Motorcycle Gangs einigen, auch wenn sie sich sonst spinnefeind sind. Die Rocker vertrauen nicht auf die Rechtsprechung der Justiz, sondern regeln ihre gegenseitigen Animositäten lieber unter sich. Fast alle schwerwiegenden Straftaten zwischen Rockern in den vergangenen Jahren waren Racheakte für vorausgegangene Übergriffe. Über lange Zeit drehte sich die Spirale der Gewalt immer schneller, Verhandlungen konnten allenfalls kurzzeitige Entlastung bringen.

Ein mindestens ebenso ehernes Gesetz wie das Prinzip der Blutrache und die Ablehnung des Staates ist die Rockerpflicht, für das Ansehen des eigenen Clubs einzustehen. Verteidige ich die Ehre meines Vereins, bringt mir das Ruhm und Respekt, so rechnen die Mitglieder. Bestimmte Dinge, wie die Kutte mit dem hinten aufgenähten Logo der Bande, müssen die Männer sogar mit ihrem Leben verteidigen. Nicht immer halten sie sich daran. Auch Bandidos und Hells Angels haben Angst. Man stirbt nur einmal.

Als »Eschli« Elten im Oktober 2009 das Clubhaus der Bandidos verlässt, trennt ihn vom Tod nur noch eine Begegnung. Denn an der Ampel, einen Katzensprung entfernt und direkt in seiner Sichtachse, spielt der Hells Angel Timur A. mit dem Gaspedal seines weißen Mercedes. »Eschli« und Timur sind alte, hartgesottene Feinde, weshalb der motorisierte Vorstoß des »Höllenengels« in das Territorium des Bandidos als starkes Stück gelten muss. So etwas darf man sich als Rocker nicht gefallen lassen.

»Komm raus, du Sau, mach dich gerade!«, eröffnet »Eschli« die Unterhaltung. Doch Timur will nicht. Er zieht einen Revolver und bleibt im Auto sitzen, das Fenster offen. Spätesten jetzt hätte der breitschultrige Bandido den Rückzug antreten müssen, denn er hat nur ein Messer dabei. Ein Messer gegen eine entsicherte Handfeuerwaffe, da steht der Sieger schon fest.

Doch nun kommt die Ehre ins Spiel, die Rockerehre. Sie verbietet »Eschli« den Rückzug, denn: lieber tot als Zweiter. Deshalb provoziert der lebensgefährlich Bedrohte den Pistolenmann ein letztes Mal: »Mach doch, schieß!« Das allerdings kann dieser sich nicht zweimal sagen lassen, denn auch seine Ehre steht auf dem Spiel. Was würden die anderen Hells Angels von ihm halten, wenn er, der schwerbewaffnete Timur, vor dem schwächer bewaffneten Bandido »Eschli« kneift?

Timur schießt viermal, »Eschli« versucht nun doch noch zu flüchten. Der letzte Schuss trifft ihn in den Hinterkopf.

»Was für eine Scheiße!«, lautet die Bilanz des Timur A. später bei der Polizei. Im Namen des Volkes verurteilt das Duisburger Landgericht den Schützen 2010 als Totschläger zu elf Jahren Gefängnis. Kann man vom Leben, hat sich der Dichter Robert Musil gefragt, wenn es gewaltig ist, auch noch fordern, dass es gut sein soll?

Das Weltbild der Rocker ist festgefügt, deshalb gibt es auch auf diese Frage eine Antwort. Sie lautet: Ein Mann begeht niemals ein Unrecht, wenn er sich an die Regeln der Gangs hält. So gesehen sind beide Rocker ihrem Schicksal gefolgt, ein jeder in Treue fest.

Dass der Tod aber so nahe ist und so schnell vollstreckt wird, hat auch die Brüder irritiert, die sich Gesetzlose nennen und die, um einer Sache Nachdruck zu verleihen, gern sagen: »Dafür würde ich mein Leben geben.« Sie sind, suggerieren sie jedenfalls, dem Tod ganz nahe, sie geben ihn, sie nehmen ihn. Von Malaisen wie Prügeln und Verprügeltwerden, von Schmerzen und Messerstichen ist selten die Rede, schon gar nicht in klagender Weise. Rocker sind harte Jungs.

Doch seit ihre Situation auf vielerlei Weise destabilisiert wird, durch die Staatsgewalt, die öffentliche Aufmerksamkeit und die gnadenlose Rivalität untereinander, seit der Tod also eine realistische Bedrohung für viele ist, seither verliert auch der »Eschli«-Timur-Mythos an Strahlkraft. Mit dem Tod muss man als hauptberuflicher Rocker neuerdings ernsthaft rechnen, das ist auch für ganz harte Jungs kein angenehmer Gedanke.

Bikerphilosophie: Saufen, Fressen, Sex

Der Begriff »Rocker« ist irreführend – ein Scheinanglizismus, der nur im deutschen Sprachraum benutzt wird. Ihrem Selbstbild entsprechend bezeichnen sich Hells Angels, Bandidos und Co. weltweit als »Biker«. Die Harley unterm Hintern, die Haare im Wind. Nur selten darf die Freundin mit. Rockergangs sind eine Männerwelt, da haben Frauen an Stangen zu tanzen und Bier zu bringen. Topless.

Jay Dobyns, der als Verdeckter Ermittler die amerikanischen Hells Angels infiltrierte, hat in einem Buch die Rockerszene in den Vereinigten Staaten beschrieben. Seine Charakterisierungen lassen sich ohne weiteres auch auf die deutschen Rocker übertragen: »Sie waren Typen«, schreibt der frühere Fahnder, »die ohne Totenkopf auf dem Rücken abgehalfterte Herumtreiber gewesen wären, die allein am Ende der Theke sitzen und Vierteldollarmünzen zählen, um zu prüfen, ob sie sich noch eine Dose Budweiser leisten können.« Doch in Kutten »erhielten sie die Drinks umsonst, und die Frauen standen bei ihnen Schlange. Man behandelte sie wie Könige.«

Die Subkultur der Rocker ist am unteren Ende der Gesellschaft angesiedelt, Akademiker haben hier nichts zu suchen. Der Hannoveraner Hells-Angels-Anführer Frank Hanebuth bildet eine monetäre Ausnahme, hat er es doch wohl zum Millionär gebracht und war für viele Jahre in seiner Heimatstadt sehr geachtet.

Rocker und ihre Gangs haben eigene Wertesysteme, Regeln und Moralvorstellungen, nach denen sie leben, die gängigen Normen der Gesellschaft lehnen sie ab. Doch in ihrem Abgrenzungswillen sind die Gangs schon wieder wertkonservativ. Die meisten Gesetze der Motorradbanden bestehen seit mehr als 60 Jahren, ohne dass sie wesentlich modifiziert wurden.

Das exzessive Ausleben der Bikerphilosophie erfolgt meist an Wochenenden, wenn die sogenannten Clubabende stattfinden, und in den Sommermonaten, wenn die »Runs« besucht werden. Eine Harley-Davidson ist dann Pflicht. Runs sind Ausfahrten, es gibt sie zu diversen Anlässen und in unterschiedlichsten Größenordnungen. Generell gilt, dass die Gelage mit dem Begriff »Fest« nur unzureichend beschrieben wären. Eine an das Mittelalter erinnernde Zügellosigkeit trifft es besser. In der sozialwissenschaftlichen Literatur ist von »Zeiten institutionalisierter Anarchie« die Rede.

Die Freiheit zu tun und zu lassen, was man für richtig hält, als Gesetz nur die Regeln der Rocker zu akzeptieren, niemandem Rechenschaft schuldig zu sein, nur den »Brüdern«. Das ist eine aparte Weltsicht, die sich zu gleichen Teilen auf quasi-religiöse Grundsätze und ein anarchistisches Freiheitsgefühl stützt – Anarchismus wörtlich verstanden als »Freiheit von Herrschaft«, nicht als Unordnung.

Wenn Rocker Bücher läsen – na gut, das ist nicht gerade ihr Hobby –, machten sie am Ende wahrscheinlich den französischen Rebellen Pierre-Joseph Proudhon (leider schon 1865 gestorben) zu ihrem Guru. Der hat das ganze Rocker-Einmaleins in einem Satz vorweggenommen: »Wer eine Regierung – und deren Polizei – über sich hat, wird beaufsichtigt, kontrolliert, bespitzelt, gelenkt, mit Gesetzen überzogen, reglementiert, zum Gegenstand von Akten gemacht, mit Ideologie geimpft, ständig ermahnt, besteuert, gewogen, zensiert, herumkommandiert, und zwar von Männern, die weder ein Recht noch das Wissen, noch die moralische Sauberkeit dazu haben.«

Hoch am Firmament des Rocker-Himmels überstrahlt deren Freiheitsglaube sogar die menschliche Furcht vor dem Tod. Deshalb überrascht es nicht, dass der gut 40 Jahre alte US-Streifen »Easy Rider« – zwei Männer fahren auf Motorrädern quer durch Gottes eigenes Land und segnen dabei das Zeitliche – ihr Lieblingsfilm ist. Zumindest der der alten Generation.

Kaum eine Gruppe lebt Subkultur so intensiv wie die Bikerszene. Mit ihren Normen wollen sie sich deutlich von der herrschenden Kultur abgrenzen. So akzeptiert die Allgemeinheit das Gewaltmonopol des Staates, was Rockern nie in den Sinn käme. Im Gegenteil: Der Staat ist der Feind und sich gegen ihn zu Wehr zu setzen selbstverständlich. Das verdeutlichen die Rocker auch gerne durch ihre Wortwahl: Als »Inzestkinder« und »Hurensöhne« soll etwa Kadir Padir, einst ein Boss der Bandidos und später bei den Hells Angels, Polizisten in Berlin bezeichnet haben.

Gleichzeitig bietet der Club seinen Mitgliedern eine Heimat, in der man sich nicht nur in der Ablehnung der bürgerlichen Werte einig ist. Es gibt ein soziales Gefüge, in dem der Rocker sich wiederfinden kann, eine Art Familie. Sie selbst nennen es Bruderschaft – »Brotherhood«.

Eine archaische Männerwelt, basierend auf Ritualen, in ihrer Struktur einer Armee ähnlich. Wie dort gilt bei den Rockern: »Non potest bene imperare, qui male ante serviit.« Zu Deutsch: »Wer befehlen will, muss vorher gehorchen lernen.« Oder anders: erst Kriecher, dann Krieger. Wie in der Armee, die ja früher auch eine reine Männerdomäne war, ist ein Rocker-Rekrut zunächst Befehlsempfänger. Er muss seinen Vorgesetzten ebenso dienen wie denen, die schon länger dabei sind. Den Umgang zwischen Neulingen und Veteranen sowie zwischen den Mitgliedern jeden Ranges bestimmen Gesetze. Ob Hells Angels, Bandidos oder Mongols, sie alle haben Regeln, »Rules« genannt, und einen Codex, der nicht gebrochen werden darf – ein Leben lang. Auf den Westen und Oberarmen der Hells Angels prangt denn auch die Abkürzung »AFFA«: »Angels forever, forever Angels«. »BFFB« tragen die Bandidos stolz umher.

Die Aufnahmerituale sind streng. Bei den Höllenengeln dauert es bisweilen Jahre, bis aus einem schnöden Motorradfahrer ein echter Rocker wird. Bei den Bandidos geht es oft schneller, denn sie wollen im Konkurrenzkampf mit den Angels nicht verlieren. In der Hauptstadt waren es ab 2009 in der Regel junge Männer mit ausländischen Wurzeln, die zu den Bandidos strömten. Schnell Masse zu machen war jedoch ein Irrweg, wie sich bald zeigen würde.

Guten Tag, ich möchte Rocker werden – ein Exkurs

Wenn Sie vorhaben, in eine der Banden einzutreten, sollten Sie angstfrei sein, mit ihren Oberarmen Nüsse knacken können und ein Motorrad besitzen. Bei den Hells Angels muss es eine Harley-Davidson sein. Die fährt stramm geradeaus, gebaut für den Ritt gen Westen. Nur mit den Kurven hapert es. Ganz wichtig: Sie dürfen keine Maschine von der Stange nehmen. Am besten irgendwas vom Schrauber Geschraubtes. Sollten Sie länger nicht gefahren sein, dann bietet Harley-Deutschland »Wiedereinsteiger-Kurse« für 30 Euro an.

Ratterknatter geht es dann mit dem Zweizylinder zum Vereinsheim. Das zu finden ist nicht so einfach. Im Telefonbuch und den

Gelben Seiten gibt's keinen Hinweis. Ein Blick ins Internet hilft ab und an weiter. Sonst fragen Sie einfach in der nächsten Polizeistation.

Beim Vereinsheim angekommen, werden Sie erstaunt sein, wie wenige Motorräder und wie viele Rocker da sind. In Brandenburg gab es den Fall der 14 Chicanos von Barnim: Zwei von ihnen hatten einen Führerschein, nur einer besaß ein Bike. Dafür glänzte der Club, der die Bandidos unterstützte, mit reichlich Vorstrafen: Rauschgifthandel, Schutzgelderpressung, illegaler Waffenbesitz, Verstoß gegen das Kriegswaffenkontrollgesetz, Körperverletzung, Beleidigung und Erschleichen von Leistungen.

Sind die Zeiten aufregend, die Konkurrenz machthungrig und der Verfolgungsdruck durch die Staatsmacht hoch, stehen Wachen an den Straßenecken, immer in Hör- und Brüllweite des Clubhauses. Wenn Sie später Bandenchef sind, werden Sie das zu schätzen wissen. Jedoch helfen auch die Rufer in der Großstadt nicht immer: Einmal kam das Spezialeinsatzkommando im Linienbus vorgefahren. Da hieß es dann flinke Füße machen. Wenn, wie in diesem Fall, die Polizei von allen Seiten stürmt und einen unsanft zu Boden reißt, schleudert man ihnen am besten ein den Tatsachen widersprechendes »Ich ficke deine Mutter, du Opfer!« entgegen.

Vom äußeren Erscheinungsbild Ihres neuen Vereinsheimes sollten Sie sich nicht beeinflussen lassen, Architekturpreis-verdächtig sind die Gebäude meist nicht. So residierten die Berliner Bandidos in einer Industriebrache: außen Schwarz, Rot und Gold. Oh, da sind Einschusslöcher an der Fassade. Hier kam wohl neulich mal die Konkurrenz von den Hells Angels vorbei. Die Tür ist massiv und aus Stahl. Kameras überwachen den Eingang.

Wenn Sie das Clubheim betreten, dann schauen Sie gleich am Eingang mal rechts neben die Tür. Stehen die Baseballschläger griffbereit? Dann ist ja alles gut. Was Sie nicht sehen können: Hinter dem Tresen liegt ein Revolver. Macheten werden auch gern genommen, denn die machen böse Wunden.

Im Vereinsheim geht es jedoch meist weit weniger aufregend zu, als Sie denken. Es riecht intensiv nach Männern. Marke Umkleidekabine. Die Wände sind mit diversen Bildern und Plakaten des jeweiligen Vereins dekoriert: Bei den Bandidos ist es ein dicker Mexikaner, bei den Angels ein Totenkopf mit Flügeln. Ansonsten ist die Einrichtung eher einfach gehalten. Als die Behörden die Hells Angels »Berlin City« verbieten, muss das Clubvermögen beschlagnahmt werden. Fast zwanzig Sitzgruppen im Ikea-Chic transportierte die Polizei ab. Dazu diverse Fitnessgeräte älterer Bauart.

DIE RÄNGE DER ROCKER

Die Welt der Rocker ist keine anarchische, ganz im Gegenteil: Die örtlichen Ableger der internationalen Clubs sind straff organisiert wie sonst nur Kaninchenzüchter- oder Schützenvereine. Freiheit bedeutet in dieser Welt nicht, sein Handeln selbst bestimmen zu können.

Den Bodensatz jedes Rocker-Ortsvereins – bei den Hells Angels heißen sie Charter und bei den Bandidos Chapter – bilden die sogenannten »Hangarounds«, meist perspektivlose Typen, die nur noch ein Ziel haben im Leben, nämlich irgendwann eine Kutte zu tragen. Zu diesem Zweck verbringen sie sehr viel Zeit im Club.

Daneben gibt es noch die »Supporter« der Vereine, die in anderen Banden organisiert sind (Brigade 81, Red Devils, Chicanos) und die Clubs bei Grobheiten aller Art unterstützen dürfen. Dafür bekommen sie wiederum farbige und zumeist eng anliegende T-Shirts, mit denen sie als Unterstützer der jeweiligen Gang posieren können.

Die nächste Stufe auf dem mühsamen Weg zum Rocker – für Leute mit Geld, Kontakten oder Macht gibt es Abkürzungen – ist die des »Prospects«. Als Mädchen für alles muss er den Mitgliedern des Clubs Tag und Nacht für Frondienste zur Verfügung stehen. Freizeit, Urlaub, Schlaf? Keine Chance. Zwei Jahre kann diese Phase dauern.

Irgendwann nämlich kommt der erlösende Augenblick, in dem der Anwärter im Hinterzimmer des Clubheims zum »Member« ernannt wird. Das muss einstimmig

Vom Mopedfahrer zum Mitglied – Weiter im Exkurs

Um »Member«, also Vollmitglied, zu werden, müssen Sie die Mühen der deutschen Subkulturvereinsmeierei ertragen. Der Weg nach oben beginnt als »Supporter«, das ist eine Art Sympathisant des Clubs. Rechte haben Sie in dieser Position gar keine.

Danach folgt die »Hangaround«-Phase. Das »Rumhängen« mit Clubmitgliedern ist nicht gerade geprägt von einem erfüllten Leben. Sie müssen Bier zapfen, aufräumen, Drogen aus Holland holen,

geschehen. Es soll schon gestandene Kerle gegeben haben, die in diesem Augenblick in Tränen ausgebrochen sind. Etwa ein Jahr lang ist der Jung-Rocker jetzt noch Mitglied auf Probe, dann erst ein »Bruder« mit allen Rechten und Pflichten. Ein Charter der Hells Angels muss aus mindestens sechs Membern bestehen, nur so können sämtliche Offiziersposten des Vereins besetzt werden, als da wären:

Der »Road Captain« ist für die Ausfahrten zuständig, plant die Strecke, sorgt für Begleitfahrzeuge, führt den Konvoi an.

Der »Secretary« macht die Schreibarbeit im Club, beantwortet E-Mails, führt den Kalender. Wenn man so will, ist er der Verwaltungschef.

Ihren Kassenwart nennen die Rocker »Treasurer«. Die Mitglieder zahlen einen monatlichen Mitgliedsbeitrag, den der Schatzmeister verwaltet, meist auf einem Konto des Clubs bei irgendeiner normalen Geschäftsbank, oft per Lastschriftverfahren. Daneben gibt es noch schwarze Kassen, in die weniger legale Gelder fließen.

Der »Sergeant at Arms« ist für die Bewaffnung der Rocker zuständig und wacht über die Disziplin der Mitglieder. Es liegt in der Natur der Sache, dass diese Position von Männern bekleidet wird, denen die Führung der Bande besonders vertraut.

Die Bosse der Gangs nennen sich »President« und »Vice-President«. Sie vertreten ihr jeweiliges Charter bzw. Chapter auf nationalen und internationalen Treffen. Zugleich repräsentieren sie den Club gegenüber der Öffentlichkeit und den Behörden.

Hilfsarbeiten verrichten. Gehen einem »Full-Member« nach ausgiebigem Alkoholgenuss ein paar Dinge durch den Kopf, zum Beispiel Bockwurst mit Kartoffelsalat, dann können Sie schon mal den Wischmopp holen. Einer muss die Sauerei schließlich wegmachen. Und das sind Sie.

DER ROCKER UND SEINE KUTTE

Das Heiligtum jedes Rockers ist seine Kutte, eine Weste aus Leder, die er hütet wie seinen Augapfel. Denn auf der Rückseite des Kleidungsstücks befindet sich ein Aufnäher mit dem Symbol seines Clubs, »Colour« oder »Patch« genannt.

Bei den Hells Angels sind diese Abzeichen wie alle anderen Symbole auch markenrechtlich geschützt. Ein Mitglied der Gang darf – oder besser: muss – den geflügelten Totenkopf kaufen, um ihn sich anschließend auf die Jacke nähen zu können. Zugleich aber bleibt das Patch stets Eigentum des Vereins. Nach dem freiwilligen oder unfreiwilligen Ausscheiden aus dem Clan muss der Rocker seine Insignien zurückgeben. Schließlich besagt Ziffer 5 der konstituierenden Regeln des World Officer Meetings: »Kein Ex-Mitglied oder Anwärter darf irgendwelches Eigentum des Clubs behalten.«

Dementsprechend unbarmherzig bestrafen die Rocker einen »Bruder«, wenn der seine Kutte verliert oder sie sich sogar stehlen lässt – wobei die Strafen je nach Stellung des Delinquenten in der Bande ziemlich unterschiedlich ausfallen können. Der bewaffnete Überfall auf andere Rocker, in dessen Verlauf Westen geraubt werden, ist allerdings ein häufig angewandtes Mittel der Demütigung zwischen den Gangs. Wenn dann anschließend die Beute auch noch auf Fotos im Internet präsentiert, öffentlich verbrannt oder beschmutzt wird, steigert das den Grad der Demütigung – zugleich meist aber auch das Ausmaß der Vergeltung.

Die Kutten der Rocker sind meist gespickt mit einer ganzen Reihe von Aufnähern und Abzeichen. Manche dieser Embleme sind selbsterklärend (Name des Clubs, Ort, Funktion), andere in ihrer Bedeutung allenfalls Insidern bekannt. So gibt es etwa Stoff-Orden für Rocker, die Kontrahenten schwer verletzt oder gar getötet haben.

»Prospect« ist die erste offizielle Vorstufe zur Vollmitgliedschaft. So ein Anwärter hat vor allem Wachdienste zu schieben. Wenn alle nach dem Clubabend, der ist Pflicht, nach Hause gehen, haben Sie als »Rocker auf Probe« zu bleiben. Sie schließen ab, machen das Licht aus, checken die Bewaffnung, und dann erst dürfen Sie sich schlafen legen.

Bei den Bandidos wird dafür der Aufnäher »Expect no Mercy« (»Erwarte keine Gnade«) verliehen, bei den Hells Angels das Abzeichen »Filthy Few«. Nach Erkenntnissen des Los Angeles County Sheriff's Department steht die Zahlenkombination »666« wiederum für die Wendung »Filthy Few Forever«. Allerdings tragen auch die Bandidos dieses Kürzel, das bei ihnen aber wohl keine besondere Bedeutung hat. Greifen Höllenengel Polizisten, Staatsanwälte oder Gefängnisbedienstete an, bekommen sie dafür einen »Dequiallo«-Button.

Die Spezialkräfte der Bandidos, bestehend aus sehr hartgesottenen Rockern, tragen den Aufnäher »TCB«, was nach Erkenntnissen der Bochumer Polizei eine Abkürzung für die Wendung »Taking Care of Business« ist. Der Aussteiger Rolf D. gab in seiner Vernehmung beim Münsteraner Kriminalkommissariat 22 hingegen an, die Buchstaben stünden für »Terror Club Bandidos«. Unstrittig sind jedenfalls die Aufgaben dieser derart ausgezeichneten Männer: Personenschutz und Kommandoaktionen.

Verbreitet ist in dem Motorradclub auch das Abzeichen »BFFB«, was allerdings nicht mehr bedeutet als »Bandidos forever, forever Bandidos«. Und die im Rotlichtgewerbe tätigen Hells Angels bekommen den Schriftzug »Red Light Crew« verpasst.

Viele Hells Angels und Bandidos führen zudem das Abzeichen »1%er«. Damit wollen sie zum Ausdruck bringen, dass sie zu dem einen Prozent der Motorradfahrer gehören, das sich nicht an Gesetze hält. »Ein 1%er«, erklärten die Bandidos »Dortmund« auf ihrer Homepage, »ist einer von hundert, der nichts auf die Gesellschaft und (...) Gesetze der Politiker gibt.«

Es hat immer einer im Club zu sein. Stallwache. Die erste Angriffswelle des Gegners oder der Polizei – die ja auch Gegner ist – haben Sie auszuhalten. Ganz wichtig: Wenn das Einsatzkommando mit der Ramme kommt, nicht hinter der Tür stehen! Sind Sie schnell genug und schaffen es, die anderen zu alarmieren, gibt es Bonuspunkte bei den Brüdern.

Als »Prospect« und »Hangaround« müssen Sie »Supportwear« tragen. Die Klamotten bekommt man im Clubshop. Oder im Internet. Das »Hells Angels Support Muskelshirt Big Red Machine Tank-Top« kostet 19,99 Euro. Anbieter werben gerne damit, dass durch den Kauf die Gang direkt unterstützt wird. Irgendjemand profitiert also von Ihrer Leidenschaft – wenngleich das nicht Sie sind.

Hier und da lauern noch ein paar Fallstricke. Mal angenommen, es regnet und Sie wollen zum Clubabend bei den Bandidos ihres Vertrauens. Dann dürfen sie als »Prospect« niemals mit Weste und im Auto zum Vereinsheim düsen. Das gibt schweren Ärger. Gleiches gilt für Partys. Zur Weste gehört das Motorrad, zumindest für niedere Chargen.

Zu den ehernen Regeln gehört auch, dass die Frauen der anderen Rocker tabu sind, was bisweilen kompliziert werden kann. In Jena gab es den kniffeligen Fall, dass ein Bandido eine Affäre mit der Geliebten eines anderen Bandidos anfing. Was tun? Duellieren im Morgengrauen?

Von Ihnen als Anwärter wird zudem erwartet, dass sie sich voll und ganz dem Verein unterordnen und hingeben. Das bringt hohe zeitliche und finanzielle Aufwendungen mit sich. Da über eine Vollmitgliedschaft durch Abstimmung entschieden wird, ist der Druck auf Sie immens, den Wünschen der Member stets zu genügen.

Vorsicht auch vor Ermittlern: »Prospects« gelten bei Fahndern als besonders gefährlich. »Die müssen sich noch beweisen und wollen in der Hierarchie schnell aufsteigen«, so der Berliner Kriminalist Bernd Finger. Sogar falsche Geständnisse werden von Ihnen als »Prospect« verlangt, damit das verdächtige Vollmitglied nicht in den Knast muss. Wenn Sie auf all das keine Lust haben, bleiben Sie lieber zu Hause.

Drogen, Waffen, Frauen – Die Nachfrage regelt das Angebot

Der Schauspieler war öfter da. Auch der bekannte DJ schaute hier schon vorbei. Von Biggi, der Hure, ganz zu schweigen. Alle drei wollten den weißen Stoff, der ihnen den Kick beschert. Verkauft wird die Droge in einer Berliner Diskothek. Türsteher sind Hells Angels, sie regeln, wer reinkommt, zum Tanzen und zum Dealen. »Wer die Tür hat, hat die Macht im Laden«, so LKA-Mann Finger.

Die Rocker sorgen für den Kokain-Nachschub zu erschwinglichen Preisen und kümmern sich um die gleichbleibend hohe Qualität des Stoffes. Sinkt die Reinheit der Droge, bleiben die Kunden weg. Wer will das schon, geht es doch um viel Geld und wenig Arbeit. Die Biker-Banden sind dabei nur Teil eines gut funktionierenden Kreislaufs.

Dass man nichts mit Drogen am Hut hätte, ist eine der gut gepflegten Legenden der deutschen Hells-Angels-Sektion. Es sei sogar verboten, Drogen zu konsumieren, und wer doch erwischt würde, fliege raus, heißt es. Man kann nur staunen angesichts dieser Propaganda.

Denn schon in den sechziger Jahren des vergangenen Jahrhunderts dealten die Mitglieder der Rockerbanden, wie und wo es nur ging. LSD-Trips für 70 000 Dollar? Kein Problem. Hasch, Amphetamine, Kokain, Opium – egal, Hauptsache die Kasse klingelt. Der schwunghafte Drogenhandel spülte viel Geld in die Taschen der Rocker und finanzierte deren Lifestyle: dicke Autos, Häuser mit Swimmingpools, Orientteppiche, Schiffe. Man ist zwar gegen das Establishment, will aber auch irgendwie dazugehören. Auch Frauen werden als Statussymbole betrachtet. Sie tragen manchmal sogar das Abzeichen: »Eigentum der Hells Angels.«

Doch nicht nur zu Frauen, die als »Mamas« den Rockern zur Verfügung zu stehen haben, haben die Gangs ein spezielles Verhältnis. Genauso gerne, wenn nicht noch lieber, streicheln sie ihre Smith & Wessons und Pumpguns. Einer ihrer Lieblings-Slogans: »Wenn Waffen für ungesetzlich erklärt werden, dann haben nur noch Hells Angels Waffen.« Eine Philosophie, die man verstehen kann, wenn man Rocker ist, denn der Konkurrenzdruck ist hoch. Wer zuerst schießt, überlebt.

George Wethern, ein Hells Angel der ersten Stunde, der später als Kronzeuge gegen seine ehemaligen Brüder auspackt, beschreibt, dass er über »dreißig Handwaffen und über zehntausend Schuss Munition« im Haus hatte. In sein Wohnmobil baute er eine Panzerabwehrkanone ein, die war ein Geschenk von einem Biker-Bruder. Man weiß ja nie.

Neben Waffen und Drogen handeln Rocker gerne mit einer dritten Ware – Frauen. Auch wenn die Freier, die im Sperrbezirk die Straßen rauf- und runterfahren und sich Liebe für zehn Minuten kaufen, auf dem Rücksitz, im Park oder im Stundenhotel, es oft nicht wissen – ihr Geld kassieren letztlich die Rocker. Denn ihnen gehört die Straße, der Puff oder das Mädchen. Ganz wie sie wollen.

Prostitution ist nicht nur das älteste Gewerbe der Welt, sondern auch ein ziemlich lukratives, mit Milliardenumsätzen. Genaues weiß man nicht, denn Steuern werden hier nur sporadisch gezahlt. Bei Konflikten im Rotlichtmilieu – zum Beispiel mit einer arabischen Großfamilie – ist es von Vorteil, wenn hinter dem einzelnen Luden noch ein ganzer Rocker-Clan steht. Mit oder ohne Motorrad, Hauptsache, bewaffnet.

Sterben mit den Haaren im Wind – Rocker und der Tod

Bisher war ein vorzeitiges Ende die Ausnahme in einem deutschen Rockerleben. Motorrad zu fahren gilt den meisten Bundesbürgern zwar als mordsgefährlich, ist es aber nicht. Schon gar nicht, wenn man eine schwerfällige altmodische Harley-Davidson fährt. Bisher segnen Rocker das Zeitliche eher im Bett als auf der Straße.

»Sterben mit den Haaren im Wind« ist nur eine romantische Phrase, die schon deshalb kaum wahr werden kann, weil auch der wildeste deutsche Rocker nie ohne seinen Helm unterwegs ist, gesetzlos hin oder her. Außerdem liegt der Sinn des Kradfahrens nicht im schnellen Wechsel von A nach B, sondern im Bemühen um ein kraftvoll tönendes Brummbrummbrumm, eine moderne Variante des einschüchternden Urschreis.

Gemeinsam sind wir stärker, heißt die nach innen und außen gerichtete Botschaft, von den Mitgliedern der Gangs immer wieder gerne vorgetragen. Verrat gilt ihnen als schlimmste aller Sünden, »denn er tötet Vertrauen«, wie der deutsche Hells-Angels-Sprecher Rudolf »Django« Triller einmal gesagt hat.

Das eiserne Schweigen bei der Polizei wurde bisher nur selten gebrochen. Das macht es für die Staatsgewalt so schwierig, übrigens auch für jene Rocker, die der Gruppenzwang ins Gefängnis führt. Denn keinesfalls darf man die eigene Freiheit auf Kosten eines Bruders anstreben. »Es ist schon sehr erstaunlich, welche Leidensfähigkeit und Hartnäckigkeit manche Rocker in der Haft zeigen«, urteilt ein erfahrener Gefängnisseelsorger, dem sich die großen, starken Männer hin und wieder anvertrauen. »Dabei ist in jedem Gespräch von ›Freiheit‹ die Rede.«

Rocker hinter Gittern

In den harten Zeiten, die für die deutschen Rocker jetzt angebrochen sind, erweist sich der trostreiche theoretische Überbau ihres Daseins immer häufiger als Illusion. Ideale wie »Freiheit« und »Brüderlichkeit« geraten durch die Verlockung des schnellen Gelderwerbs unter Druck. Je größer, jünger und traditionsärmer ein Club ist, desto konfliktreicher wird die Gruppendynamik, desto ungleicher entwickeln sich die finanziellen Verhältnisse der einzelnen Mitglieder.

Bisher war es so, dass ein verurteilter Rocker in und vor allem nach seiner Haft keine schlimmen Geldsorgen hatte. Der Verein half ihm aus der Patsche. Im Gegensatz zu anderen Straftätern, die nach ihrer Entlassung unter der Last der Gerichtskosten und Entschädigungszahlungen zusammenbrechen, konnte sich ein Rocker des finanziellen Beistands der Seinen sicher sein. Und bekanntlich stehen dort, wo Geld vorangeht, alle Türen offen.

Die Suizidgefährdung inhaftierter Gangmitglieder war deshalb nach den Beobachtungen der Justizbediensteten in der Vergangenheit gering. Ob das so bleiben wird? In einigen der inzwischen verbotenen Vereine soll sich das gemeinsame Vermögen schon auf wundersame Weise verflüchtigt haben.

Stabile Familien im bürgerlichen Sinne haben die meisten Rocker nicht. Den jüngeren scheint auch wenig daran zu liegen. Gefängnispsychologen, Sozialarbeitern und Geistlichen ist aufgefallen, dass der Triebdruck vieler harter Kerle trotz ihrer guten Kontakte ins Rotlichtmilieu weder auffallend stark noch ungesteuert ist. Dafür gibt es eine überzeugende, aber unbewiesene Begründung: Die allermeisten Rocker sind Kraftsportler, Liebe und Fürsorge gelten in erster Linie den eigenen Muskeln. Die werden trainiert und geölt, sie sind das Objekt der Zuversicht. Idealerweise wird die Plackerei belohnt durch das Relief eines Schwerathleten: ein dicker, muskulöser Hals, Arme, die vom mächtigen Bizeps immer in leichter Beugestellung gehalten werden, die großen Brustmuskeln in Körbchengröße B, Waden wie der griechische Titan Atlas, der das Himmelsgewölbe trug.

Dieses einschüchternde Schönheitsideal ist nicht zu erreichen ohne pharmazeutische Hilfsmittel, die mittlerweile überall leicht zu beschaffen sind, selbst im Knast. Nur leider: Die Anabolika, ursprünglich als Medikamente für abgemagerte Krebskranke entwickelt, blasen zwar die Muskeln des Supermannes auf, doch haben sie niederträchtige Nebenwirkungen: Sie setzen den Hoden zu, der Leber, den Herzkranzgefäßen. Die Kraft der Lenden geht dahin, und niemals kehrt sie wieder. Langjähriger Steroidmissbrauch, noch dazu mit obskuren Präparaten aus fernöstlichen Labors, hält der stärkste Mann nicht aus.

Die Zukunft der Rocker und ihrer Ideale erscheint also zunehmend düster: Ihr bisheriges, in allen Lebenslagen erprobtes Handlungsmuster

»Draufhaun und besoffen sein
Des echten Rockers Sonnenschein«

wird nicht zu halten sein. Die ersehnte Freiheit im Rockersinn ist so fern wie die beschworene Brüderlichkeit. Und womöglich ist es ja doch so: Der Mensch hat über nichts so wenig Macht wie über die Folgen seiner Taten.

KAPITEL 2

SONNY BARGER IST GOTT

Die Geschichte der Hells Angels

The Wild One: Rockergangs terrorisieren eine Kleinstadt

Donnerstag, 3. Juli 1947, am Vorabend des Unabhängigkeitstages. Die American Motorcyclist Association (AMA) veranstaltet ihre dreitägige »Gypsy Tour« in einem kalifornischen Kaff namens Hollister, knapp 100 Meilen südlich von San Francisco.

Zweistöckige Häuser stehen an der Hauptstraße dicht an dicht. Nicht nur die örtliche Apotheke ist frisch getüncht und erstrahlt in Weiß, das ganze Städtchen hat sich fein gemacht. Aus den Jukeboxen der Kneipen perlt eine Mischung aus Bebop und Big-Band-Sound. Männer tragen breitkrempige Hüte, die Frauen weite Röcke.

Es ist das erste Mal nach dem Krieg, dass die Motorradvereinigung eingeladen hat. Es soll ein paar Amateurrennen geben, wer kann, wird auf seinem Krad Kunststücke vorführen. Zwischen 4000 und 5000 Besucher reisen aus ganz Amerika an, viele von ihnen drehen auf einer Harley-Davidson ihre Runden.

Während des Krieges hatte die amerikanische Motorradschmiede aus Milwaukee, Wisconsin, mehr als 88 000 Bikes für den Einsatz an der Front produziert. Zu Friedenszeiten überschwemmten dann viele dieser Maschinen den US-Markt. Für ein paar Dollar gibt es nun den Zwei-Zylinder-Traum für jedermann in sattem Olivgrün oder Dunkelbraun.

Nicht alle Biker, die an diesem ersten Juliwochenende 1947 nach Hollister strömen, sind Mitglieder in der ehrwürdigen AMA. Angereist sind auch Clubs, die ihre Gesinnung schon im Namen tragen. Sie nennen sich Satans Sünder, die Pissed Off Bastards of Bloomington oder die Motherfuckers. Alles Typen, die eher auf Randale aus sind als auf harmlose Kunststückchen. Aus diesen Gangs werden später die Hells Angels hervorgehen.

Unter den Besuchern tummeln sich ehemalige Soldaten. Junge Kerle, die drei Jahre zuvor in der Normandie gelandet sind, in Schützengräben gehockt und einen mörderischen Feldzug gegen Hitlerdeutschland geführt haben. Jetzt wollen sie sich amüsieren, den Krieg vergessen und feiern mit Männern, die, so wie sie, Freunde im Kampf verloren haben. An diesem Wochenende prallen in der amerikanischen Provinz zwei Welten aufeinander. Die Daheimgebliebenen, die sich während des Krieges um Frau, Kinder und Weizenfelder kümmerten, und die traumatisierten Soldaten.

Hollister ist auf den Ansturm der Vergnügungssüchtigen, die auf ihren Motorrädern durch die Kleinstadt heizen, nicht vorbereitet. Alkohol fließt in Strömen. Die kriegserprobten Nachwuchs-Biker, die mit ihren Lederjacken, Stiefeln und umgekrempelten Jeans aussehen wie zu früh geborene Rock'n'Roller, fahren mit ihren Maschinen mitunter durch die Kneipentüren bis an den Tresen. Es kommt zu wilden Schlägereien, Mobiliar geht zu Bruch. Zu viel für die sieben Polizisten der Stadt, sie bekommen den Mob nicht unter Kontrolle.

Schnell schafft man eine Band heran, die auf der Hauptstraße spielen und die Biker beschäftigen soll. Die Polizei von Hollister fordert Verstärkung an, und als die endlich da ist, setzt sie Tränengas ein. 59 Personen werden festgenommen. Über die Vorkommnisse berichtet einzig die Lokalpresse. Knapp drei Wochen später scheint sich alles wieder beruhigt zu haben, doch da wird ein Foto veröffentlicht, das zur Ikone einer ganzen Biker-Generation geraten soll.

Ein Foto schreckt Amerika auf

Unter der Überschrift »Er und seine Kumpels terrorisieren eine Stadt« erscheint am 21. Juli 1947 im »Life«-Magazin ein Bild des Fotografen Barney Peterson vom »San Francisco Chronicle«. Zu sehen ist ein offensichtlich sturzbetrunkener Biker, der inmitten zerbrochener Bierflaschen auf einer Harley-Davidson EL Knucklehead entspannt vor sich hin säuft.

Die Nachrichtenagentur AP verbreitet den Schnappschuss weltweit. Jahrzehntelang bleibt unklar, wie dieses Foto genau entstand. Im April 1997 machen sich die »American Rider«-Autoren Jerry Smith und Buzz Buzzelli auf den Weg nach Hollister, um Zeugen der Nacht zu befragen. Tatsächlich finden sie den Mann, der auf dem Foto hinter dem Biker inmitten der zerbrochenen Bierflaschen steht.

Es ist Gus De Serpa, ein Filmvorführer aus dem örtlichen »Granada«-Kino. De Serpa hatte gegen 23 Uhr Feierabend, wie er sich erinnert. »Meine damalige Frau und ich gingen in die Stadt, um uns den ganzen Trubel anzusehen – dabei gerieten wir inmitten all dieser Leute. Sie waren auf dem Bürgersteig, da war auch ein Fotograf. Sie begannen, mit den Füßen Bierflaschen zusammenzukratzen, wissen Sie, so von der einen Seite auf die andere. Dann nahmen sie ein Motorrad und stellten es direkt in die Glasscherben.«

Der Mann, der auf dem Motorrad posierte, kam wohl aus einer Bar. »Sie haben ihn einfach überredet, sich auf das Motorrad zu setzen. Ich sagte zu meiner Frau: ›Das ist nicht richtig, das sollten sie nicht machen. Lass uns hinter ihnen stehen, damit sie das Foto nicht machen können.‹ Ich nahm an, dass sie das Foto nicht machen würden, wenn ich hinter ihnen stand. Aber er machte trotzdem eine Aufnahme, er hat's gemacht, es war ihm egal.«

Auf einem zweiten Bild des Fotografen Barney Peterson, das nie veröffentlicht wurde, kann man erkennen, dass De Serpa recht hat und die Szene offensichtlich arrangiert wurde. Bierflaschen stehen ordentlich neben dem Biker, der jetzt auch eine Jacke mit den Insignien der »Tulare Raiders« trägt, eines lokalen Motorradclubs. Einem Gerücht zufolge soll es sich bei dem angeblichen Biker um Eddie Davenport, Spitzname »Maurice«, handeln. Unklar ist bis heute, ob Eddie überhaupt ein Motorrad besessen hat. Barney Peterson, den Fotografen, kann man nicht mehr fragen. Er ist vor ein paar Jahren gestorben.

Nicht zuletzt wegen des Erfolgs dieses Fotos, das 1947 um die Welt geht, geraten die Ereignisse von Hollister nicht in Vergessenheit. 1953 werden sie unter dem Titel »The Wild One« verfilmt. In der Hauptrolle: Marlon Brando, verwegen mit Lederjacke, Sonnenbrille und jeder Menge Sexappeal.

Ein Jahr später gibt es in Riverside, Kalifornien, wieder ein von der AMA organisiertes Bikertreffen und wieder jede Menge Ärger. Der Polizeichef des Ortes beschreibt die Vandalen das erste Mal in der Öffentlichkeit als »Outlaws«, als Gesetzlose. Linton A. Kuchler, der damalige Sekretär der American Motorcyclist Association, stellt sich natürlich auf die Seite der gesetzestreuen Biker und teilt gegen die Krawallos aus: »Die üblen Fahrer sind vielleicht ein Prozent von allen Motorradfahrern, nur ein Prozent sind Rowdys und Unruhestifter.«

Bis heute sind die Motorradgangs weltweit stolz auf die Bezeichnung »Outlaws«, denn sie entspricht ihrem subkulturellen Selbstverständnis. Fast genauso wichtig für sie ist die Titulierung als »One Percenter«. Das klingt nach Elite, nach Auserwähltsein. Im Umkehrschluss bedeutet es auch, dass 99 Prozent der Menschheit stinknormal sind.

Glaubt man der Biografie von George Wethern, dem Vize-Präsidenten der Hells Angels »Oakland«, erfanden er und seine Motorradclub-Brüder 1960 auf einer rauschenden Biker-Party das sogenannte »1%er«-Abzeichen. Bis heute will es jeder Outlaw-Biker tragen. Wethern und Sonny Barger, zwei einflussreiche Figuren aus der Anfangszeit der Hells Angels, von denen gleich noch die Rede sein wird, ließen es sich sogar in Richs Tätowierstudio unter die Haut stechen.

Hells Angels und eine knackige Blondine

Über die Entstehungsgeschichte und den Ursprung des Namens »Hells Angels« streiten Historiker, Soziologen und Journalisten auf der einen und die Rocker auf der anderen Seite. Es gibt, haben wir gesehen, ein paar Tatsachen. Dazu gibt es aber auch jede Menge Vermutungen.

Liest man, was die Hells Angels selbst über ihre Geschichte schreiben, so könnte man annehmen, dass sie in gerader Linie von amerikanischen Bomberpiloten des Zweiten Weltkriegs abstammen. Seitenlang wird in Publikationen der Gang darüber referiert, dass Hells Angels als Flieger heldenhaft, erfolgreich und tapfer waren. Das mag ja stimmen, nur fragt man sich, was das mit dem Motorradclub zu tun hat? Nichts, wenn man seriösen Quellen glaubt. Denn unter den Gründern des Clubs ist kein Pilot bekannt.

Der Name Hells Angels dürfte wohl eher auf einen Film von Howard Hughes zurückgehen. Der exzentrische Multimillionär, dessen Leben Hollywood-Regisseur Martin Scorsese mit Leonardo DiCaprio in der Hauptrolle vor einigen Jahren ebenfalls auf die Leinwand brachte, verfilmt 1930 die Erlebnisse von Kampffliegern im Ersten Weltkrieg.

Diese Flieger wiederum nehmen sich dann amerikanische Piloten im Zweiten Weltkrieg zum Vorbild, die als Freiwillige an der Seite der Chinesen um General Chiang Kai-shek kämpften. Es gilt, die Japaner in die Knie zu zwingen, die mit dem Überraschungsangriff auf die US-Basis Pearl Harbor den Krieg im Fernen Osten begonnen haben.

Als »Flying Tigers« gelangen diese Piloten später zu einigem Ruhm, und sie sind es auch, die sich – wohl als Erste – große Embleme auf die Rückseite ihrer Lederjacken nähen. Sollten sie abgeschossen werden, so die Überlegungen der Flieger, wären sie als Freunde, als Waffenbrüder der Chinesen erkennbar. Ursprünglich ist das Patch also ein »Blood Chit«, ein Rettungsaufnäher im Krieg.

Die »Flying Tigers« bestehen aus drei Staffeln. Den »Pandabären«, »Adam und Eva« und den »Hell's Angels«. Zu den Eigenarten der Bomberstaffeln gehört es auch, sich ein Logo auf die Maschine zu malen. Die Angels wählen eine spärlich bekleidete Blondine, einem Engel gleich, als Glücksbringer.

An einen Motorradclub denken diese Piloten nicht. Bevor sich Jahre später die Hells Angels als Biker zusammenschließen, begründen sie erst einmal ihren Ruf als Gesetzlose.

»Bye-bye, ihr Wichser – wir sehen uns im Himmel«

Ende der vierziger Jahre etablieren sich in den USA immer mehr Motorradclubs. Es gibt noch keine Helmpflicht, man kann beim Fahren rauchen, und die Mädels stehen auf die Burschen mit ihren knatternden Kisten. In den Bars spielen für ein paar Cent Jukeboxen die ersten schnellen Lieder. Ein zartes Grün schimmert um das Fenster, hinter dem der Plattenteller zu sehen ist. Wild Bill Moore, ein ehemaliger Boxer, singt einen der ersten Rock'n'Roll-Songs der Geschichte: »We're gonna rock, we're gonna roll!«

Ein paar Biker in Kalifornien sind unzufrieden mit ihren Vereinen. Man verabredet sich für den St. Patrick's Day in San Bernadino. Es ist der 17. März 1948. Mittags klettert das Thermometer auf gerade mal 13 Grad Celsius, leichter Sprühregen mit Seitenwind macht das Fahren nicht gerade zum Vergnügen.

Auch eine Handvoll Männer um Otto Friedli von den Pissed Off Bastards of Bloomington, die bereits in Hollister Randale gemacht haben, sind dabei. Friedli, ein ehemaliger Mechaniker der US-Armee, erinnert sich später, dass er nur einen Kumpel begleitet, weil der mit einer alten Freundin verabredet ist. Am Ende des Treffens gibt es einen neuen Motorradclub: Die Hells Angels sind geboren.

»Das waren nur ein paar Jungs, die Spaß haben wollten«, so Friedli über den neugegründeten Club zu einem Reporter der »Santa Barbara News-Press«. Von Bomberpiloten, die angeblich dabei waren, ist nichts überliefert. Zwar nennt selbst der Pressesprecher der Hells Angels Deutschland, »Django« Triller, im Interview die »Mitglieder der Bomberstaffeln, die einst Deutschland bombardierten« als Gründer des Clubs, Belege dafür hat er jedoch keine.

Zur Anzahl der Mitglieder im ersten Charter der Hells Angels sind keine verlässlichen Zahlen überliefert. In den ersten Jahren beschränkt sich der Club auf Kalifornien. Es bilden sich ein paar Ableger, in Fresno und San Francisco, aber viel hat man nicht miteinander zu tun. Von einer »Bruderschaft«, wie die Hells Angels sich später verstehen werden, sind diese ersten Gruppen weit entfernt.

Erst Mitte der sechziger Jahre darf das erste Charter außerhalb Kaliforniens aufmachen, dann wird quer durch die USA expandiert. Alle Neugründungen müssen sich zuvor bewerben. Es wird geprüft, ob sich die Hells Angels auf die Kandidaten verlassen können, ob sie zum Club passen. Über die Vollmitgliedschaft wird erst nach einer Probezeit, ganz demokratisch, abgestimmt. Bald darauf dürfen sich auch Europäer zur Gang bekennen. Peter Welsh eröffnet 1969 das erste Charter in England, im Jahr darauf dürfen sich einige Schweizer Hells Angels nennen.

Otto Friedli, der Höllenengel der ersten Stunde, wird in den sechziger Jahren in den Knast wandern. Das war schon damals kein Vergnügen, auch wenn er Glück hatte und von Sing-Sing oder Alcatraz verschont blieb. Als schwerer Junge muss man sich im Gefängnis behaupten, denn gilt man als Schwächling, wird man schnell zum Opfer. Trost kann man bei Gott finden. Friedli findet reichlich davon und glaubt fortan – es klingt wie ein Märchen – an den Herrn im Himmel. Wobei es die Bibel ist, die ihm heimleuchtet, und nicht der »Zigarren kauende Prediger im Knast«, wie er betont.

Einzig seine Liebe zum Motorradfahren überdauert die Bekehrung, nur dass statt eines Totenkopfs nun ein Kreuz mit den Worten »Harley-Davidsons for Christ« seine schwarze Lederjacke schmückt. »Ich würde mein neues Leben mit Gott nicht für einen Tag mit den Hells Angels tauschen«, so resümiert Friedli, in Ehren ergraut, 2008 sein Leben.

Auf den Tag genau 60 Jahre nach dem Treffen in San Bernadino und der Gründung der Hells Angels stirbt er, mit sich und dem Leben im Reinen. Auf seinem Grab ein letzter Gruß als Erinnerung an die längst vergessene Zeit: »Bye-bye, suckers, see you in Heaven.«

Who the fuck is Sonny Barger? Wie alles begann

Sonny Barger ist Gott. Zumindest für die Hells Angels. Für die US-Polizei ist er jedoch der Leibhaftige. Jede Geschichte über die Höllenengel beginnt mit dem am 8. Oktober 1938 in Modesto, Kalifornien, geborenen Biker. Er ist der prominenteste lebende Rocker der Welt. Ein schmächtiges Kerlchen mit glattrasiertem Kopf, Schnauzbart und wachen Augen.

Barger stammt, was typisch für Outlaw-Biker ist, aus zerrütteten Familienverhältnissen. Die Mutter brennt mit einem Busfahrer durch, als Barger noch ein Baby ist, sein Vater, ein schwerer Alkoholiker, kommt später mit dem Halbstarken nicht zurecht. Mit siebzehn fälscht Barger seine Geburtsurkunde, geht in die Armee und steht, als dieser erste große Schwindel seines Lebens auffliegt, mittellos auf der Straße.

Mit dem Kauf einer Harley-Davidson aus Militärbeständen nimmt Bargers Leben eine Wendung. Als eine Art Ersatzfamilie und inspiriert durch den Film »The Wild One« gründet er den Motorradclub Oakland Panthers. 1957 führt er die Panthers mit anderen kalifornischen Motorradclubs unter dem Logo des Death Head, des Totenkopfs, zusammen und wird zum legendären Chef der Hells Angels.

An Bargers Seite steht damals George Wethern, ein muskulöser Bursche, 1,83 Meter groß, knapp 100 Kilo schwer und für jede Prügelei zu haben. Wethern macht schnell Karriere bei den Rockern, denn er hat einen entscheidenden Vorteil: Niemand schlägt so schnell zu wie er. Fairplay spielt bei den unzähligen Kneipenprügeleien, die die Banden damals austragen, keine Rolle.

Wethern kämpft, wie alle anderen auch, mit Ketten, Schraubenschlüsseln und Rasiermessern. Hauptsache, siegreich. Er ist auch dabei, als konkurrierende Motorradclubs wie die Paisano Boys oder die Hayward Angels von seiner Gang derart verprügelt werden, dass sie sich auflösen. Die Hells Angels werden zur beherrschenden Macht in Kalifornien, gefürchtet von den anderen Clubs und gejagt von der Polizei.

Auch Wethern, der schnell zu Bargers Stellvertreter aufsteigt, kommt aus einer sozial auffälligen Familie. Wethern fliegt mehrmals von der Schule, und auch er scheitert in der Armee, bevor er sich den Hells Angels in Oakland um Barger anschließt.

»Jetzt war ich kein Schulabbrecher mehr, kein entlassener Soldat, ich war ein Hells Angel«, beschreibt Wethern das Gefühl nach seiner Aufnahme bei den Rockern. Der Motorradclub bietet ihm und anderen Außenseitern eine neue Heimat – und mehr als das: Er gibt ihnen einen Sinn und beschert ihnen Prestige.

In der Gegend um San Francisco existieren damals viele Motorradclubs, etwa die Mofos, die Presidents oder die Gypsy Jokers. Doch keine Truppe ist so wild wie die Hells Angels. Sie rasieren sich die Köpfe, tragen Kettenpeitschen und rennen mit Nazihelmen, Hakenkreuzen und SS-Runen herum. Anfang der sechziger Jahre breitet sich der Verein in den gesamten USA aus.

Es werden vor allem die diversen Hollywoodfilme wie »The Wild One«, »The Wild Angels« oder »Devil's Angels« sein, die zur Heroisierung der Rocker beitragen. Die Filme zeichnen ein Bild der Gang, das auf Jahre fortwirken wird, mit Helden, die sich wie echte Outlaws benehmen, bereit, es mit jedem zu jeder Zeit aufzunehmen. Eine rüpelige Subkultur, die vor nichts und niemandem zurückschreckt, »One Percenter« eben.

Hells Angel zu sein ist damals übrigens nicht teuer: Die wöchentliche Clubmitgliedschaft kostet gerade einmal 50 Cent. Sind 50 Dollar in der Clubkasse, schmeißen die Rocker eine Party. Drogen, Waffen, Frauen, Gefängnis und jede Menge Tote und Verletzte werden in den nächsten Jahren das Leben der Hells Angels, das Leben von Sonny Barger und George Wethern bestimmen. »I can't get no satisfaction« ist die Hymne dieser Biker-Generation.

Von Vietnam nach Altamont – Hells Angels und Hippies

Die politische Welt teilt sich damals in zwei große Lager. Die großen diktatorischen Regime in der Sowjetunion und China unterstützen ihre kommunistischen »Bruderländer«, wo und wie es nur geht. Die Demokratien dagegen versuchen, den Einfluss der Kommunisten zurückzudrängen. Stellvertreterkriege werden geführt, in die die großen Weltmächte sich einmischen, auch wenn sie nicht immer direkt involviert sind. So auch in Vietnam, das wie Deutschland und Korea ein geteiltes Land ist. Der kommunistische Norden will sich gegen den von den USA gestützten Süden behaupten.

Anfang August 1964 kommt es im Golf von Tonkin zu einem militärischen Zwischenfall, den die USA als Vorwand nutzen, um ihr Engagement in Vietnam auszuweiten. Bald starten US-Maschinen zum Angriff auf nordvietnamesische Ziele, US-Präsident Lyndon B. Johnson lässt sich vom Kongress freie Hand geben. Der Vietnamkrieg wird eine ganze Generation polarisieren.

Ein Jahr später wollen auch die Hells Angels in diesem Kampf nicht länger abseitsstehen. Vielleicht muss die Legende von den Piloten aus dem Zweiten Weltkrieg gepflegt werden, vielleicht ist Sonny Barger auch nur besonders stoned von einem LSD-Trip der Extraklasse, jedenfalls schreibt der Angels-Boss an den US-Präsidenten Johnson, sozusagen von Präsi zu Präsi, einen Brief und verkündet im Namen der Hells Angels: »Wir melden uns freiwillig zum Dienst in Vietnam. Wir haben das Gefühl, dass eine Brechertruppe, bestehend aus gut trainierten Gorillas, den Vietcong demoralisieren und der Freiheit dienen wird. Wir stehen ab sofort bereit, unsere Pflicht zu übernehmen.« Die Einsatzfreude findet keinen Lohn, eine Antwort des amerikanischen Präsidenten ist nicht bekannt.

Statt auf den Vietcong zu feuern, müssen die Hells Angels eben an der Heimatfront aktiv werden. Der Krieg in Vietnam und die Studentenunruhen lassen die Welt in den sechziger Jahren kopfstehen. Martin Luther King, Ho Tschi-minh, Jimi Hendrix sind die neuen Helden einer linken Rebellengeneration. Selbst in Berlin-Bohnsdorf, DDR, skandieren Jugendliche nachts den Namen des vietnamesischen Revolutionsführers. Vor allem in den USA breitet sich eine neue Kultur aus: die Hippies.

Politisch steht auch Flower-Power eher links, Subkultur ist es allemal. Man könnte meinen, dass die Verachtung für den Staat und das Establishment die Blumenkinder mit den Hells Angels eint, doch weit gefehlt. Wenn es gilt, ein paar Anti-Vietnamkrieg-Demonstranten zu verprügeln, sind die Biker gerne dabei.

In einem seiner Bücher begründet das Angels-Boss Sonny Barger so: »Als Militärveteran fand ich, dass wir unbedingt zu Amerika halten mussten. Solange es zwei Menschen auf dieser Welt gibt, wird es auch Krieg geben. Wenn man etwas nicht friedlich beilegen kann, muss man eben kämpfen. Wenn man nicht am Krieg teilnehmen will, ist das auch o.k., aber man sollte die Männer, die in einen Krieg ziehen müssen, nicht auch noch beschimpfen und in den Dreck ziehen.«

Einer weltweiten Öffentlichkeit werden die Hells Angels im Jahr 1969 ein Begriff. Die Biker sind als Ordner für ein Konzert der Rolling Stones angeheuert worden. Im kalifornischen Altamont spielt die Band vor über 350 000 Fans, kostenlos. 19 Ärzte und sechs Psychiater sind extra für dieses Großereignis engagiert worden. Sie kümmern sich um Konzertbesucher auf LSD, helfen, vier Babys zur Welt zu bringen, und müssen für einen Ertrunkenen, zwei Überfahrene und einen Erstochenen Totenscheine ausstellen.

Der Erstochene ist ein 18 Jahre alter Zuschauer, der unter Drogeneinfluss eine Schusswaffe gezogen hatte und auf die Rolling Stones zielte. Ein Hells Angel war schneller.

KIND VERKAUFT

Los Angeles, 6. Januar 1969. Ein Mitglied des Hells-Angels-Motorradclubs und seine Freundin wurden gestern unter der Anschuldigung verhaftet, ihr Kind für 700 Dollar (2800 DM) verkauft zu haben, um sich von dem Geld ein Motorrad kaufen zu können. Dore Anthony de Madona, 29, und Sara Jane Stewart, 18, werden am Donnerstag wegen Freiheitsberaubung vor Gericht stehen. Nach Auskunft der Polizei hatte das Paar mit dem neuen Motorrad einen Ausflug gemacht und nach der Rückkehr versucht, das Baby wieder zurückzukaufen.

Quelle: »United Press International«

»Gib es zu, du Schweinehund« – Wenn Hells Angels morden

Nachdem der Leichenbeschauer im kalifornischen Alameda im Winter 1968 den toten Paul A. Ingalls untersucht hat, ist ihm klar, dass den rothaarigen Biker eine Barbituratvergiftung in die Hölle hat wandern lassen. Die Dosis musste selbst den stärksten Kerl umhauen. Die Frage bleibt nur: War es ein Suizid, ein Unfall oder Mord? Seltsam ist zumindest, dass das Opfer nach seinem Tod noch »kilometerweit« wanderte, wie die Polizei in ihren Ermittlungen feststellt.

In seiner Autobiografie beschreibt George Wethern, Stellvertreter von Angels-Boss Sonny Barger, was passiert ist. Demnach hat Ingalls die wertvolle Münzsammlung von Chef Barger geklaut, wobei nicht überliefert ist, woher dieser die Münzen hatte.

Ingalls' Biker-Brüder regeln die Sache, wie es sich wohl für Outlaws gehört: außerhalb des Gesetzes. Das Opfer wird verprügelt, gequält und mit einem elektrischen Viehtreiber im Gesicht und an den Genitalien gefoltert. Dann kommen Seconal-Tabletten zum Einsatz, ein Schlafmittel aus der Gruppe der Barbiturate.

Ingalls wird gepackt, man hält ihm die Nase zu, so dass er den Mund öffnen muss, um Luft zu holen. Dann stopfen die Hells Angels ihm Tabletten in den Mund. Gemäß ihrer kruden Rockerlogik müssen sie ihn umbringen, denn wer Brüder oder sogar den Präsidenten beklaut, dem kann man nicht mehr trauen, mit dem kann man keine Dinger mehr drehen, der muss sterben. Es wird sich herumsprechen, was Verrätern blüht, so die Überlegung der Gang.

Als man das Opfer nach Hause bringt, ist Ingalls schon ins Koma gefallen. In der Nacht findet ihn seine Frau. Bevor sie ihn ins Krankenhaus bringen kann, stirbt der 21-Jährige. Für die Tat wird nie jemand verurteilt.

Einen der Männer, die bei der Sache dabei waren, soll ein Jahr später ein ähnliches Schicksal ereilen. John Terrance Tracy, Spitzname »Tramp«, stirbt am Valentinstag 1970 an einer Überdosis Beruhigungstabletten. Er hatte, wohl erzwungenermaßen, zu viele davon geschluckt. Auch dieser Mord, so es denn einer war, wird nie aufgeklärt.

Für diese Art der brutalen Selbstjustiz gibt es bei den meisten der großen Outlaw Motorcycle Gangs bis heute sogenannte »Enforcer-Teams«, eigene Vollstreckertruppen. Nur sie dürfen – Ehre, wem zweifelhafte Ehre gebührt – bestimmte Abzeichen tragen. In einer Untersuchung des Los Angeles County Sheriff's Department vom Mai 2010 heißt es, dass diese Abteilungen Mitglieder bei Bedarf disziplinieren und auch umbringen. Diese Teams gehören zu den am besten gehüteten Geheimnissen der Hells Angels.

Ihr Erkennungszeichen ist ein Stück Stoff, auf dem mit schwarzer Schrift auf weißem Grund »Filthy Few« geschrieben steht. In der Literatur werden auch rot-weiße Abzeichen mit einem doppelten Blitz beschrieben, die den SS-Runen der Nazis ähneln. Die Abteilung Organisiertes Verbrechen des kalifornischen Justizministeriums stellt Anfang der siebziger Jahre fest: »Zu den Filthy Few gehört, wer als Mitglied des Oakland-Charters vor den Augen eines Mitglieds der Filthy Few jemanden für den Club tötet.«

Es wurde vermutet, dass die »Filthy Few« nicht nur für die Clubehre, sondern auch im Auftrag morden. Dazu wird der Name des Opfers auf einen Zettel geschrieben und der Vollstrecker unter den Gruppenmitgliedern ausgelost. Bewiesen ist das allerdings nicht.

»The Wild Angels« – Die Höllenengel im Film

Dass die Hells Angels sich nicht gerade aus Feingeistern zusammensetzen, fällt 1967 auch dem SPIEGEL auf. Anlass ist ein B-Movie aus Hollywood mit Peter Fonda und Nancy Sinatra in den Hauptrollen. »Die wilden Engel« erzählt die Geschichte von »Amerikas Motorradhunnen, die mit Hakenkreuzen bemalt und Ritterkreuzen behängt« auf ihren Harley-Davidsons von Orgie zu Orgie orgeln. Wer dabei stört, dem wird auf die Nase gehauen.

Einer der bizarren Höhepunkte des Films ist die Beerdigung eines Bikers in einer kleinen Holzkirche im Wald. Der Pfarrer im Film, der die Totenmesse halten soll, ahnt nicht, um wen es sich bei dem Verblichenen und seinen Freunden handelt. Was folgt, ist wieder so ein Tabubruch, typisch für die Rocker-Subkultur.

Es ist ein feierlicher Moment, als die Lederkutten-Bande den toten Höllenengel, der nicht mit den Haaren im Wind starb, in das Gotteshaus trägt. Der Sarg ist mit einer riesigen Hakenkreuzfahne drapiert. Wohl in Erinnerung an die Bomberpiloten des Zweiten Weltkriegs trägt der Tote eine Fliegerkappe, wenn auch historisch leicht verrutscht: In der Mitte der Kappe ist ein Hakenkreuz aufgenäht. Nachdem der Pfarrer die jungen Rowdys in der Kirche als »Gottes Geschöpfe« gepriesen hat, hält der von Peter Fonda gespielte Anführer mit dem Lebensmotto der Angels dagegen: »Wir wollen Spaß haben!«

Dann lässt der Regisseur die Totenfeier in eine Biker-Party übergehen. Es wird gesoffen, das Mobiliar zerkloppt und die Witwe vergewaltigt. Die echten Hells Angels beschweren sich später übrigens bei den Filmemachern über die verzerrte Darstellung ihres Lebens.

Der Streifen läuft auch in Deutschland, mit bizarren Folgen, denn das subkulturelle Event-Kino kommt sogar in der bayerischen Provinz gut an. In Cham sägen 1967 am Vorabend der Heiligen Nacht Unbekannte den zwölf Meter hohen und voll beleuchteten Weihnachtsbaum auf dem Marktplatz um. Verantwortlich, so werden es Ermittler später herausfinden, sind »Hells Angels«.

In der Oberpfalz, am Rande der Welt und kurz vor dem Eisernen Vorhang, hatten ein paar Dorfjungs nach einem Kinobesuch beschlossen, es Peter Fonda gleichzutun: Staat und Polizei ablehnen, Mädchen klarmachen und die Dinge des täglichen Bedarfs wie Alkohol und Zigaretten vergesellschaften.

Wie ihre Vorbilder im Kino nennen sie sich kurzerhand »Hells Angels«. In Kalifornien nachgefragt hatte deswegen natürlich keiner der Burschen. Ein Kochazubi, Spitzname »Jeff«, gibt den Anführer. Sie pinseln einen Totenkopf auf den Tank ihrer Mopeds, und wie bei den Stars auf der Leinwand geht es auch in Bayern schnell zur Sache. Auf einem Gemeindefest werden die Provinz-»Angels« von der Dorfjugend angemacht: »Ihr seid's doch die gleichen Deppen wie wir!« Das mag ja prinzipiell stimmen, aber ordentlich verprügelt werden die Zivilisten trotzdem.

Nach diversen Einbrüchen, einer Zechprellerei und der Sache mit dem Weihnachtsbaum zieht die Polizei die Amateur-Rocker aus dem Verkehr. Die Geschichte der bayerischen Möchtegern-Wilden ist an dieser Stelle schon wieder vorbei. Die echten Hells Angels in Deutschland gründen sich schließlich nicht in der süddeutschen Pampa, sondern im hohen Norden, 1973 in Hamburg.

Hamburg, St. Pauli, Hells Angels »Germany«

Eine Prämie ist im normalen Leben eine tolle Sache: Sie soll motivieren, man wird für etwas belohnt, es gibt was obendrauf. Im Hamburger Rotlichtviertel wird 1973 jedoch eine »Wegbleibprämie« eingeführt. Die frisch etablierten Hells Angels »Germany« fordern sie von den Wirten auf dem Kiez. Bis zu 10 000 Mark müssen die Kneipiers bezahlen, damit die Rocker ihnen nicht den Laden verwüsten.

Zwei Jahre zuvor war Heinz-Rainer Kopperschmidt, der spätere Anführer der deutschen Höllenengel, in die USA gereist und hatte dort um Erlaubnis ersucht, den Namen und die Regeln der Gang auch in Deutschland verwenden zu dürfen. Wieder zurück in der Heimat, wird aus dem Hamburger Bloody Devils MC das erste deutsche Charter der Hells Angels, schön ordentlich nach deutschem Recht. Die Truppe ist als e.V. sogar im Vereinsregister zu finden, was ihnen Jahre später zum Verhängnis werden soll.

Doch zunächst macht Kopperschmidt mit seinen Hamburger Angels dem Ruf der Rocker aus Übersee alle Ehre. Schon kurz nach ihrer Deutschland-Gründung am 16. März 1973 fallen die Biker negativ auf: Sie schlagen im Jugendclub der Apostelkirche im Hamburger Stadtteil Eimsbüttel zu. Laut Augenzeugenberichten töten sechs Rocker den 20 Jahre alten Gemeindehelfer Dieter K.

Nach der Tat fliehen die beteiligten Hells Angels zu ihren Brüdern in die Schweiz und finden dort eine Zeit lang Unterschlupf. Doch im

Dezember 1973 müssen sie sich vor dem Schwurgericht der Hansestadt für den Überfall verantworten und werden zu drei bis viereinhalb Jahren Gefängnis wegen Körperverletzung mit Todesfolge verurteilt.

Bald darauf beschäftigt die Hamburger Polizei schon einen auf Rockerkriminalität spezialisierten Fahnder. Kriminalhauptkommissar Hans Jürgen Wolter äußert sich damals im SPIEGEL über das Verhalten der Hamburger Angels: »Erfolgreich bemühen sie sich, einigermaßen unauffällig zu sein. Im Prinzip verschwiegen gegenüber jedermann.«

Sieben Jahre und unzählige Straftaten später ist dieselbe Gang wieder in ein brutales Verbrechen verwickelt. Auf Sylt haben sich die Hells Angels in einem Taubenzüchterheim getroffen, um ein »Stiftungsfest« zu feiern.

Irgendwann verlagern die Rocker ihre Sause in eine Diskothek. Es gibt Ärger, und zwei der trinkfreudigen Brüder werden von dem Geschäftsführer aus dem Club geschmissen. Die beleidigten Rocker sinnen auf Rache, holen Verstärkung, und am frühen Morgen stürmen sie das Lokal. Der 37-jährige Detlef B. stirbt unter Hieben und Messerstichen in Leber und Nieren.

Die Rocker festigen mit dieser Tat ihren Ruf in der kriminellen Szene der Hansestadt. Es ist eine Zeit, in der viel Geld im Rotlichtmilieu verdient wird. Die »Jungs«, wie die Kiezgrößen genannt werden, heißen »Chinesen-Fritze«, »Lackschuh« oder »Schöner Micha«. Zwar wird ab und an einer umgelegt, doch es lässt sich Verblüffendes in der Kriminalstatistik feststellen: Die Zahl der Straftaten sinkt auf St. Pauli in dieser Zeit um 15 Prozent.

Sicherlich, und das ist ganz unironisch gemeint, auch ein Verdienst der Hells Angels. Der Hannoveraner Rockerchef Frank Hanebuth wird Jahre später in der niedersächsischen Landeshauptstadt auf ähnliche Art und Weise das Milieu befrieden, denn »Ruhe im Rotlicht« bedeutet höhere Einnahmen.

Doch in Hamburg ist es mit der Ruhe bald vorbei. Im August 1983 gibt der damalige Innensenator Alfons Pawelczyk, SPD, den Befehl für den größten Polizeieinsatz seit Kriegsende. Mehr als 500 Beamte beteiligen sich an diesem Schlag gegen die Hells Angels, sie durchsuchen rund 80 Wohnungen und stürmen das Vereinslokal »Angel's Place«. Monatelang waren Telefonanschlüsse der Rocker abgehört und über 600 Gesprächsstunden auf Tonbändern festgehalten worden. Der Verein wird verboten.

Zwar kann man den Männern nicht nachweisen, dass sie eine kriminelle Vereinigung sind, aber weil sie als e.V. firmieren, ist ein Verbot leicht durchzusetzen. Seit 1988 ist es rechtskräftig. Vorausschauend

DIE BANDIDOS

Die späteren Lieblingsgegner der Hells Angels, die Bandidos, wurden 1966 im texanischen Houston gegründet, unter anderem von ehemaligen Veteranen des Vietnamkriegs. Ihre Clubfarben sind Rot und Gold, das Emblem der Gang zeigt einen mexikanischen Banditen mit übergroßem Sombrero, der in seinen Händen einen Revolver und eine Machete hält.

Das erste Bandidos-Chapter in Deutschland entstand Ende der neunziger Jahre, kurz nachdem der Motorradclub Bones zu den Hells Angels übergetreten war. Daraufhin wandten sich die gelben Ghostrider an die skandinavischen Bandidos und baten um Aufnahme in deren Gang. Wenn man so will, war es ein erster Schritt der Globalisierung in der Bikerwelt. Angeblich mussten die Deutschrocker dafür ordentlich zahlen.

Die führende Figur der Bandidos in Deutschland ist Peter Maczollek, Jahrgang 1964, der lange das Bochumer Chapter anführte. Zudem ist er Stellvertretender Europa-Chef der Gang. Sein langjähriger Vertrauter Leslav Hause, Jahrgang 1962, dient ihm und dem Clan als Waffenmeister sowie als Mann fürs Grobe.

Um die deutschen Bandidos scharen sich zahlreiche Unterstützerclubs, die sich Chicanos, Gringos, X-Team oder La Honra nennen. Die langjährige Feindschaft zwischen ihrem Lager und den Hells Angels führt immer wieder zu gewalttätigen Auseinandersetzungen mit Toten und Schwerverletzten.

hatten die Rocker jedoch den Schriftzug »Germany« auf ihren Kutten schon vorher durch regionale Herkunftsbezeichnungen ersetzt. So wird nur das Charter in Hamburg verboten. Sonst wäre die Geschichte der Hells Angels wohl bereits Ende der achtziger Jahre zu Ende gewesen, zumindest hierzulande.

»When in doubt, knock them out«

Mitte der neunziger Jahre toben in Kanada schwere Auseinandersetzungen zwischen den Hells Angels und der Motorradgang Rock Machine. Die Brutalität übersteigt alles bisher Dagewesene: Mehr als 150 Menschen fallen dem Bikerkrieg in der Provinz Quebec zum Opfer. Doch auch wenn sie mit ihren Expansionsbestrebungen auf blutigen Widerstand stoßen, stecken die Hells Angels nicht zurück. Neben Kanada geraten auch andere Weltgegenden ins Visier.

Nach dem Verbot der Hamburger Hells Angels führen die Höllenengel in Deutschland jahrelang eine Nischenexistenz in der Rockerszene. Bis 1999 existieren nur fünf Charter mit insgesamt etwa 50 bis 60 Mitgliedern, doch dann greift auch in der Bikerszene die Globalisierung. Die Bundesrepublik soll endlich als Markt erschlossen werden.

Die Hells Angels suchen einen Verbündeten und finden ihn in dem Motorradclub Bones. Die Rocker mit den schwarzen Kutten und der Skeletthand auf dem Rücken sind stark, auch in Deutschland. Einer ihrer Anführer ist Frank Hanebuth, ein semiprofessioneller Schwergewichtsboxer, der zugleich auch die Rotlichtszene Hannovers unter Kontrolle hat.

Angesprochen wird Hanebuth von dem Berliner Holger »Hocko« Bossen, der als Statthalter der Hells Angels in Deutschland die Expansion vorantreiben soll. Nach langen Verhandlungen treten die Bones im November 1999 zu den Hells Angels über. Eine sogenannte »Patch Over«-Party wird gefeiert.

Es ist der entscheidende Schritt für die Weiterentwicklung der Hells Angels auf dem europäischen Festland. Auf einen Schlag sind die Höllenengel Deutschlands größte Gang – nach Ermittlerangaben haben sie rund 600 Mitglieder unter Waffen. Damit steht der Internationalisierung der Geschäfte nichts und niemand mehr im Weg. Jetzt kann richtig Kasse gemacht werden.

Damit auch dem letzten Amateurkriminellen klar wird, wo es in Zukunft langgeht, schalten die Hells Angels eine Anzeige im Szeneblatt »Bikers News«. Doppelseitig. »When in doubt, knock them out« – im Zweifel wird in Zukunft erst mal zugeschlagen.

Dem Machtgewinn der Höllenengel versuchen die US-Erzrivalen von den Bandidos lokal zu begegnen, also übernehmen sie die deutschen gelben Ghostrider. Spätestens jetzt ist das Bundeskriminalamt alarmiert, denn damit entsteht eine ausgesprochen heikle, weil instabile Architektur der Szene. Geboren ist ein Konflikt, der sich zu einem Krieg auswachsen wird.

KAPITEL 3

DER TOD DES ROBERT K.

Wie der Krieg beginnt

Die Gewaltorgie in Stuhr

Die blutige Fehde, die später Rockerkrieg heißen wird, beginnt im Norden Deutschlands, in einer kleinen Stadt mit dem bezeichnenden Namen Stuhr, Ortsteil Brinkum. In der dortigen Gottlieb-Daimler-Straße haben sich – zwischen der Autobahn A1 und einigen wenig seriösen Kfz-Werkstätten – die Bandidos häuslich eingerichtet, sehr zum Missfallen der im benachbarten Bremen ansässigen Hells Angels, die einen unbedingten Besitzanspruch auf die Region erheben.

Bereits seit geraumer Zeit attackieren die Höllenengel ihre örtliche Motorradclub-Konkurrenz und vor allem deren Anführer Heino B. – es ist eine brutale Politik der Fausthiebe und Messerstiche. So trägt der Dachdecker und zweifache Familienvater B., dessen Ehefrau in Bremen eine Kneipe betreibt, bei einem Angriff im Juli 2003 unter anderem eine lebensgefährliche Verletzung des Dünndarms davon, als ihm ein Unbekannter ein Messer in den Leib rammt. Bei der Polizei jedoch schweigt B. – Rockerehre.

Im Frühjahr 2006 schließlich ist es genug mit der Zermürbungstaktik, die doch nicht recht fruchten will. Die Hells Angels des Charters »West Side« entscheiden, einen vernichtenden Schlag gegen die Bremer Bandidos zu führen, ohne zu ahnen, dass dessen zwar beabsichtige, aber nicht recht durchdachte Verdrängungswirkung schließlich einen bundesweiten Dauerclinch der Banden mit zahllosen Verletzten und einigen Toten entfesseln wird.

Am Nachmittag des 22. März rückt das Angels-Rollkommando in Mercedes-Transportern in Stuhr an: Ugur A., Kirsten E., Thomas G., Andreas H., Daniel J., Hans-Jörg K., Andreas M., Christian M., Frank N., Thomas P., Andree P., Kai S., Marcel S., und Olaf W. sind gestandene Männer, wuchtige Kerle, die meisten von ihnen zwischen 30 und 40 Jahre alt. Sie tragen schwarze Sturmhauben und halten Axtstiele in ihren Händen, wie Thomas P. später den Ermittlern berichten wird. Gleich werden sie den verachteten »Tacos«, nennen sie die Bandidos abschätzig, eine unvergessliche Lektion erteilen.

Die Höllenengel legen sich in einer Werkstatt auf die Lauer, sie wollen trotz Überzahl lieber aus dem Hinterhalt agieren. Die Schrauberhalle bietet den Rockern freie Sicht auf das Clubhaus der Konkurrenten gegenüber, in deren Reihen es offenbar einen Verräter gegeben hat. Jedenfalls wundert sich Kronzeuge P. hinterher darüber, dass der ebenfalls den Bandidos angehörende Hans-Joachim L., genannt »Hansi«, den Rocker-Feinden so freimütig Unterschlupf in seinem Betrieb gewährt hat.

Doch das gute Dutzend Höllenengel revanchiert sich für die Gastfreundschaft mit einem Akt »extremer Brutalität«, der sogar gestandene Kriminalbeamte schockieren wird. Die Angels lauern fünf Bandidos auf, die sich in ihrem Clubhaus hatten treffen wollen, und überwältigen einen nach dem anderen. Die Feinde werden mit Kabelbindern gefesselt, getreten und mit Knüppeln zusammengedroschen.

»Brecht ihm die Beine! Brecht ihm seine scheiß Beine«, habe einer seiner »Brüder« geschrien, erinnert sich P. Und in einem abgehörten Telefonat zweier Bandidos sagt eines der Opfer: »Da haben die uns doch einen ganzen Abend lang gequält. Kniescheiben eingeschlagen, zwischendurch Puls gefühlt.« Es ist ein Akt rohester Gewalt, heimtückisch und niederträchtig, der allein dem archaischen Revierdenken der Motorradgangs geschuldet zu sein scheint.

Zum Schluss nehmen die Hells Angels das Vereinsheim ihrer Kontrahenten auseinander. Sie zerschlagen Vitrinen, sammeln die Club-insignien der Gegner ein und sind sich auch nicht zu schade, die Portemonnaies ihrer Opfer zu plündern – auch wenn sich darin gerade mal 70 Euro befinden. So jedenfalls erzählt es Thomas P., der nach eigenen Angaben dabei war. Oberstaatsanwalt Hansjürgen Schulz sagt später vor Gericht, Ziel der Attacke sei es gewesen, »den konkurrierenden Motorradclub im Bremer Raum auszuschalten«.

Unter den fünf stark blutenden und kaum noch ansprechbaren Männern, die eine Streifenwagenbesatzung Stunden später findet, ist auch der Bremer Bandidos-Anführer Heino B. Wieder einmal hat der 1959 geborene Sohn eines landwirtschaftlichen Inspektors und einer Hausfrau für das Rockerdasein seine körperliche Unversehrtheit opfern müssen. Doch diesmal werden die Schmerzen und die Schmach schreckliche Folgen haben.

Allerdings nicht vor Gericht. Der Prozess, der im Dezember 2008 nur zwei Tage in Anspruch nimmt, ist eine Farce. Die Kammer mag sich offenbar mit der Aufarbeitung strafrechtlicher Lappalien nicht unnötig beschweren – zumal der labile Kronzeuge Thomas P. nach Dissonanzen mit den Ermittlungsbehörden inzwischen nicht mehr aussagen mag.

Der Saal 127 des Landgerichts Hannover ist hoch und kahl und ungefähr so gemütlich wie die Aula einer Gesamtschule aus den Siebzigern. Da erscheint es passend, dass es vor der 2. Großen Strafkammer zunächst einmal zugeht wie in einem Klassenzimmer. Die 17 Anwälte der Angeklagten signalisieren widerwillig per Handzeichen, wenn sie etwas loswerden wollen, und der Vorsitzende Richter Jürgen Seifert nimmt sie – einen nach dem anderen – dran: »Ja, bitte, Sie möchten etwas sagen!«

Die Höllenengel indes thronen auf der Anklagebank: hünenhafte Kerle in Kapuzenpullis und Armeejacken, keiner von ihnen wiegt wohl weniger als 100 Kilo. Zur Begrüßung haben sie einander kräftig die Pranken auf die Schultern gehauen und sich Dinge zugeröhrt, die sie hart erscheinen lassen sollen oder cool oder am besten beides: »Alter! Wie isses?« – »Ja, muss, muss!«

Schräg gegenüber den Angeklagten, im Zuschauerraum hinter den Journalisten, hocken die Frauen der Rocker wie Hühner auf der Stange: Fast alle sind sie blonder, als die Natur es ihnen erlaubt, sie tragen viel Make-up, goldene Ringe und Westen aus Kunstfell. Einige arbeiten als Prostituierte: »Ooh, guck mal, deiner sieht aber süß aus«, tuscheln sie. Oder: »Nervös isser, das seh ich doch – und blass.«

Die Verteidiger stören sich indes, kaum ist das Verfahren eröffnet, an der Sitzordnung, die sie hindert, neben ihren Mandanten Platz zu nehmen. Das Dutzend Höllenengel hockt nämlich hinter einem hölzernen Geländer, während die Juristen mitten im Saal logieren. Entsprechende Anträge sollen sogleich eine Umgruppierung der Tische möglich machen. Einer der Anwälte quengelt auch noch: »Ich will genauso viel Platz wie mein Kollege.«

Doch die Kammer bleibt zunächst hart. Aus »sitzungspolizeilichen Gründen« wird im Saal 127 nicht umgeräumt. Dabei hat ein Verteidiger gewarnt, wenn das Gericht sich dem Willen der Anwälte widersetze, könne man sich doch leicht »die Konsequenzen vorstellen«. Ein anderer prophezeit den Richtern »selbstgemachtes Leid«. Im Klartext heißt das: Wir werden so lange Anträge stellen und um Unterbrechungen bitten, bis ihr, unter dem Druck der enormen Kosten und der öffentlichen Meinung, endgültig die Nerven verliert.

Offenbar eine wirkungsvolle Drohung. Bereits am Mittag schlägt die Kammer Verteidigern und Staatsanwälten in einem »Rechtsgespräch« vor, das Verfahren abzukürzen: Niedrigste Strafen für fast alle Angeklagten gegen Geständnisse. Aus prozessökonomischen Gründen wird dieser Deal wenig später perfekt gemacht, aber für den Rechtsstaat ist er ein Offenbarungseid, zeigt er doch, dass die Ermittler ziemlich machtlos sind, wenn alle beharrlich schweigen.

Elf angeklagte Rocker erhalten tatsächlich Bewährungsstrafen von maximal zwei Jahren. Lediglich drei Männer trifft es schwerer: Der 37 Jahre alte Rädelsführer der Aktion muss für zwei Jahre und zehn Monate ins Gefängnis, zwei weitere Männer werden aufgrund diverser

Vorstrafen zu zwei Jahren und sechs beziehungsweise acht Monaten verurteilt.

Alle angeklagten Bremer Rocker räumen dafür mit knappen Worten ihre Beteiligung an dem Überfall auf das Vereinsheim der verfeindeten Bandidos ein. Im Gegenzug lässt die Staatsanwaltschaft den Vorwurf des schweren Raubes fallen, bei dem Verurteilungen zu Bewährungsstrafen nicht mehr möglich gewesen wären. Es bleibt bei der gefährlichen Körperverletzung.

Richter Seifert begründet seine Entscheidung damit, dass die Hells Angels Vereinsembleme und andere Insignien des verfeindeten Clubs nicht gestohlen hätten, um sich daran zu bereichern. »Keiner der Angeklagten hatte ein Interesse, sich einen Bandidos-Aufnäher auf die Kutte zu machen«, so Seifert unter zustimmendem Gejohle der Rocker.

Der Vorsitzende verteidigt sich: »Das ist aus unserer Sicht gerecht. Es hat nichts damit zu tun, dass wir Hells Angels laufen lassen.« Die meisten Angeklagten seien nicht einschlägig vorbestraft, so Seifert. Allerdings wurden acht der 14 Rocker schon wegen diverser Delikte verurteilt, meist mehrfach, darunter Betrug, Nötigung und Körperverletzung.

Am Ende wendet sich Oberstaatsanwalt Schulz an die Hells Angels. In drohendem Ton sagt er: »So eine Nummer ziehen Sie bitte nicht noch mal durch. Mit mir müssen Sie immer rechnen.« Doch die Rocker grinsen bloß verächtlich, im Hinausgehen höhnt einer: »Jetzt haben wir aber Angst.«

Die Opfer des Überfalls hingegen kommen weniger glimpflich davon, scheren sich ihre Kumpane doch nicht um strafprozessuale Feinheiten. Einen Monat nach der Attacke fahren die Bandidos zu einer Clubfeier nach Münster. Dort, so geht es aus Gerichtsunterlagen hervor, eröffnen ihnen ihre »Brüder«, dass sie gefälligst umgehend Rache zu üben und einen Gegenschlag zu unternehmen hätten. Die »Angler« genannten Hells Angels dürften nicht ungestraft davonkommen, argumentieren die Bandidos-Bosse.

Doch die geprügelten Rocker sind das ewige Hin und Her wohl leid, vielleicht hatten sie sich das Outlaw-Dasein auch einfach glamouröser und weniger schmerzhaft vorgestellt, jedenfalls treten sie lieber aus dem Club aus, als eine Vergeltungsaktion gegen die Feinde vorzubereiten. Die Führung belegt sie deshalb mit einem »out in bad standing«, was in der archaischen Rockerwelt bedeutet, dass man Freiwild ist, Abschuss ausdrücklich erwünscht.

Nur einer mag der Bande noch immer nicht seinen geschundenen Rücken zuwenden: Heino B. Der ehemalige Präsident der Bandidos »Bremen« will die Kutte partout nicht an den Nagel hängen und wechselt lieber als Mitglied auf Probe ins Chapter »Osnabrück«. Doch so viel Loyalität zum Club wird dort nicht etwa mit Anerkennung belohnt. Vielmehr sieht sich B. nunmehr fortwährend dem Spott seiner vermeintlichen Freunde ausgesetzt. Zitat aus einer Gerichtsakte: »Hast du keine Eier in der Hose?«

Schon bald wird dieses Rocker-Mobbing tödliche Folgen haben.

Mord im Münsterland

Mit den Inhalten trutschiger »Tatorte«, wie sie im Fernsehen immer wieder sonntags den Deutschen einen wehrhaften Rechtsstaat vorgaukeln, hat der Kriminalfall, der im Frühjahr 2007 das Münsterland erschüttert, nicht viel gemein. Vielmehr wird hier zum ersten Mal seit Jahrzehnten deutlich, welch ein Geflecht der Organisierten Kriminalität sich unter der Oberfläche vermeintlicher Gutbürgerlichkeit im Laufe der Zeit hat ausbreiten können.

Am 23. Mai treffen sich morgens, kurz nach 7 Uhr, der degradierte Bandido-Anführer Heino B. und der ehrgeizige Rocker-Anwärter Thomas K. auf einem Parkplatz im westfälischen Ibbenbüren. Zusammen steigen sie in einen schwarzen Kia Carnival II mit getönten Scheiben, silberfarbenen Seitenschwellern, Rammschutz und dem amtlichen Kennzeichen HB RX 735, der auf die Ehefrau des Bremers B. zugelassen ist. Dann macht sich das Killerkommando auf den Weg.

Unterdessen fährt der Hells Angel Robert K., 47, wie jeden Morgen um Viertel nach acht mit seinem Ford Pick-Up vor dem Geschäft »V-Team American Bikes« in Ibbenbüren vor. Er öffnet die Türen seines Ladens, lässt sie zum Lüften offen stehen, geht hinein und kocht Kaffee. Noch ist K. alleine mit den Modellen schwerer amerikanischer Motorräder, die er seit Jahren verkauft.

Die Umsätze sind in der jüngsten Zeit etwas zurückgegangen, was wohl auch an dem Entschluss lag, den der zweifache Familienvater im Jahr 2001 getroffen hat. Damals löste sich sein Motorradclub, die Free Eagles »Greven«, auf, so dass der eine Teil der Harley-Liebhaber die Bandidos »Münster« gründen konnte.

Der andere Teil aber, und zu ihm zählte auch K., wechselte zu den Bremer Hells Angels. Plötzlich waren die Männer keine Kumpels und damit auch keine Kunden mehr, sondern wurden zu Gegnern. Und Robert K.s westfälische Heimat wurde für ihn zu feindlichem Territorium.

Ein ehemaliger Bandido aus Münster wird später vor Gericht aussagen, Robert K. sei für sie immer eine Art »Joker« gewesen, also jemand, auf den man leicht zurückgreifen konnte, wenn man sich in seiner kruden Rockerlogik wieder für irgendetwas rächen musste. K. wohnte ja in der Nähe.

So stürmte im Januar 2004 ein Trupp Bandidos den Ibbenbürener Motorradladen und schlug dessen Besitzer mit Baseballkeulen zusammen. Robert K. wiederum soll nach Auffassung der Ermittler an dem ebenso brutalen Überfall auf Heino B. und Konsorten im März 2006 in Stuhr beteiligt gewesen sein.

Jedenfalls bemerkt der Hells Angel K. Anfang Mai 2007, wenige Wochen vor seinem Tod, dass die Bandidos ihn auskundschaften. Ein Rocker, der die verhasste Kutte trägt, lässt sich vor K.s Haus im westfälischen Mettingen blicken. K. stürzt in seinen Pick-Up und verfolgt den Widersacher, bis der an einer Ampel halten muss. K. spricht ihn an, doch der Kontrahent schweigt und fährt auf seiner Harley bei Grün davon. Robert K. notiert sich das Kennzeichen. Es lautet ST TG 8.

Jürgen K. wiederum, ein Beamter der Autobahnpolizei, ist anschließend so freundlich, für den Hells Angel Robert K. in der behördlichen Datenbank Zevis nachzusehen, wem das Motorrad gehört. Das Ergebnis lautet: Thomas K., 49492 Westerkappeln. Der Höllenengel schreibt sich die Daten auf und verstaut sie in seinem Portemonnaie, das er auch im Moment seines Todes bei sich tragen wird. Mit dem Namen seines Mörders darin.

Es muss etwa 8.25 Uhr gewesen sein, als Heino B. und Thomas K. auf den Hof ihres Opfers rollen. K. steigt aus und geht in den Laden, B. wartet im Auto. Robert K. sitzt derweil in seinem Büro hinter seinem Schreibtisch. Vor ihm eine Tasse Kaffee und der eingeschaltete Computer. An der linken Wand des Raums stehen ein Kleiderschrank, eine Kommode und ein Kopierer. Daneben ist die Tür zum Lager.

Schon bevor Thomas K. das Büro seines Opfers betritt, drückt er das erste Mal ab. Durch die geöffnete Tür feuert er mit einer automatischen Pistole vom Kaliber 7,65 Millimeter auf Robert K. und trifft ihn in den Bauch. Der zweite Schuss geht daneben. Robert K. hechtet aus dem Raum, Richtung Lager, als sein Mörder erneut schießt und den Hells Angel in den Rücken trifft. Das Projektil durchschlägt den Herzbeutel und zerfetzt die Aorta, es ist der Schuss, der zum Tode führen wird. Der Bandido K. feuert noch zweimal und flieht.

Robert K., schwer verletzt und stark blutend, schleppt sich auf den Hof und in die gegenüberliegende Werkstatt. Dort bricht er zusammen. Der Auszubildende Christian M., der gerade zur Arbeit gekommen ist und einen blonden Mann in den schwarzen Kia springen sah, wählt den Notruf, es ist 8.26 Uhr. Um 8.34 Uhr trifft der Rettungswagen ein, zugleich der Notarzt und die erste Streife. Doch zu diesem Zeitpunkt ist Robert K. schon tot.

Die Mörder fliehen. Heino B. rast in anderthalb Stunden zurück nach Bremen, Thomas K. fährt mit seinem schwarzen Golf II – Kennzeichen ST I 3530 – zurück in seine Wohnung nach Westerkappeln. Unterwegs wird sein Wagen bei einer Kontrolle von der Polizei erfasst, aufgehalten wird Thomas K. jedoch nicht. Zu Hause erwartet ihn schon seine Freundin. Wenig später kaufen die beiden an einer Tankstelle ein Eis, und um kurz nach halb zwei tritt der Gabelstaplerfahrer, der 1300 Euro netto im Monat verdient, seine Spätschicht an, als sei nichts gewesen. Seinen Kollegen fällt nichts Ungewöhnliches an Thomas K. auf.

Es dauert dennoch nicht lange, bis die beiden Bandidos ins Visier der im Polizeipräsidium Münster eingerichteten Mordkommission »Team« geraten. Die Überwachungskamera eines benachbarten Unternehmens hatte den ungewöhnlichen schwarzen Kia gefilmt, den auch der Auszubildende des Opfers auf dem Hof gesehen hatte, ehe er seinen sterbenden Chef fand.

Da die Ermittler den Anschlag eines verfeindeten Clubs vermuten, überprüfen sie die Wagen sämtlicher Bandidos in der Region. Und tatsächlich: Die Frau des Rockers Heino B. besitzt ein solches Gefährt, das seltsamerweise fünf Tage nach der Tat in Brand gerät, dabei aber nur leicht beschädigt wird. Zudem stellt sich heraus, dass B. in dem Dachdeckerbetrieb, in dem er arbeitet, für den Tag des Mordes unbezahlten Urlaub genommen hat, angeblich wegen eines Gerichtstermins.

Am Telefon, das inzwischen abgehört wird, erzählt die Gattin des Bandidos ihrer Cousine, dass ihr Mann an dem betreffenden Morgen nicht bei ihr war: »Heino sagt nicht, wo er gewesen ist. (...) Heino muss wissen, was er tut.«

Zudem stoßen die Beamten bei einer Funkzellenauswertung in der Nähe von Ibbenbüren auf eine Nummer, die zu einer auf die Ehefrau des Rockers Heino B. registrierten Vodafone-Callya-Karte gehört. Sie war in ein Handy mit der IMEI-Nummer 351519001717911 eingelegt worden, von dem aus vor der Tat Textnachrichten an das Telefon von Thomas K. gesendet worden waren. Und dessen Namen finden Kriminaltechniker auf einem Zettel im Geldbeutel des Opfers.

Keinen Monat nach dem Mord ist das Attentat weitestgehend aufgeklärt. Heino B. wird bereits im Juni 2007 verhaftet, Thomas K. schließlich im November des Jahres.

Bei der Beerdigung des Robert K. mahnt der Geistliche: »Euren Zorn kann ich nicht wegpredigen, aber ich bitte euch: Richtet kein neues Leid an! Höllen werden von Menschen gemacht.« Als wüssten die Hells Angels das nicht selbst am besten. Und daher werden die weisen Worte des Priesters wohl ungehört verhallen.

Der Prozess

»Die dreckige Horde fuhr mit einer gepflegten Arroganz, sich ihres Rufs als verkommenste Motorradgang in der Geschichte der Christenheit sehr wohl bewusst.« So beschrieb der US-Autor Hunter S. Thompson in seinem Buch »Hell's Angels« das Auftreten der harten Kerle. Das war Mitte der Sechziger, in Kalifornien.

40 Jahre später, im Münsterland, reisen die berüchtigten Rocker in silberfarbenen Familienkutschen an, manche kommen sogar mit dem Bus. Motorräder sucht man an diesem 17. Dezember 2007 vor dem backsteinroten Münsteraner Landgericht vergeblich. Vielleicht ist es den Höllenengeln zu kalt.

Dennoch ist die Kulisse in der ansonsten weihnachtlich idyllischen Stadt eindrucksvoll: 600 Rocker, zu etwa gleichen Teilen Hells Angels und Bandidos, dazu mehr als 1000 Polizisten: Absperrgitter, Leibesvisitationen, Sicherheitsschleusen, Panzerwagen, ernste Gesichter – es geht grimmig zu vor dem Landgericht.

»Wir sind nicht auf Krawall aus«, beschwichtigt Hells-Angels-Sprecher Rudolf »Django« Triller. »Dass die Bandidos und wir uns nicht mögen, ist wirklich kein Geheimnis.« Das wird später noch einmal auf handfeste Art deutlich werden.

Die gegenseitige Antipathie lässt sich auch in Saal 23 des Gerichts beobachten. Dort hocken hinten links im Zuschauerraum zwei Dutzend Bandidos, in der Mitte etwa ebenso viele Polizisten, und rechts haben die Angels Platz gefunden. Es sind die hochrangigsten Vertreter der verfeindeten Gangs, hier nur wenige Meter voneinander entfernt: Frank Hanebuth, André Sommer, Michael Wellering auf der einen, der

Hells-Angels-Seite, Peter Maczollek, Jürgen B. und Leslav Hause auf der anderen, der Bandidos-Seite.

Die Gruppen würdigen sich keines Blickes – und werden selbst unverhohlen bestaunt. Die wenigen zivilen Besucher, die Journalisten und Justizwachtmeister beäugen neugierig die verlebten Gesichter, die langen Haare, die zerschlagenen Nasen und die reich verzierten Kutten.

Auf der Anklagebank der 2. Großen Strafkammer sitzen Heino B., 48, und Thomas K., 36, wegen des Vorwurfs des gemeinschaftlichen Mordes. Der Verteidiger von Thomas K. kritisiert gleich zu Beginn der Verhandlung, dass seinem Mandanten, einem 1,86 Meter großen, breitschultrigen Kerl mit harten Zügen und kurzen Haaren, auf der Fahrt ins Gericht die Augen verbunden und die Ohren verschlossen worden seien. »Unmenschlich« nennt er dieses Vorgehen. Aus der Hells-Angels-Ecke im Publikum höhnt es lautstark und pseudo-mitleidig: »Ooooooh!«

Der Vorsitzende Richter Michael Skawran tritt den Vorwürfen des Verteidigers entgegen. »Das sind keine unmenschlichen Bedingungen.« Er habe diesem Vorgehen der Polizei zugestimmt, werde seine Entscheidung überdenken. Und im Übrigen: »Wenn unsere Referendare Klausuren schreiben, tragen sie sechs Stunden lang Ohrstöpsel.«

Keine zehn Minuten nach diesem Wortgefecht ist der erste Verhandlungstag bereits beendet. Die Rocker setzen ihre grimmigen Gesichter auf und ziehen geordnet ab. Die Polizisten atmen durch. »Endlich«, seufzt ein Beamter. Er freut sich zu früh.

Denn wenig später heulen schon wieder Sirenen durch die Innenstadt. Kurz vor der Autobahn sind die bis dahin strikt getrennten Rockergruppen zufällig doch noch aufeinandergeprallt. Etwa 40 Männer prügeln sich, 100 Polizisten werfen sich dazwischen. Zum ersten Mal machen hier zwei besonders aggressive Bandidos auf sich aufmerksam. Der eine heißt Kadir Padir und wird mit dem Übertritt seines Berliner Clubs zu den Hells Angels später Outlaw-Geschichte schreiben. Der andere wird keine zwei Jahre mehr leben und der nächste Tote im nordrhein-westfälischen Rockerkrieg sein: »Eschli« Elten.

Ein Highlight des aufwändigen Prozesses gegen Heino B. und Thomas K. ist der Auftritt ihres ehemaligen Bandido-»Bruders« Rolf D. Der 53-Jährige ist aus dem Club ausgestiegen und befindet sich nun in einem Zeugenschutzprogramm, seine Aussage wird mit Spannung erwartet.

D. bewegt sich langsam und behäbig. Schweren Schrittes tappt der korpulente Mann in den Schwurgerichtssaal des Landgerichts Münster. Er trägt ein blaues Sweatshirt, eine ausgebeulte Jeans, schwere Stiefel. Der Bart ist grau und verfilzt, der Haarkranz zottelig, der Blick trübe. D. sieht aus wie eine Mischung aus Weihnachtsmann und Tippelbruder – mit einer starken Tendenz zum Letzteren. Er schläft nicht mehr viel in jüngster Zeit. »Ich gehe morgens um fünf ins Bett und stehe um sieben wieder auf«, sagt der Kraftfahrer dem Vorsitzenden Skawran und fügt im breiten westfälischen Tonfall hinzu: »Ich habe meine Probleme. Da können Sie einen drauf lassen.«

Rolf D. nämlich ist »ein Verräter«, so sagt er selbst. Er hat mit dem ehernen Gesetz aller kriminellen Organisationen gebrochen, niemals mit den Behörden zu sprechen. Doch der Schatzmeister und Schriftführer des Chapters »Münster« war in großer Not. Er hatte in die Vereinskasse gegriffen und 8500 Euro veruntreut. Seine Kumpane fuhren deshalb bei ihm zu Hause in zwei Autos vor. »Man wollte meine Frau ›durchlassen‹, also verprügeln. Da fiel bei mir die Klappe.« D. ging zur Polizei und packte aus.

Die Details aus dem Innenleben des Rockerclubs, die D. unter den eiskalten Blicken der versammelten Kuttenträger im Landgericht wiederholt, zeichnen das Bild einer kriminellen Bande mit kleinbürgerlichen Zügen. Demnach zahlten die Münsteraner Bandidos eine Mitgliedsgebühr von monatlich 110 Euro, die teilweise per Lastschriftverfahren auf ein Gemeinschaftskonto bei der Sparkasse Greven ging. Daneben jedoch gab es laut D. eine sogenannte »Tomatenkasse«, in die »sämtliche Gelder aus den Geschäften mit Koks, Waffen und Frauen« eingezahlt worden seien. Im Mai 2007 hätten sich darin etwa 65 000 Euro befunden.

Freimütig plaudert D. auch über die Maschinenpistolen, Handgranaten und abgesägten Schrotflinten der Bandidos. »Ich kannte keinen, der keine Waffe hatte«, so D. Einmal sei den Rockern sogar eine Panzerfaust zum Kauf angeboten worden, doch »es gab hier niemanden, der sich damit auskennt«.

Wenn sie Partys gefeiert hätten, sei ein Bandido eigens dafür abgestellt worden, vier Wochen vor dem Termin am Ort der Feier »Schießeisen« zu verstecken. Offenbar fürchteten die Rocker Attacken der konkurrierenden Hells Angels, die laut D. in Bandido-Augen der »Staatsfeind Nummer eins« waren.

Einmal habe er mit drei weiteren Bandidos, die mit einer Maschinenpistole und Schrotflinten ausgerüstet gewesen seien, »Jagd auf ›Angels‹ gemacht«. In der Nähe einer Autobahnauffahrt habe man sich in einem Opel Omega auf die Lauer gelegt. Als drei »Rot-Weiße« auf ihren »Mopeds« vorübergerollt seien, nahmen die Bandidos laut D. die Verfolgung auf. Sie hätten das Trio überholt und aus den geöffneten Fenstern gefeuert. »Gab es Verletzte oder Tote?«, fragt der Richter. D. weiß es nicht.

In den vergangenen Jahren haben sich D. zufolge Angels und Bandidos aus dem Westfälischen immer wieder gegenseitig krankenhausreif geschlagen. Mit Teleskopstangen, Pfefferspray und Messern seien sie aufeinander losgegangen. »Es war ein ewiges Hin und Her«, sagt der Aussteiger, den die Verteidiger der beiden Angeklagten im Gegensatz zur Polizei für unglaubwürdig halten. »Zu seinen Erinnerungen kommt offensichtlich jede Menge Phantasie«, so Rechtsanwalt Thomas Klein.

Für ihr krudes Verständnis von Ehre, Kameradschaft, Männlichkeit und Mut machen sich die Rocker gegenseitig das Leben zur Hölle, wie Zeuge D. offenbart. Doch vielleicht gehe es auch bloß um »Geld, Gebiete und Macht«, so der Aussteiger, und die Clubchefs trieben ihre Männer aus Gewinnsucht in Kämpfe auf Leben und Tod. »Sie haben da mitzumachen. Da können sie nicht nein sagen«, erklärt D. das unerbittliche Rocker-Prinzip von Befehl und Gehorsam. Widerspruch wurde nicht geduldet.

Auch der im Mai 2007 in seinem Motorradladen erschossene Robert K. sei häufig in diese Konflikte verwickelt gewesen. Zu Beginn des vergangenen Jahres seien dann führende Mitglieder des Bandido-Chapters »Münster« der Idee verfallen, sich die höchste Auszeichnung ihres Motorradclubs zu erwerben.

Mit dem sogenannten »Expect-no-Mercy-Badge« würden nämlich nur diejenigen geehrt, die einen Kontrahenten lebensgefährlich verletzt oder gar getötet hätten. Ziel des geplanten Übergriffs sei, so stellt es D. dar, der Ibbenbürener Robert K. gewesen, der dann auch wochenlang von zwei Bandidos observiert worden sei.

Ob der gewaltsame Tod des Motorradhändlers tatsächlich auf das perfide Streben weniger Bandidos nach einem Rocker-Orden zurückgeht, ob wirklich ein Mensch sterben musste, weil einige dieser Pfadfinder auf Testosteron sich ein buntes Stück Stoff auf die Jacke nähen wollten, kann D. nicht sagen, da er noch vor dem Mord ausstieg. Doch er nimmt es an. Das Gericht indes wird seinen Ausführungen in diesem Punkt nicht folgen.

Am 10. Juni 2008, nach 22 Tagen Beweisaufnahme, verurteilt die 2. Große Strafkammer unter Vorsitz des Richters Skawran Heino B. und Thomas K. schließlich wegen gemeinschaftlichen Mordes an Robert K. zu lebenslangen Gefängnisstrafen. Kaum ist das Urteil verklungen, stürmen die Hells Angels aus dem Saal und fallen sich in die Arme.

Heino B. habe sich, so Richter Skawran in der Urteilsbegründung, für wiederholte brutale Überfälle der Hells Angels auf seine Bremer Bandido-Truppe rächen und sein Ansehen in der Gang wiederherstellen wollen. Sein Komplize Thomas K. wollte hingegen seine Position bei den Bandidos, denen er als Mitglied auf Probe – als sogenannter »Probationary« – angehörte, festigen. Deshalb habe er auf Robert K. geschossen.

Wenn man so will, war es ein Mord, begangen halb aus »Ehre«, halb aus Ehrgeiz.

Die Chance zum Verbot wird vertan

Eine der entscheidenden Passagen im Urteil des Landgerichts Münster findet sich in der schriftlichen Ausfertigung auf Seite 9, ganz oben:

> Anfang des Jahres 2007 geriet (...) Robert K. als mögliches Ziel eines Anschlags ins Visier der Angeklagten bzw. des Motorradclubs »Bandidos«. Der Angeklagte B. wollte für die Überfälle auf ihn und die Auflösung des Chapters »Bremen« Rache nehmen und so sein Ansehen im Club, welches nach der Auflösung seines Chapters stark gelitten hatte, aufbessern.
>
> Der Angeklagte K. stand kurz vor seiner Vollmitgliedschaft und wollte sich durch die Tat Ansehen in dem Club verschaffen, indem er seinen Clubkameraden B. bei der Rache wegen der erlittenen Überfälle unterstützte.

Und dann steht dort noch zu lesen: »Bei der Planung eines Anschlags wurden die Angeklagten möglicherweise durch andere Chaptermitglieder unterstützt.«

Fünf Jahre später, als es im Nachgang des Rockerkriegs bundesweit Verbote gegen die Clubs hagelt und für manche dieser Verfügungen sogar Trunkenheitsfahrten einzelner Mitglieder herangezogen werden, sorgt das Urteil für Irritationen. Denn augenscheinlich haben hier zwei Bandidos, die wenig bis nichts miteinander zu schaffen hatten, einen Hells Angel getötet, mit dem sie bislang wenig bis nichts zu schaffen hatten. Und trotzdem hinterfragt das Gericht bei der juristischen Aufarbeitung nicht die (wohl entscheidende) Rolle der Gangs in diesem Fall.

Gleichwohl ist die Kammer davon überzeugt, dass die Ehrbegriffe der Rocker und ihr übersteigerter Ehrgeiz letztlich aus ziemlich unbescholtenen Handwerkern Mörder gemacht haben. Doch nach der Verantwortung für diese Entwicklung suchen die Richter nicht, selbst wenn sie ahnen, dass die anderen Biker den Hass des Heino B. stetig angefacht hatten, dass sie ihn so lange demütigten, bis er irgendwann explodierte.

»Man macht sich da jahrelang über so'n Heino lustig«, sagte ein Bandido nach dem Mord in Ibbenbüren einem anderen, »und dann auf einmal lässt er es sich doch nicht gefallen.« Und der Anführer der Osnabrücker Bandidos, bei dem der Ex-Gangchef B. als einfaches Mitglied geführt wurde, offenbarte einem Kriminalhauptkommissar: Heino »könnte ja den Club in Bremen wieder aufbauen, wenn er das schafft, und dann dort wieder Präsident werden«.

Doch das Landgericht folgt diesen Fährten nicht. Zudem übergeht die Kammer deutliche Hinweise darauf, dass die Rocker den beiden Mördern bei der Beschaffung der nie gefundenen Tatwaffe halfen. So ergab die Auswertung des Navigationsgeräts aus dem Kia Carnival, dass Heino B. vor dem Anschlag zweimal eine bestimmte Straße in Oldenburg angesteuert hatte. Auch wurde sein Handy sowohl Anfang Januar als auch Mitte März dort geortet. Nach Erkenntnissen der Polizei wohnte in der betreffenden Gegend der Waffenmeister des örtlichen Chapters, der in der Szene dafür bekannt war, seine »Brüder« bei Bedarf gerne aufzurüsten.

Hinzu kommt, dass Thomas K. unmittelbar vor dem Mord, es ist genau 8.07 Uhr, eine SMS an ein Handy schickt, das die Ermittler dem »Sergeant at Arms« der Bandidos »Osnabrück« zurechnen. Üblicherweise ist dieser Offizier in den Rockerclubs für die Einhaltung der Disziplin sowie für Gewalttaten aller Art zuständig. Insofern liegt der Verdacht nahe, dass K. den geplanten Anschlag ankündigte – sicherlich nur in knappen Worten wie: »Es geht los.« Demnach hätten also andere Bandidos in den mörderischen Plan eingeweiht sein müssen.

Was folgt daraus? Paragraf 129 des deutschen Strafgesetzbuches besagt:

> Wer eine Vereinigung gründet, deren Zwecke oder deren Tätigkeit darauf gerichtet sind, Straftaten zu begehen, oder wer sich an einer solchen Vereinigung als Mitglied beteiligt, für sie um Mitglieder oder Unterstützer wirbt oder sie unterstützt, wird mit Freiheitsstrafe bis zu fünf Jahren oder mit Geldstrafe bestraft.

Es gibt Ermittler, die bereits 2007 nicht fassen konnten, dass die Polizei Münster sich die Gelegenheit entgehen ließ, nach dem Mord im Namen eines Motorradclubs gegen alle Bandidos in der Region vorzugehen. »Das Fass wollte man nicht aufmachen«, sagt einer, der an maßgeblicher Stelle beteiligt war. »Vor so komplexen Ermittlungen hatten wir richtig Schiss.«

Denn 129er-Verfahren sind aufwändig, sie kosten viel Zeit, Personal und Geld, das an anderer Stelle abgeknapst werden muss. Zugleich aber sind die Erfolgsaussichten nur einigermaßen günstig, wenn akribische und fehlerfreie Detektivarbeit geleistet wird – und Glück hinzukommt. Das ist nicht immer der Fall. Schließlich haben die Kriminalisten gerichtsfest nachzuweisen, wer was von welchen Delikten gewusst, wer wann was zu ihnen beigetragen und wer seinen eigenen Willen, wie es so schön im Juristendeutsch heißt, dem Gesamtwillen der Vereinigung untergeordnet hat.

Viel einfacher ist es da, gegen Einzelne wegen einzelner Straftaten zu ermitteln. »Ein Mord ist ein Mord, 20 Kilo Koks sind 20 Kilo Koks«, so der Beamte. Es sei schon schlimm genug, dass so viele Delikte begangen würden, da müsse man nicht nach noch mehr suchen. Das Problem dieser unter hochrangigen Polizisten durchaus verbreiteten Haltung ist nur: Auf diese Weise kommen die Drahtzieher der Verbrechen immer davon.

In einem vertraulichen Ermittlungsbericht mutmaßt ein Kriminalhauptkommissar der Polizei Bochum später:

> Berücksichtigt man die festgestellten totalen Kontroll- und Sanktionsmechanismen innerhalb der nationalen Bandido-Organisation, muss in Fällen des geplanten Vorgehens von Bandido-Mitgliedern zwingend davon ausgegangen werden, dass diese Gewaltaktionen seitens der nationalen Führung (...) angeordnet oder zumindest im Vorfeld der jeweiligen Tat genehmigt worden sind.

Beweisen kann der Beamte seine Behauptung aber nicht. Selbst ein üppiges Ermittlungsverfahren dazu verläuft im Sande. Anderthalb Jahre lang hört das Bochumer Kriminalkommissariat 21 das Clubhaus der dortigen Bandidos sowie sämtliche Telefone ab, liest Mails und lässt auch sonst kaum etwas unversucht. Der Verdacht lautet auf Bildung einer kriminellen Vereinigung.

Doch als die Sonderkommission »Hombre« sich im Januar 2009 anschickt, in die offene Recherche einzusteigen, und eine Razzia durchführen will, endet die Aktion jäh: Die Ermittler beabsichtigen, gleichzeitig 31 Objekte zu durchsuchen und 13 Rocker zu einer DNA-Probe zu zwingen, doch der zuständige Ermittlungsrichter verweigert seine Zustimmung. Zitat aus seinem Beschluss: »Die bislang getätigten Ermittlungen haben zu keinen weiteren Erkenntnissen bezogen auf die vorgeworfene Straftat des § 129 StGB geführt.« Es ist eine juristische Ohrfeige für die Ermittler. Der zuständige Staatsanwalt gibt kleinlaut zu: »Die Entscheidung erscheint nicht unvertretbar.«

Denn sollten die Deals, Gewalttaten und Betrügereien nur auf Initiative einzelner Rocker begangen worden sein, so erfüllte das die hohen rechtlichen Anforderungen des Paragrafen 129 nicht. Und da alle Männer mit großer Wahrscheinlichkeit bei der Polizei schweigen werden, wird sich der unterstellte gemeinschaftliche Wille einer Bande kaum belegen lassen. Auch nach einem jahrelangen Lauschangriff haben die Bochumer Kriminalisten gegen die Bandidos wenig bis nichts in der Hand.

KAPITEL 4
DER KÖNIG VON HANNOVER
Wer ist Frank Hanebuth?

Das Treffen

Ein schattiger Herbstnachmittag im Eskalationsjahr 2009. Durch das tagsüber ausgestorbene Rotlichtviertel von Hannover mit seinen öden Nachkriegsfassaden schreitet der mächtigste Rockerpate Europas: Frank Hanebuth – Bordellbetreiber, Kaufmann, Kampfsportler. O-beinig und etwas schwerfällig walzt der 140-Kilo-Bulldozer auf den vor dem Eroscenter wartenden Reporter zu. Die blau-schwarzkarierte Holzfällerjacke spannt enorm an den mächtigen Oberarmen und um den ausladenden Brustkorb. Allerdings beult auch sein Bauch die Jacke des 45-Jährigen aus.

Der 1,96 Meter große Machtmensch bewegt sich ohne Begleitschutz in seinem Herrschaftsbereich, keine Leibwächter, kein aufklärendes Vorauskommando. Andere Rockerbosse wagen sich in dieser fiebrigen Konfliktphase nur mit mindestens zwei Kuttengorillas an die frische Luft. »Ich habe keine Angst. Vor nichts und niemandem«, sagt Frank Hanebuth, »ich bin topfit.« Starke Worte eines äußerlich sehr kräftigen Mannes. Ob sie wirklich stimmen, weiß nur er.

Das vereinbarte Schnuppergespräch, seine Bedingung für ein späteres Interview, verlagert der hannoversche Hells-Angels-Boss dann aber doch schnell vom Bürgersteig in sein geschäftliches Hauptquartier. Im Eroscenter, in dem unter anderem die »naturgeile Karina« und »Black Kimi« ihre Körper für halbe Stunden verkaufen, steigt Hanebuth eine schmale Treppe hoch und biegt in der ersten Etage nach links ab. Es geht durch eine Tür mit der Aufschrift »Security« in einen schmalen

Gang, an dessen Ende das Zimmer liegt, in dem der Pate von Hannover Audienzen gewährt.

Ein dunkler, rechteckiger Raum mit einem riesigen Schreibtisch und einem fast ebenso großen Bild eines Pitbulls an der Wand. Sonst ist das Zimmer fast leer. Hanebuth macht kurz vor seinem Büro einen Schlenker nach links in den »Wirtschafterraum«. Hier versorgen sich die Prostituierten mit Cola, Kondomen und Feuchttüchern. Den täglichen Bedarf organisiert ein sogenannter Wirtschafter. 2009 ist das der verurteilte Hells Angel und Hooligan Markus »Maxe« W., der 1998 den französischen Polizisten Daniel Nivel so malträtierte, dass dieser bis heute schwerbehindert ist.

Hanebuth platziert sein Muskelensemble unter einem Flachbildfernseher an der Wand, es laufen die Nachmittagsnachrichten im Öffentlich-Rechtlichen. Ein Beitrag über Kindesmissbrauch in der katholischen Kirche schwirrt durch den Raum. Der Rockerboss greift diese Steilvorlage sofort auf: »Mach doch mal einen Bericht über diese Sittiche. Das wäre wichtiger als über uns«, dröhnt er.

»Sittiche« gehört zum Stammvokabular des Hannoveraners, variabel einsetzbar als Bezeichnung für missliebige Politiker, Polizisten und Verräter. »Kuruzzen« ist auch ein typisches Hanebuth-Wort, mit dem er abfällig Milieufiguren mit ausländischen Wurzeln bezeichnet, wenn sie ihr Wort nicht gehalten haben. Die Bandidos wiederum nennt der Mann, der selbst »der »Lange« heißt, nur »die Hüte«.

Hanebuth ist kein begabter Redner, in seinen Sätzen steckt nicht dieselbe argumentative Kraft wie in seinen Oberarmen. Am liebsten sagt er nicht viel, sondern gibt Ein-Wort-Antworten. Wenn er Fragen ablehnt, schweigt er. Frank Hanebuth kann gut schweigen. In der Rotlicht- und Rockerszene des Jahres 2009 sind seine spärlichen Worte in Stein gemeißelte Gesetze, nicht nur in Hannover, nicht nur in Deutschland.

Während des Gesprächs stärkt sich der Hüne aus einem winzig wirkenden Plastikbecher Instantnudelsuppe, obschon er gutes Essen und erlesene Weine zu schätzen weiß. Hanebuths Stärke im

Vergleich zu anderen Rotlicht- und Rockergrößen ist, dass er sich auch auf dem bürgerlichen Parkett sicher bewegen kann, beherrscht er doch beides, unten und oben, Gosse und Gourmet. Wie ist das möglich?

Der Anfang

Ein Foto aus dem Mai 1980 liefert vielleicht eine Erklärung. Auf dem inzwischen verblichenen Zeitungsbild lächelt ein 15-jähriger Halbwüchsiger mit Föhnfrisur etwas linkisch in die Kamera. Er trägt ein weißes Hemd und die obligatorisch grüne Krawatte der Schützenbrüder. Frank Hanebuth ist gerade Junioren-König im Ortsverein Osterwald-Unterende nördlich von Hannover geworden. Der schlaksige Jugendliche umarmt den Vereinsvorsitzenden der kreuzbiederen Ballermänner, deren Club er nach eigener Aussage auch noch 30 Jahre später angehören wird.

Hanebuth ist ein Kind der Mittelschicht und hat diese irgendwann aus eigenem Antrieb verlassen. Während viele andere Rocker ihre Grundausbildung in Sachen Gewalt in der eigenen Familie absolvieren, wächst Hanebuth behütet auf, sein Vater ist Berufsschullehrer, seine Mutter Chefsekretärin. Die Schwester studiert später Jura und arbeitet heute als Anwältin.

Nach der Realschule unterschreibt der 16-Jährige zusammen mit seinen Eltern einen Ausbildungsvertrag bei einer Zimmerei. Er ist kein langhaariger Halbstarker in einer Kreidler- oder Zündapp-Gang wie so viele Gleichaltrige Anfang der achtziger Jahre. Das Verhältnis zu seinem Meister ist so gut, dass der Chef ihm sogar den Führerschein spendiert.

Noch während seiner Lehre nimmt der 18-Jährige einen lukrativen Nebenjob an. Er schlägt aus seinem kräftigen Körper Kapital. Hanebuth heuert in Sehnde bei Hannover in dem Provinzpuff »Le Chat« an. »Mich hat das Geld gelockt. Ich war immer knapp bei Kasse, weil ich damals nicht mehr zu Hause wohnte. Dort konnte ich an einem

Wochenende zehnmal mehr verdienen als als Lehrling«, erklärt Hanebuth viele Jahre später.

Als Barkeeper schenkt er überteuerten Billigsekt aus, den sich aufreizende Damen gewünscht und paarungslustige Männer bezahlt haben. Der Beamtensohn Hanebuth begleitet auch Kunden an die frische Luft, selbst wenn die noch gar nicht gehen wollen. Die nötige Durchsetzungsfähigkeit hat er sich beim Taekwondo antrainiert.

Der Rausschmeißer-Job ist Hanebuths Start in die Halbwelt. Als er Ende 2009 auf seine Rotlicht-Vita zurückblickt, füllt sich seine Stimme mit Stolz. »Ich habe das Milieu von der Pike auf gelernt«, sagt er ganz selbstverständlich, so als sei das Ausbeuten von Frauen ein Gewerbe wie Autos verkaufen oder Bier brauen.

1983 schlägt »der Lange« im hannoverschen Steintorviertel auf. Damals ist das noch ein Schmuddelquadrat aus vier Straßen, die selbst bei Sonnenschein traurig aussehen. In der Gegend betäuben Männer ihre Probleme auf dreierlei Weise: an der Theke, am Spielautomaten und im Doppelbett mit Feuchttüchern und Kondomen auf dem Nachttisch.

Der Zimmermanngeselle beginnt als Kneipier im »Schwarzen Peter«. Seine rechte Gerade – mittlerweile boxt er auch – setzt aber zudem in verrauchten Spielhallen das Hausrecht durch. Es dauert nicht lange, bis Hanebuth sein erstes Bordell übernimmt, er macht viel Tempo im Milieu und landet schnell in Untersuchungshaft. Es geht um Kneipenschlägereien und etliche Körperverletzungen, Lappalien eigentlich in der Szene, dennoch wird der Knast sein Leben verändern.

In der Justizvollzugsanstalt Hannover trifft der Nachwuchshaudegen auf den noch jungen Rechtsanwalt Götz von Fromberg. Es ist der Beginn einer Männerfreundschaft, die das öffentliche Leben in der niedersächsischen Landeshauptstadt bald maßgeblich beeinflussen wird. Schon das erste gemeinsame Projekt gelingt: Das Verfahren gegen Hanebuth wird eingestellt.

In der Folge machen beide Männer Karriere, der eine in seiner Kanzlei, der andere in der Szene. Ab Mitte der achtziger Jahre vermehrt Hanebuth stetig Macht und Einfluss im Rotlichtbezirk am Steintor. Wer sich im Milieu nach oben kämpft, braucht Kraft und Köpfchen, beides bringt der Beamtenspross mit. Wer sich längerfristig behaupten möchte, braucht noch mehr.

Durch die Straßen am Steintor wabern heute Dutzende Geschichten über den jungen Hanebuth und seinen Aufstieg zum Paten von Hannover. Ihr Wahrheitsgehalt lässt sich nach 25 Jahren nur schwer überprüfen. Doch die einzelnen Anekdoten verdichten sich zu einem Bild: Demnach erarbeitet sich Hanebuth den Ruf eines knallharten Mannes, auf dessen Wort Verlass ist und der sich nicht scheut, selbst zuzulangen. Bei Konflikten schickt er nicht seine Gorillas, sondern zieht alleine los. Interne Konflikte vermeidet er, indem er seine Mitarbeiter nicht ausbeutet. Angeblich behandelt er die Frauen in seinen Läden erträglicher als andere Luden. Wegen Zuhälterei oder Menschenhandel – die Klassiker im Rotlicht – wird er jedenfalls nie verurteilt.

Den ersten echten Stresstest übersteht er Anfang der Neunziger nach dem Zusammenbrauch des Kommunismus. In der Zeit ziehen berüchtigte Balkanbanden über die westdeutschen Rotlichtmeilen und kassieren Schutzgeld. Auch in Hannover verlangen die Neuen ein Stück vom Kuchen. Manche erzählen, dass daraufhin einige Südosteuropäer im Steintorviertel aus dem zweiten Stock eines Bordells auf die Straße geflogen seien, doch ob das stimmt, ist nicht ganz klar. Auf jeden Fall behalten die deutschen Zuhälter um Hanebuth ihre Geschäfte und bleiben eigenständig.

1992 wird aus dem Bordellbetreiber Hanebuth der Rockerbruder Frank. Es ist ein strategisch geschickter Zug, der seine Stellung im Rotlicht zementiert. Ein Frankfurter Freund und Kollege mischt damals bereits bei dem Motorradclub Bones mit. Die Gang mit der Knochenhand auf den Kutten gehört vor 20 Jahren neben dem Gremium MC zu den mächtigsten Banden in Deutschland. Hanebuth erhält am Main einen Schnellkurs in Bikerkultur und macht wenig später mit seinen Zuhälter-Kumpels einen neuen Bones-Ortsverein in Hannover auf.

Auf diese Weise steigt er gleich als Präsident eines Chapters in die Szene ein; die Ochsentour, die er seinen Gefolgsleuten abverlangen wird, hat er selbst nie machen müssen. Ganze drei Monate lang werden Hanebuth und seine hannoversche Zuhältergarde als Anwärter geführt, dann sind sie Vollmitglieder. Es ist eine Aufnahme de luxe, für den aufstrebenden Luden aus Niedersachsen werden die strengen Regeln aufgeweicht.

Hanebuth rekrutiert für seine Gang schlagkräftige Kerle, gerne auch Hooligans wie den bereits erwähnten Markus »Maxe« W. Während der Fußballweltmeisterschaft 1998 fällt der mit seiner alten Clique in das nordfranzösische Lens ein. In einer engen Seitenstraße aus roten Backsteinhäuschen schlagen die deutschen Triebtäter den französischen Polizisten Daniel Nivel so schlimm zusammen, dass er noch heute unter den Folgen leidet und dauerhaft behindert ist. Die »Schande von Lens« ist eine der schlimmsten Katastrophen des deutschen Fußballs und Markus W. das Gesicht dazu. Er ist der einzige Beteiligte, der noch in Frankreich festgenommen wird. Der Hannoveraner hatte den Polizeibeamten mit einem Holzschild als Erster attackiert und wahrscheinlich auch niedergeschlagen. Ein Gericht im nordfranzösischen Saint-Omer verurteilt ihn 2001 zu fünf Jahren Gefängnis.

Der Boxer

In Hannover hat Frank Hanebuth ab Mitte der neunziger Jahre seine Macht im Milieu derart gefestigt, dass ihm nebenher genügend Zeit bleibt, sich als Boxer auf Profikämpfe vorzubereiten. »Dass ich boxe, haben wir am Zuhälter-Stammtisch entschieden. Damals hatte jede deutsche Großstadt einen Boxer. Nur Hannover nicht. Dann habe ich es halt gemacht«, erinnert sich der Ex-Kämpfer. Im Ring sucht er stets die schnelle Entscheidung mit Hilfe seiner enormen Schlagkraft, ein typischer K.o.-Fighter, kein Taktiker, der durch seine Ausdauer die Kämpfe entscheidet. Hanebuth boxt so, wie er im Puff für Ruhe sorgt: Drauf!

Die meiste Trainingszeit verbringt er im Keller der legendären Kiezkneipe »Ritze« in Hamburg, wo heute noch ein Foto des Hannoveraners hängt. »Diese Atmosphäre dort ist einmalig, allein der Geruch«, schwärmt der ehemalige Schwergewichtler. Wobei man ehrlicherweise sagen muss, dass der Übungskeller der Kneipe mieft wie ein sehr feuchter Spind voll alter Socken.

Im Dezember 1996 tritt Hanebuth in der Stadionsporthalle Hannover gegen einen Ungarn ein. Der Kampf endet unentschieden nach Punkten, es ist sein letzter Auftritt im Ring. Zwar hätte seine rechte Gerade wahrscheinlich noch manche Kämpfe zu seinen Gunsten entschieden, doch geht es dem Aufsteiger wie so vielen starken Männern: Die Versuchungen eines zügellosen Lebens sind zu groß. Im Training lässt Hanebuth den nötigen Ehrgeiz vermissen, zudem passen seine Ernährung und der szenetypische Bierkonsum auch nicht zu einem Dasein als Sportler. »Bei mir war jeder Profikampf ein Comeback. Es lagen ja immer zwei Jahre dazwischen.« Hanebuth lacht über Hanebuth. Für eine Boxkarriere hebt »der Lange« zwar deutlich zu oft das Pilsglas, doch für sein Ansehen in der Motorradclubszene ist das genau der richtige Habitus. Hanebuth ist ein jovialer Typ, der in Gesellschaft aufblüht.

Einen schweren Tiefschlag erlebt der Hannoveraner 1998. Auf gerader Strecke verunglückt seine damalige Freundin mit dem Auto und stirbt. Sofort schwirren Gerüchte durch Hannover, der Unfall sei in Wirklichkeit ein Anschlag gewesen und Hanebuth das eigentliche Ziel. Damals hatten seine Bones häufiger Ärger mit einer Anwärter-Gruppe der örtlichen Hells Angels. Beweise für eine Manipulation des Unfallwagens fehlen aber. Wer dem Hünen eine Frage zu dieser dunklen Episode seines Lebens stellt, erlebt den schweigsamen Hanebuth. Und wer diese Stille lange Zeit ertragen kann, dem brummt er irgendwann Folgendes hin: »Ich hab meine Informationen. Es hat nichts mit Rockern zu tun.«

Zu einem zweiten Vorstellungsgespräch für ein Interview beordert Hanebuth den Reporter im April 2010 ins »Angels Place«. Es ist das Vereinsheim der Höllenengel in einer stillgelegten Seifenfabrik im

Westen Hannovers. An dem Treffen nehmen noch weitere Vordenker der Rockergang teil. Während Rudolf »Django« Triller aus Bremen und der schwäbelnde Stuttgarter Lutz Schelhorn den Journalisten mit Fragen überziehen, sitzen Hanebuth und sein Kieler Freund Dirk R. etwas abseits auf einem Sofa. Sie steigen ziemlich schnell aus bei der Diskussion über Inhalt und Intention einer Reportage über die Hells Angels und benehmen sich stattdessen wie Pubertierende im Konfirmandenunterricht: Die Muskelmänner knuffen sich in die Seiten und versuchen, sich gegenseitig zum Lachen zu bringen.

Der Hells Angel

Hanebuths Persönlichkeit kennt drei ausgeprägte Wesenszüge, mit denen er sich für das Rocker- und Rotlichtmilieu qualifiziert: Gewalt, Geselligkeit und Geldgier. Schon Ende der neunziger Jahre ist er äußerst gut vernetzt in Deutschland, auch außerhalb der Bones-Welt. Obwohl er vor der eigenen Haustür in Hannover Stress mit einigen Angels-Anwärtern hat, ist Hanebuth mit dem einflussreichen Berliner Höllenengel-Boss Holger »Hocko« Bossen bestens bekannt.

1999 gerät die Rockerszene hierzulande in Bewegung, plötzlich drängen die US-Clubs auf den deutschen Markt, der große Möglichkeiten verspricht. Die Bandidos bandeln mit den gelben Ghostridern an, und die Hells Angels fühlen bei den Bones vor, ob die sich einen Wechsel zu der damals schon legendären Bande aus Amerika vorstellen können. Die Verhandlungen für den Bones MC führt Frank Hanebuth, es ist sein erster Auftritt als Rocker-Politiker, obwohl er damals noch nicht der ranghöchste Vertreter der Bande in Deutschland ist. Die Gespräche sind erfolgreich: Die Bones treten im November 1999 zu den Hells Angels über. Rasch steigen die Höllenengel von Randfiguren der deutschen Szene zum Schwergewicht auf, die Bandidos ziehen wenig später nach.

Damit ist die Architektur des Milieus geschaffen, wie sie noch heute besteht, entscheidend gestaltet von Frank Hanebuth aus Hannover. »Wir hatten als Bones jeden Winkel in Deutschland gesehen. Wir wollten raus aus Deutschland und international fahren«, begründet Hanebuth im Nachhinein den Übertritt zu den Hells Angels. Die Behörden bewerteten die Rocker-Fusionen hingegen als strategische Entscheidung, um Macht und Geldquellen langfristig zu sichern. Das sieht Hanebuth natürlich anders. »So ein Quatsch! Sollen die Angels aus Amerika nach Hannover kommen und mir meinen Puff zurückholen, wenn der weg ist? Das würde ich schon selber machen«, so der Chefrocker.

Der Aufstieg

Zur Jahrtausendwende, Hannovers Gerd Schröder ist Bundeskanzler, schickt sich der Hells Angel Hanebuth an, das von ihm dominierte Rotlichtviertel umzugestalten. Die Weltausstellung Expo 2000 steht vor der Tür, und die allgemeine Modernisierungsmanie soll, bitte schön, nicht vor der Vergnügungsmeile haltmachen.

Hanebuths Freund und Berater Götz von Fromberg schreibt einen Brief an den Polizeipräsidenten und den Oberbürgermeister von Hannover. Darin bittet der Jurist die Stadtspitze, den Zuzug ausländischer Prostituierter zu vereinfachen, und schürt zugleich die Angst vor kriminellen Albaner- und Kurdenbanden. Sollte das gewünschte Maßnahmenpaket zur Rettung der deutschen Zuhälter nicht umgesetzt werden, drohe Ungemach: »Die Bordellbetreiber werden also die Häuser verlassen, die Eigentümer werden neu vermieten oder verkaufen. Es bedarf keiner großen Phantasie, um herauszufinden, wer dann in das hannoversche Steintor-Milieu einzieht.«

Doch Hanebuths und Frombergs Vision von der neuen, schönen Rotlichtwelt wird zunächst von Hanebuth selbst verhindert. Schuld sind das Ego des Hells Angels und seine erwiesene Unfähigkeit, einem körperlichen Konflikt aus dem Weg zu gehen. So eskaliert ein banaler Streit im Vereinsheim der Hells Angels zwischen Hanebuth und einem aufgepumpten Karatekämpfer.

Es sind zwei Stiere, die da aufeinanderzurasen und irgendwann nicht mehr zu bremsen sind. Wer jetzt zurücksteckt, verliert das Ansehen der Gruppe. »Das Ganze hat zehn Sekunden gedauert. Rechte Gerade, linker Haken«, erinnert sich Hanebuth später. Sein Kontrahent erleidet einen Schädelbasisbruch und liegt wochenlang im Koma. Er überlebt nur knapp. »Gott sei Dank ist er nicht gestorben«, sagt Hanebuth, schaut nach oben und bekreuzigt sich. Entweder schauspielert er in diesem Augenblick, oder in dem Rockerpaten steckt tatsächliche Gottesfurcht.

Bei einer Razzia im »Angels Place« findet die Polizei Blut des Opfers. Hanebuth räumt die Tat ein und muss wegen gefährlicher Körperverletzung für dreieinhalb Jahre ins Gefängnis. Danach greift er seinen Plan wieder auf und forciert den Wandel des hannoverschen Vergnügungsviertels. Vom reinen Rotlichtkiez mit schmuddeligen Kneipen, Spielhallen und ranzigen Laufhäusern wird das Steintor zu einer modernen Amüsiermeile, in der Bars, Diskotheken und Puffs eine friedliche Koexistenz führen sollen.

Das Konzept funktioniert. Hanebuths Kneipe »Sansibar« ist der erste Club am Platz, in dem getanzt und gesoffen wird. Es folgen weitere Neugründungen mit Namen wie »Intensivstation« oder »Heartbreak Hotel«. Die Kneipen werden nicht alle von Hells Angels betrieben, aber Hanebuths Sicherheitsfirma »Bodyguard Security« steht an jeder Tür. Ohne das Plazet des Paten geht nichts in dem Viertel, in dem das Partyvolk viel Geld ausgibt und die Rocker streng darauf achten, dass sich die solvente Kundschaft wohlfühlt. Wenn auch nicht immer mit legalen Mitteln.

So werden Hanebuth nach eigener Aussage eines Tages Informationen zugespielt, dass sich Taschendiebe nach Hannover aufgemacht hätten, um am Steintor auf Tour zu gehen. Die Langfinger bekommen schon bei ihrer Ankunft eine Begrüßung nach Hells-Angels-Art, nicht erlaubt, aber effektiv.

Bald halten sich Hanebuth und seine Männer in ihrem Quadrat wohl für die bessere Polizei, auch weil sich die echten Gesetzeshüter nach und nach zurückziehen. Offensichtlich sind die Behörden ganz froh darüber, dass die schlimmen neunziger Jahre vorbei sind und das Quartier einen Aufschwung erlebt.

Die Party des Paten

Es ist ein Auftritt wie der eines Staatsoberhaupts. Die Hauptperson sitzt in einer silbernen Mercedes-Stretchlimousine, die wiederum von 16 Motorrädern flankiert wird. So dröhnt die Kolonne am 11. September 2004 durch das nächtliche Hannover und bringt den Paten der Stadt zu seiner Party.

Die Kräder erzeugen den typischen Harleylärm, der nicht nur eingefleischte Rocker fasziniert. Eine Mischung aus Adrenalin, Testosteron und angespannter Erregung umwabert das Clubheim der Hells Angels, als der Benz direkt vor dem Eingang stoppt.

Der knapp zwei Meter große Mittelpunkt des Abends entsteigt der Limousine in einem weißen Hemd. Darüber trägt er die schwarze Lederkutte seines Clubs, die mit Totenköpfen aus Messing verziert ist. Auf dem Rücken prangt der Schriftzug »Hells Angels Germany«, den die deutschen Höllenengel eigentlich öffentlich nicht tragen, weil eine erkennbare bundesweite Struktur ein allgemeines Clubverbot erleichtern könnte. Doch heute ist ein besonderer Tag.

Europas mächtigster Hells Angel, Frank Hanebuth, feiert in seinen 40. Geburtstag hinein. Seine Rockerkumpels produzieren von der Sause ein Video, das auf verschlungenen Pfaden an die Öffentlichkeit gelangt und gute Einblicke in die Persönlichkeitsstruktur des Bosses ermöglicht. Es liefert Erklärungsansätze, warum sich Hanebuth bei den Hells Angels eine so exponierte Machtposition aufbauen konnte.

Noch bevor der Chefrocker seine zivilen Gäste begrüßt, hält er eine kurze Rede im Kreis seiner Clubkameraden: »Ohne euch wäre das gar nicht gegangen. Lasst uns einen ruhigen, bunten Abend verleben. Auf euch Männer! Hells Angels!«

Hanebuths Verhalten ist nicht selbstverständlich in der deutschen Rockerszene. Viele Bosse agieren wie Despoten in Lederkutte, unter denen vor allem die vermeintlichen »Brüder« zu leiden haben. Für sie sind die angeblichen Interessen des Clubs in Wirklichkeit vor allem ihre eigenen. Autorität schöpfen sie aus der Angst, die sie verbreiten.

Hannovers Hells-Angels-Fürst hat das offenbar nicht nötig, seine Gefolgsleute blicken mit leuchtenden Augen zu ihm auf, wie die Videoszenen zeigen. Natürlich könnten Hanebuth und seine Entourage ihr Verhalten für die Kamera inszeniert haben, allerdings wären sie dann ziemlich begabte Mimen.

Neben dem Charisma des Glatzkopfes hat die Loyalität der Männer einen anderen, schnöden Grund. Szene-Experten der Polizei attestieren Hanebuth einen modernen Führungsstil, gerade in Finanzfragen: »In Hannover verdienen alle mit«, so ein Ermittler. Neben dem Anführer sollen es fünf weitere Angels zu Millionären gebracht haben. Zwar dementiert Hanebuth stets, Millionär zu sein, doch zweifellos verfügt er über genügend Geschäfte und Kontakte, um seinen Anhängern einträgliche Jobs zu besorgen.

Auf der Geburtstagsfeier 2004 in Hannover säuft auch der Berliner Hells-Angels-Chef Holger »Hocko« Bossen mit, der in vielerlei Hinsicht das Gegenteil des Niedersachsen ist: »Hocko« führt sein Charter wie ein Gutsherr. Er lässt seine »Member« bei sich zu Hause in der brandenburgischen Pampa antanzen, damit sie seinen Hund »Bruno« ausführen. Szenekenner der Hauptstadt sagen, Bossen könne kein Geschäft abschließen, ohne dass die andere Partei unzufrieden sei. Wahrscheinlich greift er später für eigene Zwecke in die Clubkasse und besiegelt damit sein Ende als Hells Angel. 2008 rebellieren die einfachen Mitglieder gegen das despotische Oberhaupt, Bossen muss abdanken.

Hingegen kann sich Hanebuth über mangelnde Sympathiebekundungen nicht beklagen. Auf der Geburtstagsparty schmeißen sich nicht nur Rocker und schöne Frauen an ihn ran. Die Kamera zeichnet auf, wie der Charterboss das weiße Festzelt betritt, wo an runden

Tischen mit weißen Tischdecken etliche Rotlichtgrößen aus ganz Deutschland hocken. Die Herren trinken Pils oder Jim-Beam-Cola. Der Gastgeber geht zu jedem Einzelnen und nimmt ihn freundschaftlich in den Arm.

Dann zieht er weiter und herzt andere Gäste, ein Milieu-König zum Anfassen. Seine Kumpel-Attitüde, gepaart mit dem Unterwelt-Image, zieht auch bürgerliches Partyvolk an. Ein Redakteur der Lokalzeitung unternimmt später einige Anstrengungen, gemeinsam mit dem schon sichtlich angetrunkenen Hanebuth in die Kamera zu lächeln. In einem seiner Artikel wird er dem Rockerboss eine »erstaunliche Resozialisierung« attestieren.

Natürlich fehlt der Trauzeuge des damaligen Bundeskanzlers nicht. Hanebuths Anwalt Götz von Fromberg hat ebenso wie der Gastgeber ein weißes Hemd angezogen, das bei ihm allerdings deutlich stärker spannt. Zwischen den Höllenengeln und Bordellbetreibern wirkt der renommierte Strafverteidiger nicht so verloren, wie man annehmen möchte. Denn er ist nicht alleine: In die Zentrale der hannoverschen Hells Angels hat es eine Menge Anzugträger verschlagen, flankiert von elegant gekleideten Damen, die in ihren schwarzen Kostümen auch eine Vernissage eröffnen könnten. Diese Frauen unterscheiden sich deutlich von den blondierten Stöckelhühnern, die keine BHs unter den luftigen Oberteilen tragen und den Kameras die prallen Tätigkeitsnachweise plastischer Chirurgen präsentieren.

Im »Angels Place« mischen sich an diesem Abend Rotlichtszene und Bürgertum, und möglicherweise plaudert die brave Ehefrau nichts ahnend mit den Damen, die der nicht ganz so brave Ehemann schon länger und weitaus besser kennt. Hanebuth ist die Schnittstelle zwischen Schlipswelt und Knochenbrecher-Milieu.

Auch Markus W., die Schande des deutschen Fußballs, gönnt sich Cocktails an der Theke. Als der Hooligan 1998 wegen der feigen Attacke auf den Gendarmen Daniel Nivel in Untersuchungshaft wandert, liegt zu Hause noch seine Bones-Kutte. Im April 2002 marschiert er als Hells Angel aus dem französischen Gefängnis. Die Resozialisierung gelingt sofort. Zumindest im Rockerclub. Hanebuth gibt ihm einen Job als Wirtschafter eines Eroscenters. Hier kassiert Markus »Maxe« W. die Zimmermieten der Prostituierten und organisiert den täglichen Bordellbedarf. »Maxe hat seine Strafe abgesessen. Er hat eine schlechte Vergangenheit gehabt. Trotz alldem hat jeder eine zweite Chance verdient. Die hat er genutzt bei uns. Er ist gut drauf. Da gibt es auch kein Wenn und Aber«, so der Bewährungshelfer Hanebuth in einem Interview.

Ebenso wie sein Förderer entstammt Markus W. dem bürgerlichen Milieu, in dem hannoverschen Vorort Sarstedt hat er Abitur gemacht. Bei den Hells Angels steigt er zwischenzeitlich sogar zum »National Treasurer« auf und verwaltet damit die Deutschlandkasse der Organisation. Später betreut Maxe auch die Homepage des Charters. Allerdings nur bis zum Jahr 2011. Nach über 15 Jahren verlässt W. in diesem Jahr die Gang, ob er freiwillig geht oder gehen muss, bleibt unklar. Es kursieren Gerüchte, der Ex-Hooligan habe sich während eines Ausflugs nach Russland danebenbenommen. Hanebuth sagt nur lapidar: »Es hat nicht mehr gepasst.«

Die Feier im September 2004 erlebt ihren Höhepunkt um Mitternacht. Eine alkoholselige Meute aus Höllenengeln, Rotlichtgrößen und Biedermännern grölt »Happy birthday to you« – angestimmt vom Boss persönlich. Eine Blaskapelle amerikanischer Prägung intoniert den Klassiker »You can call me Al« und die Menge brüllt im Chor die Textzeile »If you'll be my bodyguard ...« Ein Feuerwerk erleuchtet den niedersächsischen Nachthimmel.

Draußen vor dem »Angels Place« überreichen die Clubkameraden dem Clan-Oberhaupt ihr Geschenk: ein bestimmt drei Meter großes Porträt, auf dem ein riesiger Glatzkopf in Hells-Angels-Kutte vor einer offenbar antiken Kulisse aus griechischen Säulen posiert. Die gemalte Kopie wirkt jünger als das Original, dafür strahlt der echte Hanebuth stärker: der König von Hannover, in Öl. Doch sein Zenit ist bald erreicht.

In der Mitte der Gesellschaft

Erst einmal avanciert Hanebuth zum Eventmanager, unter dessen Führung die Kiezwirte im Steintorviertel jährlich zwei Straßenfeste mit bis zu 40 000 Besuchern ausrichten. Solche Großereignisse laufen nur mit dem Rückenwind der Stadtverwaltung, Hanebuth ist damals ein gern gesehener Gast im Rathaus, dessen Konzepte die Beamten zumeist abnicken. Die Polizei beobachtet Hanebuths Treiben. Frühe Großermittlungen wegen des Verdachts auf Bildung einer kriminellen Vereinigung sind gescheitert – weshalb auch immer.

Derweil breiten sich die Hells Angels aus und lassen sich immer neue Geschäftsideen einfallen. So kreieren sie die Marke »Original 81«, unter der sie Zigaretten, Bier und Schnaps vertreiben. Die Rocker füllen ihren eigenen Mythos in Flaschen, damit Otto Normalverbraucher zu Hause an Freiheit und Abenteuer nippen kann. Sogar die Warenhauskette »Real« erweitert mit dem Hells-Angels-Bier die Produktpalette. Erst als der Bund Deutscher Kriminalbeamter kritisiert, dass Kriminelle auf diese Weise salonfähig gemacht würden, verschwinden die Flaschen wieder aus den Regalen.

Der öffentlich sichtbarste Vorstoß in die Mitte der Gesellschaft gelingt dem Rockerboss mit der Schlagerparade. Von Sommer 2007 an rollen bunte Musiktrucks mit schrill gekleideten Feierwütigen durch Hannover. Organisiert von den Steintor-Wirten, also Hanebuth.

Schlagergrößen wie Mickie Krause, Jürgen Drews oder Michael Wendler röhren ihre Promillehymnen. Gesponsert wird die erste Parade unter anderem von Beck's, Bacardi und Red Bull. Einmal führt der Truck der »Bild«-Zeitung die Kolonne an, dahinter folgt Hanebuths »Sansibar«.

Der Boss und seine Rocker haben jetzt direkten Draht zu einflussreichen Unternehmen, anscheinend herrschen bei den Geschäftspartnern keinerlei Berührungsängste mehr. Dabei ist wenige Wochen zuvor im westfälischen Ibbenbüren der Hells Angel Robert K. in seinem Geschäft regelrecht exekutiert worden.

Das Rockernest

Das Nest an der Autobahn A7, bundesweit allenfalls bekannt durch einen Vogelpark, ist das Zuhause des Hells Angels Wolfgang Heer. Der Kalte Krieg hat den 1945 geborenen Rocker wohlhabend gemacht. Als die Bundeswehr noch große Verbände in der Lüneburger Heide stationierte, weil sie einen russischen Angriff in der norddeutschen Tiefebene erwartete, versorgte Heer das bundesrepublikanische Heer mit käuflicher Liebe. In den Bordellen und Wohnmobilen an den Landstraßen – vom Volksmund »Schüttelbusse« genannt – suchten die Rekruten und Offiziere das friedliche Gefecht mit dem anderen Geschlecht. Und bei Hells Angel Heer klingelte die Kasse.

Heute betreibt der Rocker ein Bordell am Rande von Walsrode, außerdem ein Bowlingcenter und ein Fitnessstudio. Er ist ein begüterter Geschäftsmann mit guten Verbindungen zu lokalen Politikern und Unternehmern. Was Frank Hanebuth in Hannover geschafft hat, gelang Wolfgang Heer in der Kleinstadt Walsrode. Die Männer verbindet zudem seit Jahrzehnten eine enge Freundschaft, zusammen haben sie die Firma »Bodyguard Security« gegründet, die unter Heers Privatadresse angemeldet wurde. Geschäftsführer des Betriebs ist Heers Sohn Michel.

Unter Hanebuth steigt Wolfgang Heer zum Kassenwart der hannoverschen Höllenengel auf. Seinem Ansehen in der Kleinstadt schadet das nicht. In Walsrode genießt er das Image eines Wohltäters. Er spendet großzügig für Vereine und Institutionen. Als die Bowlingbahn mit Geschäftsführer Michel Heer eröffnet wurde, schaute sogar die parteilose Bürgermeisterin Silke Lorenz vorbei.

Jedes Jahr im Sommer veranstaltet der öffentlich bezuschusste Förderverein Stadtmarketing e.V. eine Konzertreihe in der Walsroder Innenstadt. Um für Ruhe und Sicherheit zu sorgen, beauftragen die Organisatoren »Bodyguard Security« von Heer und Hanebuth. So wandern indirekt Steuereinnahmen in die Geschäftsbücher der Rocker. Alles kein Problem in Walsrode, bis Detlef Gieseke die Situation anprangert.

Der Grüne organisiert eine Podiumsdiskussion in der Stadthalle unter dem Motto »Wie gefährlich sind die Hells Angels?«. Vorher haben Unbekannte Giesekes Auto demoliert. Ein Einschüchterungsversuch, damit die Veranstaltung platzt? Die Tat wird nie aufgeklärt.

Es wird ein bemerkenswerter Abend, für den Wolfgang Heer seinen Ägypten-Urlaub unterbrochen hat. Frank Hanebuth sitzt in der ersten Reihe und setzt ein Nussknacker-Gesicht auf. Er hat an der Debatte offensichtlich so viel Spaß wie an einer Wurzelbehandlung. Der Wind hatte sich spürbar gedreht. Mittlerweile müssen sich die Höllenengel öffentlich für ihre Geschäfte rechtfertigen – eine erkennbare Zumutung für die breitschultrigen Herren in der ersten Reihe.

Der ebenfalls anwesende Pressesprecher der Hells Angels, Rudolf »Django« Triller, vergleicht den stetig wachsenden Druck der Behörden mit dem Boykott jüdischer Geschäfte vor dem Zweiten Weltkrieg. Wie sehr muss man sich in die Ecke gedrängt fühlen, um sich zu so einem Vergleich hinreißen zu lassen?

Die Veranstaltung entfaltet eine ziemliche Wirkung. Für die Medien ist Walsrode fortan die »Stadt der Höllenengel«. Vor allem aber steigt der Druck auf die Geschäftspartner der Rocker. Sie sollen sich von Hanebuth und Heer distanzieren. Als im April 2011 Zuschauer bei einem Amateurfußballspiel in Walsrode randalieren und die für die Sicherheit im Stadion engagierte »Bodyguard Security« wenig zur Deeskalation beiträgt, entfacht sich eine Debatte, die es vor ein paar Jahren sicherlich nicht gegeben hätte. Nach Ansicht der Polizei agiert die schwarz gekleidete Sicherheitstruppe um den mitkämpfenden Wolfgang Heer überzogen. Und die Walsroder Bürger fragen sich, warum der lokale Fußballverein den Wachdienst der Hells Angels engagiert. Sollte man dem Sportclub deswegen die öffentlichen Gelder streichen?

»Ende im Gelände«

Auch das Klima in Hanebuths Stammrevier Hannover ändert sich. Im November 2010 rückt der Zoll, unterstützt von maskierten Polizisten, ins Steintorviertel ein. Die Schwarzarbeit-Jäger kontrollieren die Angestellten in der »Sansibar«, zu deren Eigentümern damals Hanebuth gehört.

Es ist ein erster Nadelstich, weitere werden folgen. Während junge Beamte den Eingang der Kneipe sichern, steht Hanebuth in blau-weißer Flanelljacke auf dem Bürgersteig. So entsteht ein Bild mit Symbolcharakter: Der Staat ist wieder da, der Pate muss zugucken.

Die Behörden setzen da an, wo die Rocker besonders empfindlich sind: beim Geld. Die Ermittler wollen die Macht der Gang eindämmen. Im Oktober 2011 ruft der designierte Polizei-Vize-Präsident von Hannover, Thomas Rochell, dazu auf, nicht mehr am Steintor zu feiern: »Jeder, der das tut, muss wissen, dass er damit die Position der Rocker und ihres Chefs stärkt.« Es ist keine sensationelle Neuigkeit, dass die Rocker in dem Viertel abkassieren, weiß in Hannover jeder. Dennoch macht der öffentliche Boykottaufruf es für Hanebuth zunehmend schwierig, seine beiden Rollen als geachteter Eventmanager und gefürchteter Unterweltboss miteinander in Einklang zu bringen.

Nur einen Monat später handelt der König von Hannover und dankt ab. Zumindest teilweise. Hanebuth erklärt öffentlich, die Firma »Bodyguard Security« verlasse das Viertel, außerdem verkaufe er seine Anteile an der »Sansibar«. Die Bordelle allerdings behält er. Jetzt muss der Rechtsstaat reagieren und ein Machtvakuum verhindern. Die Polizei installiert eine mobile Wache im Amüsierviertel.

Das letzte Mal kann Hanebuth seine zwei Gesichter am 5. Mai 2012 zeigen. Zusammen mit 30 Rockern aus Hannover rollt er an diesem Samstagabend nach Halle an der Saale, wo eine Kickbox-Gala steigt. Das hört sich zwar unspektakulär an, doch das wird es in diesem Fall nicht sein.

Einige Tage zuvor hat ein Bandidos-Sympathisant einen jungen Rocker-Anführer des Underdogs MC angeschossen, dessen Gang wohl zu den Höllenengeln wechseln wollte. Das Opfer wiederum sollte an diesem Abend in den Ring steigen, weshalb die Hells Angels nun Solidarität am Geviert demonstrieren und ein Signal an die Bandidos senden: Achtung, wir sind auf deren Seite!

Hanebuth und seine Mannschaft bleiben allerdings nicht lange im Osten, denn der Rockerboss hat noch einen Termin mit einer anderen Mannschaft. Am 5. Mai 2012 endet die Bundesliga-Spielzeit, und das Team von Hannover 96 hat sich zum Feiern im Steintor angesagt. Schließlich pflegt der Hüne Hanebuth einen besonders guten Draht zu dem einen Kopf kleineren Mittelfeldspieler Altin Lala, der an dem Tag sein letztes Spiel für die Roten macht.

Danach endet Hanebuths Leben als angesehener Mann: Am 24. Mai 2012 seilen sich GSG-9-Polizisten aus einem Hubschrauber ab und stürmen sein Anwesen vor den Toren Hannovers. Sie erschießen seinen Hund und fesseln den Zwei-Meter-Koloss. Die filmreife Aktion gehört zu einem Großeinsatz gegen die Hells Angels »Kiel«. Gegen die Truppe um den Hanebuth-Vertrauten Dirk R. wird ermittelt, nachdem ein ehemaliger Unterstützer der Hells Angels ausgepackt hatte. Steffen R. belastet den Hannoveraner, er soll von einem Mord gewusst haben.

Etwas später verschärft der Kronzeuge seine Anschuldigungen vor Gericht, vor dem er sich unter anderem wegen Menschenhandels verantworten muss. Nun erzählt er Folter- und Killergeschichten, die ein Dutzend dankbare Reporter in ihre Blöcke kritzeln. Und die größte Sensation: Hanebuth sei für diese Untaten verantwortlich gewesen, er habe sogar einen Mord in Auftrag gegeben. Der Hells Angel aus Hannover weist alle Vorwürfe entschieden zurück: Er kenne weder Steffen R. noch das angebliche Mordopfer, teilt er mit. Und tatsächlich werden die Ermittlungen gegen Hanebuth im April 2013 eingestellt; es fehlt ein hinreichender Tatverdacht.

Dennoch löst R. mit seiner Darstellung eine regelrechte Presselawine aus. Wenig später schießen die ersten Überschriften ins Internet. »Ex-

Rocker: Boss Hanebuth erteilte Mordauftrag« oder »Hells-Angels-Boss belastet – Erteilte Hanebuth Mordauftrag?« Am nächsten Tag prangt der Glatzkopf auf vielen Titelseiten. Die Masse der Berichte lässt schnell vergessen, dass von den Anschuldigungen nichts bewiesen ist.

Doch für die Öffentlichkeit ist Hannovers führender Hells Angel jetzt ein Verbrecher. Hanebuth schickt seinen zehnjährigen Sohn zu einem Freund nach Mallorca, das Kind soll diese Schlagzeilen nicht lesen. Als der Junge zurückkehrt, dürfen seine Freunde nicht mehr mit ihm spielen. Das schmerzt auch den Vater.

Nach einigen Wochen muss die Polizei jedoch ihre Leichensuche in einer Lagerhalle nördlich von Kiel ohne Erfolg einstellen. Ein Folteropfer im Beton konnten sie dort nicht finden. Offensichtlich passt die vermeintliche Beichte des Kronzeugen nicht zur Wirklichkeit. Das Landeskriminalamt Sachsen-Anhalt hat den Zeugen Steffen R. schon 2003 für unglaubwürdig befunden und alle Landeskriminalämter der Republik vor einer Zusammenarbeit mit ihm gewarnt.

Dennoch spüren die Höllenengel die Wucht der Lawine. Selbst die treue Bürgermeisterin von Walsrode will jetzt nichts mehr mit den Rockern zu tun haben. Sie untersagt einer Hells-Angels-Firma, sich erneut an der sommerlichen Konzertreihe in der Innenstadt zu beteiligen. Die Stimmung ist selbst in der Kleinstadt gekippt.

Am 28. Juni 2012 produzieren die hannoverschen Höllenengel die vorerst letzten Schlagzeilen. Sie verkünden ihr eigenes Ende, nachdem sie sich einen Tag zuvor aufgelöst haben.

Aus dem Umfeld sickern Erklärungen durch, die selbstständigen Geschäftsmänner im Club fürchteten mittlerweile um ihre Existenz. Der Druck sei zu groß, viele Geschäftspartner wendeten sich eingeschüchtert ab. Hanebuth sagt nur lapidar: »Es war ein gemeinsamer Beschluss. Ende im Gelände.«

Gerüchten zufolge spült er seinen Ärger an diesem Abend mit reichlich Alkohol herunter. 20 Jahre lang war er der Rockerkönig von Hannover und musste dennoch die bürgerliche Mitte nicht verlassen. Harley und Hummer – Hanebuth konnte beides. Diese Zeiten sind vorbei.

KAPITEL 5
»ICK WERD VERRÜCKT, DER BULLE HAT JESCHOSSEN!«
Angriff auf den Rechtsstaat

Die Hauptstadt-Nomaden

Sie haben etwas von riesigen Maikäfern, wie sie da stehen, aufgepumpt und angespannt. Der untersetzte Bandido trägt seinen Helm noch auf dem Kopf, in der rechten Hand hält er einen Krummdolch. Die Lederweste mit den Abzeichen der Rockergang spannt über dem Bauch, darunter ein schwarzes Shirt, auf dem »BFFB« steht, »Bandidos forever, forever Bandidos«. Braune Stiefel und Militärhosen lassen ihn bedrohlich erscheinen. Sein Motorrad liegt umgekippt auf der Seite.

Ihm gegenüber wippt Rayk Freitag, der Karatekämpfer von den Hells Angels, auf den Fußspitzen, jeden Moment kann er nach vorne schnellen und zuschlagen. Er ist wohl mit einem Wagenheber bewaffnet. Begleitet wird Freitag von einer Handvoll Höllenengel, die sich noch im Hintergrund halten, aber – falls nötig – ihrem »Bruder« beistehen werden.

Was sich da am 21. Mai 2007 gegen 16 Uhr auf einer Straßenkreuzung im Berliner Stadtteil Weißensee abspielt, ist typisch für das Verhalten von Rockern. Vor allem ist es bezeichnend für das Auftreten der Gangs in der deutschen Hauptstadt und dem benachbarten Brandenburg.

Hells Angels gegen Bandidos, nirgendwo in Deutschland wird der Rockerkrieg so brutal und erbarmungslos geführt wie in Berlin. Denn hier stehen sich derart viele gewaltbereite Männer auf engem Raum gegenüber, dass die Situation fast schon zwangsläufig eskalieren muss.

Die Hauptstadt ist gleichsam der Teilchenbeschleuniger im Konflikt der Banden, der stetig an Brisanz gewinnt – was sich in der Statistik niederschlägt. In einer Liste für das Abgeordnetenhaus stellt das Berliner Landeskriminalamt fest, dass von 2004 bis 2011 im Rockermilieu der Hauptstadt 1532 Ermittlungsverfahren geführt wurden. Summe aller Freiheitsstrafen gegen Mitglieder der Motorradclubs, nur in Berlin: 387 Jahre.

Dabei finden viele Straftaten im Verborgenen statt, in der Halb- und Schattenwelt krimineller Gangs, in der man eine vermeintliche Form von Gerechtigkeit am liebsten selbst herzustellen versucht. Deswegen ist der Normalbürger vergleichsweise selten Zeuge der Auseinandersetzungen zwischen den Gruppen. Doch das ist an diesem Tag im Mai 2007 anders.

Die Gegend um die im Berliner Osten gelegene Indira-Gandhi-Straße gilt als Hells-Angels-Gebiet. Ein Bandido, noch dazu in voller Rockermontur, muss immer damit rechnen, angegriffen zu werden, wenn er sich hierher wagt. Nun erwischt es den 37-jährigen Carsten D., der bei den Berliner Verkehrsbetrieben arbeitet und auf dem Weg nach Hause ist. Ermittler werden später annehmen, dass der Höllenengel-Trupp den in Kutte fahrenden Konkurrenten gezielt abgefangen hat.

Als Rayk Freitag und Carsten D. sich drohend voreinander aufbauen und kampfbereit belauern, alarmieren Passanten die Polizei, mehrere Streifenwagen rasen herbei. Der Verkehr kommt zum Erliegen, von der Straßenseite gegenüber filmt ein junger Mann mit einer Kamera das Geschehen und brüllt vor Begeisterung »Is dit geil!« in sein Mobiltelefon. Eine Einschätzung, die der betroffene Bandido wohl nicht unbedingt teilt.

Denn Carsten D. weicht zurück. Er ahnt, dass Rayk Freitag ihm überlegen ist, Krummdolch hin oder her. Trotzdem will der Bandido nicht einfach aufgeben. Polizisten versuchen, den aggressiven Freitag aufzuhalten, ein Beamter feuert mit seiner Dienstwaffe in den Berliner Nachmittagshimmel. Wieder jubelt der Videofilmer: »Ick werd verrückt, der Bulle hat jeschossen!«

Dem Kampfsportler ist das egal, wahrscheinlich weil er weiß, dass ein deutscher Polizist nicht auf einen unbewaffneten Mann schießen darf. Also versucht Freitag, den Bandido mit dem Fuß zu treffen. Maigeri heißt der Tritt im Karate, doch als wirkungsvoll erweist er sich hier nicht. Letztlich beendet die Polizei mit mehreren Ladungen Pfefferspray den ungleichen Kampf.

Ob es bei dieser Begegnung wie im Tierreich nur darum geht, sein Revier gegen einen Eindringling zu verteidigen, ist für den Fortgang der Ereignisse nicht relevant. Entscheidend ist, wer an diesem Tag auf Seiten der Hells Angels unterwegs ist, steht doch das Berliner Charter der »Nomads« wie kein zweites sowohl für eine verhängnisvolle Entwicklung innerhalb der Gang als auch für brutale Auseinandersetzungen mit Staat und (Rocker-)Feind.

Da ist zum einen der polizeibekannte Angreifer Rayk Freitag. Der ehemalige Nationalmannschafts-Karatekämpfer und gelernte Kfz-Mechaniker aus dem brandenburgischen Eberswalde prügelt sich gerne und häufig. Im Laufe der kommenden Jahre wird er mehrfach vor Gericht stehen und unter anderem wegen Beihilfe zu einer Schutzgelderpressung verurteilt werden. In dem Verfahren wird auch ein getötetes schwarzes Schaf eine entscheidende Rolle spielen.

Vorläufig festgenommen wird auch Holger »Hocko« Bossen, damals noch Präsident der »Nomads«. Der damals 46-Jährige trägt meist ein Hemd mit der Aufschrift »Hells Angels Filthy Few«. Wer die Regeln der Rocker kennt, weiß, dass er es nicht für Kinkerlitzchen bekommen hat. Denn Aufnäher mit diesem Schriftzug verleihen die Höllenengel nach Erkenntnissen der Ermittlungsbehörden nur für schwerste Gewalttaten. In der Szene heißt es, Bossen habe sich das Kleidungsstück »redlich verdient«. Nach seinem späteren Rausschmiss wegen finanzieller Unregelmäßigkeiten wird Bossen im Mai 2011 vor seinem Haus niedergestochen und lebensgefährlich verletzt.

Am lockersten geht Michael B. an diesem Tag mit dem Vorfall um. Auch er ist ein groß gewachsener durchtrainierter Schläger, der jedoch laut und herzlich lacht, als die Ermittler auf der Wache ihre Polaroids für die Akte schießen. Auch B. trägt die Farben der Hells Angels und das »1%er«-Abzeichen der Rocker. Zwei Jahre später wird er der erste Tote im Berliner Bandenkrieg sein.

Nach Michael B. wird Oliver »Olli« G. erkennungsdienstlich behandelt und fotografiert. Er sieht wie die personifizierte Unschuld aus, ganz Babyface, den Kopf leicht nach links gesenkt, als wolle er sagen: Ich war's nicht. Dabei prangt auf seiner Weste das »Dequiallo«- Abzeichen, das nur verliehen wird, wenn man einen Beamten angegriffen und verletzt hat. G. wird später untertauchen, weil er verdächtigt wird, an der Tötung seines Gang-»Bruders« Michael B. beteiligt gewesen zu sein.

Festgenommen werden an diesem Tag auch Ives V. und der Bauwerksabdichter David L. Vom harten Kern der »Nomads« fehlt somit nur André Sommer, damals »Sergeant at Arms«. Sommer wird in den nächsten Jahren mal mit einem Messer im Rücken, mal mit Kugeln im Leib in den Krankenhäusern der Stadt auftauchen und sich angeblich an nichts erinnern können, rockertypische Erinnerungslücken.

Am Beispiel der Hells Angels »Nomads«, dem vermeintlichen Elite-Charter der Gang, zeigt sich, was die großen Rockerclubs vor allem sind: mit Zwang zusammengehaltene Zweckgemeinschaften, darauf ausgerichtet, wenigen Männern entscheidende Vorteile zu verschaffen. An jenem Tag im Mai, als sich einer der Rocker mit einem Rivalen schlägt, stehen die Mitglieder der »Nomads« noch fest zusammen. Doch wer sich verweigert, aussteigt oder aus der Reihe tanzt, den trifft die volle Wucht der Hells-Angels-Selbstjustiz. Freiheit heißt in diesen Fällen nämlich nicht, dass ein Rocker machen kann, was er will.

Michael B. muss womöglich sterben, weil er mit der Konkurrenz angebandelt hat. Holger Bossen soll umgelegt werden, weil er angeblich in die Mannschaftskasse griff. Beides macht ein Hells Angel nicht, wenn ihm sein Leben lieb ist, und falls er es doch tut, sollte er sich der Rückendeckung von oben sicher sein. Hält nämlich einer der Mächtigen seine Hand über den Delinquenten, dann gelten ganz andere Regeln, ja dann ist es sogar ein ganz anderes Spiel.

Ein Boxer und ein Autonomer machen Karriere

Dass im Berliner Rockermilieu auch in der Vergangenheit schon mit Waffengewalt um die Vorherrschaft gekämpft wurde, ist weithin unbekannt. Ein Blick in die Archive zeigt jedoch, dass bereits Mitte der achtziger Jahre eine Art Bandenkrieg aufflammte. Die wichtigsten Gangs hießen damals MC Dragons und MC Phoenix. Es wurde geprügelt und geschossen, nur durch Zufall gab es keine Toten. Irgendwann bekam die Polizei die Sache wieder in den Griff. In Berlin etablierte sich bald schon eine neue Macht: Mit Erlaubnis aus den USA durften die Phoenix-Rocker im Jahr 1990 ein Charter der Hells Angels gründen.

Der Mauerfall am 9. November 1989 machte die Hauptstadt für Motorradclubs noch interessanter. Plötzlich gab es ein Umland, man konnte sich zurückziehen, wenn man eine Luftveränderung brauchte. Außerdem blieb man relativ unbehelligt, denn die Staatsmacht hatte in der Wendezeit mit Regierungs- und Vereinigungskriminalität alle Hände voll zu tun, vom Boom in den kriminellen Betätigungsfeldern Drogen, Waffen, Frauen ganz zu schweigen. Die Geschäfte liefen gut, und die Schattenwelt folgte ihrer eigenen Ordnung. Erst mit dem Beginn des neuen Millenniums begannen die Mühen der Berliner Rockerebene.

Das Jahr 2000 ist für die Motorradgangs der Metropole ein Wendepunkt. Die Bandidos sind zu dieser Zeit in Berlin noch gar nicht vertreten, die Hells Angels nur mit einem Charter. Innerhalb dieser Truppe aber gärt es, es gibt eine Handvoll Männer, die ihre eigene Bande aufmachen wollen. Den Abtrünnigen gelingt es, einen besonderen Coup zu landen, indem sie in der Hauptstadt ein »Nomads«-Charter eröffnen. Der Name ist begehrt und umkämpft, denn in jedem Land der Welt, so wollen es die Regeln der Hells Angels, darf es nur einen Ableger mit dieser Bezeichnung geben.

Auch die 1988 verbotenen Hamburger Hells Angels möchten zu diesem Zeitpunkt »Nomaden« werden, der Verein soll vor den Toren der Hansestadt entstehen. Doch am Ende ist es Holger Bossen, der nach zähen Verhandlungen und Grabenkämpfen den Zuschlag für seine Berliner Hells Angels bekommt. Am 31. Oktober 2000 eröffnet er die »Nomads« und sichert sich sein Revier: den Osten Berlins.

Die Neumitglieder des Clubs rekrutieren sich vor allem in der Hooligan- und Türsteherszene der Plattenbaugebiete Marzahn und Hellersdorf. André Sommer ist so ein Rowdy, der sich schon zu DDR-Zeiten mit gegnerischen Fußballfans und der Polizei prügelte. Nach eigenen Angaben saß er deswegen auch im Gefängnis.

Natürlich bleiben die Expansionsbestrebungen der Hells Angels bei der Konkurrenz nicht unbemerkt, weshalb sich die Bandidos anschicken, auf den Machtgewinn der Hells Angels zu reagieren. Sie entscheiden sich, die Berliner Dragons der internationalen »Bruderschaft« ihres Motorradclubs einzuverleiben.

Damit ist zwar fürs Erste eine Art Gleichgewicht der Kräfte wiederhergestellt, doch das neue Machtgefüge ist labil und gerät durch den Auftritt der US-Banden allmählich aus den Fugen. Die Stillhalteabkommen der alten Westberliner Clubs gelten nicht mehr, ab sofort herrscht im Zweifel tödliche Konkurrenz in der Stadt – aus Rocker-Rivalen, die sich nicht riechen können, sind erbitterte Feinde geworden.

Eine treibende Kraft bei dem Übertritt der Dragons, so erinnert sich ein Ermittler, ist Grischa Vowe. Er wird alsbald zu den bestimmenden Figuren in der deutschen Rockerszene aufsteigen. Das erste Zusammentreffen Vowes mit der Polizei liegt da schon ein paar Jahre zurück. 1988 hält eine Streife im Stadtteil Wedding einen VW-Bus an und überprüft die Insassen. Ein junger Mann, ganz in Schwarz gekleidet, großmäulig und ruppig, fällt besonders auf: »Der hatte als Mitglied der Westberliner Antifa schon damals ein Problem mit dem Rechtsstaat«, so ein Beamter, der an der Kontrolle beteiligt war, über seine erste Begegnung mit dem jungen Vowe.

Viele Jahre später gründet Vowe das Bandido-Chapter »Centro«, das innerhalb kürzester Zeit im Milieu besonders berüchtigt sein wird. Die Gang macht sich weit weg von den Hells Angels »Nomads« breit, tief im Westen der Stadt, im früheren Arbeiterbezirk Wedding, wo sie besonders rabiat auftritt. Was Fahndern und Altrockern zudem auffällt, ist der hohe Anteil von Einwanderern, vor allem Arabern und Türken, in dem neuen Club. Das ist untypisch für die damalige Rockerszene, in der man sich bis dato wenig multikulturell gegeben hat. Viele dieser jungen Männer sind vorbestraft und bewegen sich seit geraumer Zeit in kriminellen Kreisen, jedoch zeigen sie überraschenderweise auch nach ihrem Eintritt ins Rockermilieu kein besonderes Interesse für Motorräder.

Bei den »Centro«-Jungs heuert, von Vowe geworben, ein junger, kräftiger Mann an. Sein Name ist Kadir Padir, Berliner Jugend-Boxmeister im Schwergewicht. Die schnellen Fäuste des angstfreien Türken werden im Milieu nicht von Nachteil sein, und so macht Padir als sogenannter »Anwärter« bald von sich reden.

Im August 2007, wenige Wochen nach der Prügelei zwischen Rayk Freitag und Carsten D., gerät Kadir Padir ins Visier der Ermittler, die damals verschiedene Gangmitglieder abhören. Fast in Echtzeit erleben die Beamten nun, wie der junge Ehrgeizling einem Hells Angel das Heiligtum jedes Rockers raubt: die Kutte.

»Hab ich ihm die Fresse geschlagen, Alda«

Es sind kaum Wolken am Himmel, und ein leichter Nordostwind macht den Sommerabend im August 2007 einigermaßen erträglich, als der Hells Angel Dirk F. seine Harley auf dem Fußweg vor seiner Plattenbauwohnung am Michaelkirchplatz in Berlin-Mitte parkt. Seine Freundin hört das schwere Bike, guckt aus dem Fenster und sieht ihren Rocker Richtung Hauseingang streben. Es ist kurz vor 22.30 Uhr.

Plötzlich hört F.s Freundin Gebrüll von unten, sie rennt zum Fenster, während vor dem Haus jemand ruft: »Du kommst in meinen Bezirk, hau ab, du wirst schon sehen!« Eine andere Zeugin bemerkt den Krawall ebenfalls und sieht, wie ein Mann erst eine schwarze Jacke mit »was Buntem drauf triumphierend« hochhält und dann wegrennt. Der Höllenengel Dirk F. kann sich – ohne Kutte, aber mit einer stark blutenden Stichwunde – in eine nahegelegene Kneipe retten.

Die Berliner Polizei, die zu dieser Zeit im Rahmen eines Ermittlungsverfahrens mit dem Aktenzeichen 69 Js 162/07 das Telefon von Kadir Padir überwacht, hört einige Minuten nach dem Überfall auf F. ein Gespräch mit. Sie kann eindeutig lokalisieren, dass sich der Anrufer in der Funkzelle am Tatort aufhält. Ein starkes Keuchen ist zu hören, Padir ist außer Atem, als sei er gerannt. Er ruft seinen Bandidos-»Bruder« Grischa Vowe an und will von ihm abgeholt werden. »Padir klingt richtig panisch«, heißt es im LKA-Protokoll.

Bereits fünf Stunden später ist Padir in Gelsenkirchen. Dort übergibt er eine Plastiktüte an den Deutschlandchef der Bandidos, Peter Maczollek. Der mächtige Rocker ist im Jogginganzug zum Treffpunkt an einer Tankstelle gekommen, er hat noch geschlafen, als Padir ihn wachklingelt. Auch dieses nächtliche Treffen bekommen die Berliner Ermittler mit. Polizisten werden zur Tankstelle geschickt und beschlagnahmen die Videoaufzeichnung.

Vier Jahre später wird Kadir Padir wegen Raubes angeklagt, jedoch nicht verurteilt. Bis dahin ist der Ex-Boxer in der Hierarchie seiner Bande rasant aufgestiegen: Er ist vollwertiges Mitglied und trägt die Bandidos-Auszeichnung »Expect no Mercy«. Das Patch wird nur Männern verliehen, die einen anderen Rocker zumindest verletzt haben.

Nach diesem spektakulären Gesellenstück hält Padir mit seinen Gefolgsleuten vom Chapter »Centro« die Szene weiter in Atem. So ist er in den Morgenstunden des 27. Februar 2008 an einem Überfall auf das Vereinsheim der Hells Angels am Spandauer Damm in Berlin beteiligt. Vor Gericht wird Padir später erklären, er sei mit zwei Kumpels am Clubheim der Höllenengel vorbeigefahren, und dann, wie das Leben so spielt, sei einer der Männer auf die Idee gekommen, den Rivalen eine Abreibung zu verpassen. Spontan natürlich, geplant sei da nichts gewesen.

Beim blutigen Überfall auf das Vereinsheim geht einer der Angreifer mit einer Machete auf den Gegner los, durchtrennt sämtliche

Sehnen und Muskeln des Armes. Das Opfer, von der Polizei befragt, erklärt, dass es niemanden erkannt habe. »Warum wurden gerade Sie überfallen?«, fragen die Fahnder laut Ermittlungsakte. »Kann ich mir nicht erklären«, wiegelt der Hells Angel ab. »Ich denke, dass es Zufall war.«

Die jungen Wilden

Die Berliner Bandidos erhöhen im Laufe des Jahres 2008 den Druck auf die Rivalen und versuchen, die Konkurrenz mittels Masse zu übertrumpfen. LKA-Ermittler Bernd Finger beobachtet damals die Entwicklung mit Sorge: »Die Bandidos haben ihre Aufnahmekriterien verändert. Sie rekrutieren aus dem gewaltbereiten kriminellen Milieu, dabei besonders Nachwuchs im Bereich der Migranten.«

Und so entdecken meist junge Türken und Libanesen ihre angebliche Liebe für schwere Motorräder und ausgeprägte Vereinsmeierei. Dass viele Neu-Rocker gar keine Bikes besitzen, ja noch nicht einmal über einen entsprechenden Führerschein verfügen, ist dabei egal, schließlich geht es um die Macht in der Hauptstadt und nicht um das »Easy-Rider«-Feeling.

Dafür bringen die jungen Wilden ganz andere Gebräuche mit, wie sich einer der alten Bandidos, nennen wir ihn Heiko, erinnert. »Wurde gegrillt, mussten zwei Grills rangeschafft werden. Auf einen durfte kein Schweinefleisch, nur Huhn, Lamm und so. Wir fanden das zwar seltsam, aber na ja, wir waren eine Bruderschaft. Und da haben wir das gemacht.«

Altrocker wie Heiko sind überzeugt, dass der Nachwuchs letztlich den Dauerzwist mit den Hells Angels verschärft habe. »Diese Kerle kannten einfach keine Regeln, waren ständig aggressiv, wollten sich immer beweisen und die Angels angreifen. Die konnte man nicht bremsen.« Sogar innerhalb des Bandidos-Chapters kommt es zu heftigem Streit.

Der Kampf um die Macht in Berlin, der sich 2008 entwickelt, folgt zunächst einem Schema: Die ehrgeizigen Bandidos attackieren, die etablierten Hells Angels versuchen zurückzuschlagen. Da tauchen schon mal drei Dutzend Rocker auf dem Straßenstrich auf, um ihre Ansprüche zu demonstrieren, da wird einem Bandidos-Unterstützer eine Bombe unter das Auto gepackt, und wer nicht aufpasst, wird nachts vor den Toren Berlins mit Macheten und Baseballschlägern fast totgeschlagen. Die junge Generation der Bandidos, sagt ein Kriminalbeamter, ist »einfach nur schneller und brutaler als die alten Haudegen«.

Attacke in Brandenburg

Der brandenburgische Landkreis Barnim vor den Toren Berlins. Hier kommt es am 21. Juni 2009, kurz vor drei Uhr morgens zu einem schweren Zwischenfall. Die eine Gang will die andere aus ihrem Hoheitsgebiet vertreiben. Es geht, wie immer bei diesen Auseinandersetzungen, um die Vorherrschaft in einer Region. Auch auf dem flachen Land gibt es Diskotheken, auch hier wird gedealt, mit Frauen gehandelt und Schutzgeld eingetrieben. Außerdem stammt Rayk Freitag, der Karateka unter den Berliner Hells Angels, aus Eberswalde im Landkreis Barnim, wo er sich schon zu Schulzeiten mit einem Kerl geprügelt hat, der nun dem Bandidos-Lager angehört.

Die Angels-Truppe um Anführer André Sommer hat sich den Abend über auf verschiedenen Dorffesten herumgedrückt, angeblich um »Mädchen anzumachen«, wie einer von ihnen später bei der Polizei sagt. In Wriezen erkennt sie jedoch eine Nachwuchskraft der Bandidos: Türsteher Robert C., 19, alarmiert um kurz nach 1 Uhr per Rundruf seine Kameraden.

Laut Polizei sammeln sich daraufhin in Berlin mehrere Banditen, darunter Christopher H., Sepher N., Erhan A., und rücken schließlich gemeinsam aus. Robert C. weist der Sturmtruppe den Weg zum Feind, zwischen 1.30 und 1.40 Uhr verschickt er dreimal die SMS: »Adresse 16269 Writzen am Hafen«. (So der Wortlaut der Nachricht im Original.)

Bei Finowfurt kommt es zunächst zu einer wilden Verfolgungsfahrt, bei der sich die Kontrahenten ausbremsen und rammen und aus dem offenen Fenster mit Baseballschlägern auf die anderen Autos einprügeln. Gegen 2.40 Uhr werden die drei Angels-Autos, eine 14 Jahre alte Mercedes S-Klasse, ein Opel Corsa und ein Kia Sephia, in die Zange genommen. »Ein Pkw ist hinten auf uns draufgeballert, und dann drehten wir uns, der Gang ging nicht mehr rein, so dass wir nicht wegkamen, und plötzlich kam ein Auto auf uns zu, und dann ging es los«, berichtet einer der Angels später den Ermittlern.

Getarnt mit Sturmhauben, bewaffnet mit Macheten, Messern und Baseballschlägern greifen die Bandidos an. »Komm raus, du Sau! Ich mach dich fertig!«, ruft einer vor der verriegelten Fahrertür des Kia. Zwei andere springen auf die Motorhaube des Wagens und dreschen mit Stangen auf das Dach und die Windschutzscheibe ein. Die Angels Enrico K., 26, Danilo B., 26, Sebastian W., 27, und Paul H., 23, sitzen im Kia hilflos in der Falle.

Danilo B., der das Auto gefahren hat, erinnert sich: Auf einmal sei die Fensterscheibe der Fahrertür eingetreten worden, ein zweiter Fußtritt habe ihn am Kopf getroffen, woraufhin er ohnmächtig geworden sei. Er erleidet Stichverletzungen in beiden Beinen und dem linken Arm, eine Fraktur der rechten Kniescheibe, eine Fraktur des linken Schienbeins. Die Kniescheibe ist nicht nur gebrochen, auch die Kniegelenkskapsel ist geöffnet und die Sehne oberhalb des Knies längs gespalten. Es sind Verletzungen, wie sie zu den Hoch-Zeiten der Mafia Mode waren. Der Schuss ins Knie galt jahrelang als letzte Warnung. Immerhin ist der Kreislauf des Mannes stabil.

Auch Sebastian W. hat zu Recht Angst um sein Leben, er trägt eine tiefe Stichwunde in den Hals davon. Doch am ärgsten hat es Enrico K. erwischt. Ein drittgradiger offener Bruch des Schienbeins und diverse weitere Knochenbrüche erschüttern selbst erfahrene Unfallmediziner.

K. selbst ist schnell wieder gelassen, Blutdruck (115/60) und Puls (80) sind bei Einlieferung in das Unfallkrankenhaus Marzahn normal. Der 1,95 Meter große Mann ist gut trainiert und vegetativ stabil.

Im Ersten Weltkrieg hätte der Unterschenkel noch amputiert werden müssen, weil es keine Antibiotika gab. Heutzutage rettet den Rocker der Hubschrauber. Es ist eben auch für »Outlaws« ganz schön, in einem zivilisierten Land zu leben, auch wenn man einen Privatkrieg führt und sich von der Zivilgesellschaft weit entfernt hat.

Gegen 4.25 Uhr schleppt sich auch der Hells-Angels-Anführer André Sommer in das Marzahner Krankenhaus. Die Selbsteinlieferung hätte er gerne vermieden, aber in seinem Rücken steckt eine abgebrochene Messerklinge. Gegenüber der Polizei stellen die Opfer den Angriff zunächst als Verkehrsunfall dar. Doch die Spuren, die zu den Tätern weisen, sind eindeutig.

Zwar haben die Angreifer vor der Attacke ihre Handys ausgeschaltet, doch in der Nähe des Tatorts findet ein Feuerwehrmann ein vielsagendes DIN-A4-Blatt: einen Dauerauftrag an die Justizkasse Berlin über 100 Euro – von Erhan A., den Ermittlern als Freund der Bandidos bekannt. Im Innenraum des Kia wird zudem eine Machete mit 34 Zentimeter langer Klinge sichergestellt, blutverschmiert, darauf die DNA-Spur von Christopher H., einem Mitglied der Bandidos »Centro«.

Ein V-Mann bestätigt den Ermittlern, dass die Täter in der Berliner Truppe von Kadir Padir zu suchen seien. Bei Razzien im Vereinsheim der Bandidos und in ihren Privatwohnungen stellen die Beamten Messer, Macheten, Baseballschläger, ein Samuraischwert, eine Schreckschusswaffe, Drogen und Anabolika sicher.

Die Auswertung der Handys von Bandidos und Hells Angels gestattet den Ermittlern darüber hinaus nicht nur Einblick in die hierarchischen Strukturen der Gangs, sondern auch in deren Seelenleben: Die harten Jungs schicken sich freundliche SMS, gratulieren brav zum Geburtstag, nennen sich »Pullerküsser« oder »Macho de Luxe« und lamentieren über Bluthochdruck durch Steroide. Zwar gilt die Treue gegenüber dem eigenen Club als höchstes Gebot, um die Treue gegenüber den eigenen Freundinnen, so zeigt es der erregte SMS-Verkehr, ist es aber weniger gut bestellt: »Lass meine Frau in Ruh du Spritzer. «

Sechs der verdächtigen Attentäter, die 2012 angeklagt werden, kommen aus Einwandererfamilien. Aus Mangel an Beweisen spricht das Gericht sie letztlich frei. Besonders pikant: Zum Zeitpunkt des Verfahrens ist Christopher H. bereits zu den Hells Angels übergelaufen. Und so sind – es gilt zu verzeihen – gleichsam über Nacht aus Todfeinden Clubkameraden geworden.

Einen Monat später titelt die »Berliner Morgenpost«: »Hells Angels verlieren den Kampf gegen die Bandidos.« Eine Einschätzung, die Ermittler teilen. Doch wie das so ist in Kriegen, irgendwann schlägt selbst der schwächste Gegner zurück – und kann dann vielleicht das Blatt wenden.

Ein Hells Angel stirbt

Die letzte Fahrt im Leben des Rockers Michael B. endet am 13. August 2008, kurz nach Mitternacht, mitten auf einer Straße im Nordosten Berlins. Seine Mörder lauern dem 33 Jahre alten ungelernten Gerüstbauer auf und eröffnen das Feuer. Schwer verletzt versucht er noch zu fliehen, doch dann bricht B. zusammen und stirbt. Die Täter konnten bis heute nicht ermittelt werden.

Ein paar Tage später erklärt Bernd Finger, Leitender Kriminaldirektor im Landeskriminalamt: »Wir bemerken jetzt mit dem Mord an diesem Rocker, dass sich auch in Berlin die Gewaltspirale nach oben dreht. Die Hauptstadt passt sich dabei in ein bundesweites Gefährdungslagebild ein, das von großer Brisanz kündet.« Die Beamten richten das Hauptaugenmerk ihrer Ermittlungen auf eine Truppe: die Hells Angels. Und das nicht ohne Grund.

Michael B. war lange Jahre ein treuer Höllenengel, auf ihn konnten die »Brüder« zählen. Er teilte schneller aus als die meisten anderen, war unerschrocken, aufgepumpt und ging keiner geregelten Arbeit nach. Doch die »Geschäfte« liefen nicht allzu gut, abends fuhr er regelmäßig auf dem Moped zur Tankstelle und holte sich ein paar Bier. Richtige Freunde hatte er in der Plattenbausiedlung, in der er wohnte, nicht, B. galt als jähzornig und schwer zu steuern. Ein Outlaw durch und durch.

Doch nach Erkenntnissen der Polizei soll Michael B. zuletzt die Fronten gewechselt haben und zu einem Unterstützerverein der Bandidos übergelaufen sein. Acht Tage vor seinem Tod kursiert eine SMS in der Szene, gesendet an einen Kumpel des Rockers: »Dein Kumpel B. hängt wieder bei den Banditen ab. Der fährt sogar mit denen rum.«

Als SPIEGEL-TV-Reporter damals bei den Bandidos nachfragen wollen, taucht, die Fäuste geballt, Grischa Vowe auf und herrscht das Kamerateam an, sofort zu verschwinden. Über Verräter redet niemand gerne. Vowe wird übrigens später ebenfalls die Bandidos im Stich lassen und zur Konkurrenz überlaufen, aber das ahnt seinerzeit wahrscheinlich noch nicht einmal er selbst.

Auf Verrat steht in den Gangs der Tod. Abstufungen gibt es nicht, die Welt der Rocker ist eingeteilt in Schwarz und Weiß, in Verrat oder Loyalität. Auch sind Rocker der Ansicht, dass Verrat keine entschuldbare Form der List ist. Verrat ist vielmehr der Angriff auf zwei wichtige Grundpfeiler des menschlichen Lebens: Vertrauen und Treue. In feudalistischen Zeiten galt die Treue als wertvollste aller Tugenden. Den Banden wiederum gilt der Verrat als das schlimmste aller Verbrechen. Deshalb, davon kann man wohl ausgehen, musste Michael B. sterben.

Betrachtet man die Entwicklung in der Berliner Rockerszene, sollte man auch über die Landesgrenze hinweg nach Brandenburg sehen. Das Land umschließt die Hauptstadt vollständig, kein Wunder, dass viele Biker die märkische Ebene als Fluchtort oder Ausweichquartier betrachten. Die Nähe zu Polen ist sowohl für die Bandidos als auch für die Hells Angels interessant, macht doch die Organisierte Kriminalität an der Oder nicht Halt. Die Größe Brandenburgs und die dünne Besiedlung haben für die Rocker den Vorteil, dass der Ermittlungsdruck hier nicht so hoch ist wie in Berlin.

Das »Lagebild Rocker« des brandenburgischen Landeskriminalamts verzeichnet im Jahr 2009 noch 171 Mitglieder der Gangs, zwei Jahre später sind es bereits 414. Vor allem die fast totgesagten Hells

Angels haben sich personell verstärkt. Innerhalb eines Jahres verdoppeln sie die Anzahl ihrer sogenannten Unterstützerclubs, so dass auch deren Mitgliederzahlen rasant steigen – von neun im Jahr 2009 auf 124 im Jahr 2011. Deutlich wird: Da ringt eine Gang nicht mehr ums Überleben, sondern da will sie die Macht zurück.

Die gefährlichsten Gegner der Hells Angels in der Hauptstadtregion sind die jungen Einwanderer des Bandidos-Chapters »Centro«. Ob mit Baseballschlägern und Macheten in Finowfurt, mit dem Messer wie bei dem Überfall auf Dirk F. oder mit Pistolen – die jungen Wilden um Kadir Padir haben keine Scheu, den Höllenengeln ständig nach dem Leben zu trachten. Nun gibt es für die Attackierten zwei Möglichkeiten, mit den Aggressoren umzugehen: Entweder die Hells Angels vergelten Gleiches mit Gleichem und greifen zu den Waffen – oder sie machen aus Feinden Freunde.

»Das sind gute Jungs, die passen zu uns«

Die Potsdamer Charlottenstraße gehört zu den besseren Adressen der brandenburgischen Landeshauptstadt. Im Erdgeschoss des Gründerzeitbaus mit der Nummer 13 logiert das »Angels Place«, eine in Lila gehaltene Bar mit schwarzen Ledersofas und überschaubarem Angebot. Es gibt nur zwei Sorten Wodka, darunter die Hausmarke »Original 81«, Cola oder Red Bull, Rauchen ist gestattet. Verirrt sich ein Gast und verlangt etwa einen Caipirinha, wird er vom Personal bestenfalls angestarrt.

Anfang Februar 2010 machen es sich in diesem tuffigen Ambiente hochrangige Rocker bequem, Unterstützer servieren ihnen Getränke. Wochenlang haben die Berliner Bandidos um Kadir Padir über einen Wechsel zu den verfeindeten Hells Angels verhandelt. Ein in der Geschichte der beiden weltweit organisierten Clubs wohl einmaliger Vorgang, schließlich geht es hier um Hochverrat.

Hinter verschlossenen Türen vollziehen schließlich die Höllenengel Frank Hanebuth und André Sommer ausgerechnet mit Kadir Padir den Wechsel der fast vollständigen »Centro«-Truppe zu den Hells Angels. Die Neuen müssen sich nicht mühsam in der Clubhierarchie hochdienen, so einigt man sich, sondern werden sofort als vollwertige Mitglieder aufgenommen.

Bis dahin hatten die Hells Angels ihren Nachwuchs vergleichsweise sorgfältig ausgewählt, handverlesen könnte man sagen. Mit dem Übertritt der ehemaligen Bandidos aber gewinnen die Hells Angels gleich eine Vielzahl von Mitgliedern aus dem Zuwanderermilieu mit hoher krimineller Energie, dazu kommen Dutzende Unterstützer aus deren Dunstkreis mit zwielichtiger Vergangenheit.

Am 2. Februar hatte sich Padir bereits mit Bossen der Angels in einem Hotel in Hannover-Linden getroffen. Der Ex-Boxer, verkracht mit den Bandido-Chefs, braucht dringend neue Freunde. Um die Höllenengel, die ihre Vollmitgliedschaft teilweise erst nach einer jahrelangen Prozedur erhalten, nicht vollends zu verärgern, einigt man sich auf einen Deal: Die Neuen gehören offiziell erst einmal zu der türkischen Sektion. Sie nennen sich Hells Angels »Nomads Türkye« und bilden somit einen eigenständigen Verein. Später wird daraus »Berlin City«.

Dass die bisherigen Todfeinde nun friedlich miteinander Bier der hauseigenen Marke »Original 81« schlürfen und Motorradausflüge ins Grüne machen sollen, sorgt in der gesamten Rockerszene für Irritation. Der hannoversche Hells-Angels-Präsident Hanebuth war maßgeblich an den Übertrittsverhandlungen beteiligt und übt sich nun in der Rolle des Friedensengels: »Wir wollen keinen weiteren Konflikt«, sagt er damals dem SPIEGEL. Das nütze keiner der beiden Seiten.

Dass an die Überläufer Geld gezahlt wurde – von 250 000 Euro ist die Rede –, dementiert Hanebuth: »Das ist Quatsch.« Auch der Stuttgarter Präsident der Hells Angels, Lutz Schelhorn, mit über 30 Jahren Höllenengel-Mitgliedschaft eine graue Eminenz der Szene, schließt seinerzeit eine Ablösesumme für die Bandidos aus: »Wir sind doch kein Fußballverein.«

Doch was sollen die Neumitglieder bei den Angels, die so viel Wert legen auf ihren Ehrenkodex? Vor allem Kadir Padir ist den Ermittlern bekannt. Der sei gut im Geschäft, drei Kneipen, Straßenstrich, »beeindruckender Taktiker«, aber unberechenbar. Und die Truppe, die Padir befehlige, sei aggressiv, schwer zu steuern. Tolle Mitglieder der mythenumwehten Hells Angels würden das, lästern die Fahnder, viele der angeblichen Rocker besäßen ja nicht mal einen Führerschein.

Schon einen Tag nach dem Seitenwechsel sind am Vereinsheim in der Reinickendorfer Residenzstraße alle Verweise auf das Vorleben als »Centro«-Bandidos getilgt. Mitglieder und Unterstützer der Gang tragen bereits die Farben der Hells Angels: Rot-Weiß. Auch im Szene-Magazin »Biker News« posieren Padir und seine Truppe.

Die alten Haudegen bei den Bandidos sind froh, dass sie die ungeliebten Brüder losgeworden sind. »Ich habe echt drei Kreuze gemacht, als ich die SMS las, dass die rübergemacht haben«, so Heiko, der Bandido. Doch nicht jeder in der Gang reagiert so verständnisvoll: »Dieser Zustand ist eine Zeitbombe, die explodieren wird. Nicht diesen Monat und auch nicht dieses Jahr, aber der Knall kommt«, heißt es wenig später im Netz.

Und wirklich: Dauerhaft befrieden wird die Aufnahme der Erzfeinde die Rockerszene nicht, wie sich bald schon zeigen wird. Denn vielleicht gilt für die Bruderschaften ohnehin und ganz grundsätzlich Matthäus, Kapitel 10, Vers 34: »Ich bin nicht gekommen, um Frieden zu bringen, sondern das Schwert!«

KAPITEL 6

HEUTE DEUTSCHLAND, MORGEN DIE GANZE WELT

Rocker auf Expansionskurs

Unwillkommen im Norden

Im Jahr 2009 expandieren die Bandidos auch nach Schleswig-Holstein. Das hört sich unspektakulär an, ist aber für Szenekenner eine Sensation. Denn der Norden der Republik ist seit vielen Jahren Stammland der Hells Angels, während die Banditen wiederum in Skandinavien stark sind.

Die Bandidos errichten also einen Außenposten auf feindlichem Territorium, und das mit Typen, die auf jegliches Kriegsvokabular abfahren – gewalterprobten Neonazis. Die haben zwar eigentlich kein Interesse am organisierten Motorradfahren, können dafür aber mit Brutalität glänzen. Und nichts anderes zählt seinerzeit im Dauerkonflikt der Rockergangs.

In den Augen normaler Menschen essen die Männer lediglich Sandwiches in einem Schnellrestaurant in der deutschen Provinz. In den Augen ihrer Rivalen begehen die drei Rocker jedoch ein schweres Vergehen: Sie haben sich auf fremdes Terrain gewagt und verletzen damit den Hegemonieanspruch ihrer Gegner, wofür sie brutal bestraft werden. Mittelalterliche Revierkämpfe im Schleswig-Holstein des 21. Jahrhunderts.

Am 13. Januar 2010 betreten drei Mitglieder der Red Devils »North End« eine Subway-Filiale in Neumünster. Sie verspeisen ihre belegten Toastbrote an einem Tisch an der langen Fensterfront. In der vielschichtigen Subkultur der Motorradclubs unterstützen die Red Devils die mächtigen Hells Angels, den weltweit größten und gefährlichsten Club. Doch in Neumünster residiert neuerdings ein Ableger des weltweit zweitgrößten Clubs, der Bandidos. Und die reklamieren die 77 000-Einwohner-Stadt südlich von Kiel mittlerweile für sich, für sie ist Neumünster seit 2009 Bandidos-Land.

Nach dem Snack entsorgen die drei Red Devils brav ihren Fastfood-Müll. Plötzlich stürmen mehrere Maskierte in das Schnellrestaurant und brüllen: »Kutten her!« Die Angreifer stürzen sich auf die Kontrahenten und nehmen ihnen die Rockerwesten ab. Ein Opfer bleibt, von einem der Mittäter mit einem Messer angegriffen, schwer verletzt liegen.

Die blutige Attacke an dem kalten Wintertag bildet einen Höhepunkt in dem gewalttätigen Rockerkrieg zwischen Hells Angels und Bandidos im Norden der Republik. Später werden mehrere Männer wegen des Überfalls angeklagt. Doch nur einer wird wegen der Tat schließlich bestraft: der Bandido und langjährige Neonazi Peter Borchert wird als Mittäter verurteilt, auch wenn die Messerstiche nach gerichtlichen Feststellungen nicht von ihm ausgeführt wurden. Der Konflikt in Schleswig-Holstein ist untrennbar mit seinem Namen verbunden. Ohne den ehemaligen Landesvorsitzenden der rechtsextremen NPD hätte es keine Bandidos zwischen Nord- und Ostsee gegeben. Ohne den Schwerkriminellen wäre die Fehde weniger blutig verlaufen. Und ohne ihn hätte die Polizei wohl viele Steuermillionen sparen können. Wer ist dieser Mann?

Heikendorf, nördlich von Kiel, Heimat der kleinstädtischen Mittelschicht. Einfamilienheime, zweistöckige Reihenhäuser mit Flachdach, gestutzten Vorgärten, durchschnittlich großen Autos. Hier wohnt auch ein Professor mit seiner Gattin, einer gelernten Krankenschwester.

Auf dem Rahmen der Haustür steht die Segnung »20 C+M+B 10«, die Eheleute legen offenbar Wert auf die Segnung der Sternsinger. Es regnet heftig, als die ältere Frau höflich lächelnd öffnet. Die Mutter des Messerstechers, Neonazis, brutalen Rockers ist eine bescheidene, demütige Person, aber sie wirkt auch verzweifelt. Denn wieder einmal hat sie die Geschichte ihres Adoptivsohns eingeholt.

Sie will nicht reden und spricht dann doch: Sie und ihr Mann hätten alles versucht mit Peter, nichts habe geholfen. Vielleicht war schon alles verloren, als sie ihren Sohn Mitte der siebziger Jahre zu sich holten. Da war der Junge schon knapp drei Jahre alt.

Wer zu Peter Borchert recherchiert, der findet: Der Mann hat oft mit dem Messer zugestochen und viele Spuren im Justizsystem hinterlassen. Seine Biografie lässt sich aus Akten wie folgt zusammenfassen:

Borchert kommt am 5. September 1973 zur Welt. Die ursprünglichen Pflegeeltern sind schon Rentner und offenbar überfordert. Er kommt zu neuen Pflegeeltern, dem Heikendorfer Ehepaar, die den Jungen im Juni 1976 adoptieren. In der Pubertät streitet er oft und heftig mit seiner Adoptivmutter. In dieser Zeit gibt es in Heikendorf eine rechte Skinhead-Szene, mit der Borchert in Kontakt kommt. Die pubertierenden Glatzen nennen sich später, wohl nach Borcherts Zeit, »East-Shore-Boys«, weil ihr Örtchen am östlichen Ufer der Kieler Förde liegt. In dieser Szene trifft Peter Borchert auf seinen späteren Rivalen in dem 20 Jahre später ausbrechenden Rockerkonflikt: Dennis Kofoldt. 1989 zieht Peter Borchert nach Hooksiel bei Wilhelmshaven, wohl auch, damit er keinen Kontakt mehr zur lokalen Glatzenszene hat.

Am 10. Juli 1990 wird Borchert straffällig. An diesem Abend fahren er, damals 16, und ein 15-jähriger Kumpel mit dem Taxi von Wilhelmshaven nach Hooksiel. Doch sie haben kein Geld mehr, alles ausgegeben für Cola, Hamburger und ein neues Messer für 14,90 Mark.

Sie dirigieren das Auto auf einen Parkplatz in der Nähe des Campingplatzes von Hooksiel. Der Freund sitzt vorne, Peter Borchert hinter dem Fahrer. Borchert zieht das Fahrtenmesser aus der Innentasche seiner Jacke. Er sticht zu. Mit voller Kraft. Zuerst mehrfach auf den rechten Oberarm und die Schulter. Borchert rammt die Klinge auch in die Brust des Fahrers. Blut spritzt auf die Windschutzscheibe. Der Fahrer löst trotz der Verletzungen einen akustischen Alarm aus. Die jugendlichen Täter flüchten.

Der Notarzt im Reinhard-Nieter-Krankenhaus in Wilhelmshaven protokolliert später die Verletzungen: fünf Stichwunden am rechten

Unterarm, vier Stichwunden am rechten Oberarm, zwei Stichwunden in der Schulter, zwei Stichwunden an der linken Hand, Bruch des fünften Fingers, eine fünf Zentimeter tiefe Stichwunde zwischen der vierten und fünften Rippe im Brustbereich.

Der Stich in die Brust ist lebensgefährlich. Die Wunde blutet in die Lunge. Die Ärzte legen eine Lungendrainage und retten das Leben des Taxifahrers, der fast ein halbes Jahr in ärztlicher Behandlung bleibt. Seine linke Hand wird der Mann nie wieder voll belasten können.

Das Landgericht Oldenburg verurteilt Peter Borchert im Januar 1991 zu drei Jahren Jugendstrafe wegen Körperverletzung. Eine Tötungsabsicht konnten die drei Richter nicht erkennen.

Angriff auf einen Busfahrer

Als Peter Borchert zum ersten Mal im Gefängnis sitzt, ist der Rockerkrieg in Schleswig-Holstein zwischen Hells Angels und Bandidos noch weit weg. Dafür fehlen Anfang der neunziger Jahre zwei entscheidende Dinge: Hells Angels und Bandidos.

1991 gibt es noch keine Bandidos in Deutschland. Die Hells Angels sind in der deutschen Clubszene Randfiguren, ein paar Dutzend Typen, nicht mehr. Den Ton geben damals der aus Mannheim stammende Gremium MC und der Bones MC an – und bei Letzterem sitzen viele Rotlichtgrößen auf der Harley. 1994 eröffnen die Hells Angels dann ihr Vereinsheim in Kiel. Eigentlich werden nur Club-Insignien ersetzt. Die neuen Höllenengel trugen zuvor die Kutten des Germany MC, eines schlagkräftigen Haufens, der schon damals das Rotlichtviertel der schleswig-holsteinischen Landeshauptstadt beherrschte.

Ein Jahr zuvor hatte das Kieler Landgericht sechs Germanen wegen sexueller Nötigung, Körperverletzung und unerlaubten Waffenbesitzes angeklagt: Vier wandern ins Gefängnis. Zwei erhalten eine Bewährungsstrafe. Doch ihr kriminelles Treiben hat den Übertritt zu den Hells Angels nicht unmöglich gemacht. In der Parallelwelt der

Rockerbanden sind Verurteilungen eher staatlich geprüfte Empfehlungsschreiben.

Mitte der neunziger Jahre hat Peter Borchert noch kaum Kontakt zur Kieler Rockerszene. Er will weder Harley fahren noch Puffs betreiben. Der Mann, dessen leiblicher Vater möglicherweise Türke ist, steht einer Bewegung nahe, die davon träumt, die Einwanderung von Millionen Menschen nach Deutschland rückgängig zu machen und außerdem Schlesien sowie Ostpreußen »zurückzuholen«.

Seine Haftstrafe wegen des brutalen Überfalls auf den Taxifahrer Ingo M. verbüßt Borchert bis zum letzten Tag. Er will nicht vorzeitig entlassen werden, angeblich um sich den Bewährungsauflagen nicht »unterwerfen« zu müssen. Kenner des Kieler Neonazi-Milieus beschreiben Borchert als »konsequent bis zum Äußersten«, als einen Fanatiker. Er verachtet Weggefährten, die ihr Handeln aus Angst vor Strafe abwägen. Ihn selbst scheint die Aussicht auf eine Rückkehr in die Anstalt eher anzuspornen.

Und so dauert es auch nicht lange, bis Borcherts Tagesablauf wieder von Justizbeamten geregelt wird. Am 12. Februar 1994 besteigt er zusammen mit drei weiteren Glatzen einen Linienbus im Kieler Stadtteil Wik. Im vorderen Teil sitzt ein sudanesischer Student. Borcherts Nazi-Bande pöbelt: »Du Afrikaner, wir hassen dich«, »Nigger, go home« und »Deutsche Rasse, reines Blut, Ausländer raus«. Via Lautsprecher fordert der Busfahrer ein sofortiges Ende der Attacke. Als das nichts hilft, hält der Fahrer an und ruft die Polizei. Er öffnet die Bustüren nicht, die Neonazis sitzen in der Falle.

Hätte der Fahrer Borcherts Gewaltbereitschaft gekannt, wäre seine Zivilcourage vermutlich weniger deutlich ausgefallen. Denn der Rechtsextremist zieht ein 20 Zentimeter langes Messer vom Typ »Linder Contour 8«. Er stürmt nach vorne und sticht zu. Dem Fahrer gelingt es, Borchert mit den Füßen aus dem Bus zu treten. Die Fingerkuppe des kleinen Fingers an seiner linken Hand rettet das nicht mehr. Die Waffe durchtrennt außerdem einen Teil der Achillessehne, die Angreifer können fliehen.

Nur sechs Tage später, am 18. Februar 1994, durchstreifen Peter Borchert und zwei weitere Ausländerfeinde die Kleingartenanlage am Malmöweg in Kiel-Mettenhof. Undeutsches, unreines Terrain, so dürfte es dem Trio wohl vorgekommen sein. Hier bauen auch türkische Menschen ihr Gemüse an. Am Vereinsheim bemerkt die braune Guerilla eine Feier, »Kanaken-Party«, so vielleicht ihre deutschen Gedanken.

Borchert zieht sich Gummihandschuhe über. Er will einen Hakenkreuz-Aufkleber an dem Vereinsheim platzieren und es dem Staatsschutz nicht zu einfach machen. Drinnen feiert ein deutsches Paar den bis dahin schönsten Tag in seinem Leben. Ein Hochzeitsgast bemerkt die Nazis vor der Tür, geht raus und sagt: »Private Gesellschaft.« Als er wieder hineingeht, hören alle einen lauten Knall.

Jetzt geht ein anderer Gast hinaus. Einer der Angreifer, Peter Borchert bestreitet, dass er es war, schießt ihm sofort mit einer Gaspistole gegen die Stirn. Das Opfer dreht sich weg, und Borchert sticht dem Mann ein zehn Zentimeter langes Messer, Typ »Military Boot Knife«, in den Rücken. Der Bruder des Opfers und sein Schwiegervater ringen Borchert zu Boden, die alarmierte Polizei nimmt ihn schließlich fest. Sein Blut enthält zu 1,05 Promille Alkohol.

Das Kieler Landgericht verurteilt Peter Borchert zu drei Jahren und neun Monaten Gefängnis wegen gefährlicher Körperverletzung und Volksverhetzung. Erneut können die Richter keine Tötungsabsicht erkennen.

Während Borchert zum zweiten Mal im Gefängnis sitzt, verwandeln die Hells Angels Schleswig-Holstein in ein rot-weißes Musterterritorium. Sie stehen an der Spitze aller Motorradclubs nördlich von Hamburg. Wenn andere Biker in der Region einen eigenen Verein gründen wollen, müssen sie bei den Angels in Kiel vorsprechen, denn die betrachten das Land zwischen Nord- und Ostsee als ihr Privateigentum.

1998 öffnet sich für Peter Borchert die Gefängnispforte wieder, er beginnt eine stramme Karriere als Neonazi-Funktionär. Er mischt an führender Stelle im »Club 88« in Neumünster mit – einem Treff für junge Neonazis aus ganz Norddeutschland. Die 8 steht für den achten Buchstaben im Alphabet, 88 also für HH, »Heil Hitler«.

Borchert bezeichnet sich selbst als »permanent national-revolutionären Anarchisten«. Die biedere NPD unterwandert er mit Gesinnungsgenossen und steigt zum Landeschef Schleswig-Holsteins auf. Ihm untersteht ein Krawallhaufen, der radikalste Zweig der NPD in Deutschland. 2002 will Borchert stellvertretender Bundeschef der Partei werden, bekommt beim Parteitag aber im dritten Wahlgang, nachdem er inzwischen den Veranstaltungsort verlassen hat, nur drei Stimmen. Der Anarcho-Neonazi erhält von den anderen Rechtsauslegern die »Quittung für die peinlichen Auftritte«, wie das Parteiblatt »Deutsche Stimme« schreibt. 2003 schmeißt ihn die NPD endgültig raus.

Dafür suchen Polizei und Staatsanwaltschaft wieder seine Nähe. Im Oktober 2003 stürmt ein Spezialeinsatzkommando Borcherts Wohnung in Neumünster und findet im Keller einen Revolver. In seinem Wohnzimmer entdecken die Beamten ein Sachbuch über Foltertechniken und Hitlers »Mein Kampf«. In dem im Wohnzimmer aufgestellten, Dekozwecken dienenden Kühlschrank lagert der selbsternannte Deutschlandretter Pornos.

Bei der Razzia geht es um Waffenhandel. Borchert soll die Neonazi-Zelle »Combat 18 Pinneberg« mit Gewehren, Pistolen und Munition versorgt haben. Der Angeklagte wird schließlich erneut zu drei Jahren Gefängnis verurteilt. Hätte er vor Gericht ausgepackt und seine Kontaktleute genannt, wäre die Strafe vielleicht milder ausgefallen, doch Borchert schweigt.

Als er 2007 wieder entlassen wird, hat sich die rechte Szene stark verändert. Auf der radikalen Bühne ist eine neue Gruppierung aufgetaucht, die sogenannten Autonomen Nationalisten. Ihr Äußeres haben sie vom politischen Gegner auf der Linken abgeguckt: schwarze Hose, schwarze Jacke, schwarze Sonnenbrille. Bei Demonstrationen formieren sie sich zu einem schwarzen Block.

Außerdem haben sie keinen Bock mehr auf die passiven Biedermeier-Aufmärsche der vergangenen Jahre. In SA-Manier wollen sie agieren, am 1. Mai 2008 zeigen sie in Hamburg zum ersten Mal einer breiten Zuschauermenge ihr Gewaltpotenzial. Im Mob attackieren sie blitzschnell linke Gegendemonstranten, auch einen Kameramann schlagen die Rechten zusammen.

Zu diesem politischen Freefight sind Extremisten unter Borcherts Führung aus Kiel angereist. Der Charakter der neuen Truppe passt genau zu dessen Vorlieben: Gewalt statt Diskussion. Szenekenner beschreiben den inzwischen 34-Jährigen als »Macher«. Seine Radikalität und Brutalität faszinieren den rechten Nachwuchs, die Aura des ungebeugten Nazi-Revolutionärs umgibt ihn wie ein Kraftfeld.

Aus Kameraden werden Feinde

Ungefähr ein Jahr zuvor hat ein zwei Meter großer Hüne einem Kontrahenten in der Kieler Diskothek »Mausefalle« den Kiefer gebrochen. Was sich wie eine banale Kneipenschlägerei im Vollrausch anhört, löst den Bandenkrieg zwischen Hells Angels und Bandidos in Schleswig-Holstein aus. Dabei gibt es zu diesem Zeitpunkt noch gar keine Bandidos im Norden.

In dieser Märznacht schlägt jedoch Dennis Kofoldt zu – der stadtbekannte Tätowierer und Hells Angel. Sein Kontrahent André D. kuscht nicht etwa vor dem Höllenengel, sondern holt seinen jüngeren Bruder Ralf zur Hilfe, beide sind Kumpels von Peter Borchert. Gemeinsam gehen sie im Eingang des Clubs auf ihren Gegner los, einer der Brüder sticht zu. Dennis Kofoldt blutet innerlich, den Ärzten aber sagt er, er sei gestürzt. Er hält sich an das oberste Gebot der Rocker: schweigen. Trotzdem sind die Behörden bald schon den Brüdern D. auf der Spur.

Kofoldt, André und Ralf D. kennen sich seit über 20 Jahren. Alle drei wuchsen – ebenso wie Borchert – am Ostufer der Kieler Förde in Heikendorf auf. Früher gingen sie nicht mit Messern aufeinander los, sondern grölten gemeinsam ausländerfeindliche Parolen. Rechtsextremisten in einer Kleinstadt. Doch aus Kameraden werden erbitterte Rivalen, die später einige der größten Polizeieinsätze in der Geschichte des Bundeslandes auslösen.

Kofoldt ist schon als Kind Stammkunde bei der Polizei. Einschmeißen von Fensterscheiben, Sachbeschädigung, Körperverletzung. Ein altgedienter Revierbeamter braucht nur drei Worte, um den jungen Mann zu charakterisieren: »Das volle Programm.« Später lernt Kofoldt Tätowierer und steigt bei den Kieler Hells Angels bis zum Vize-Präsidenten auf.

Der Zwei-Meter-Mann veranstaltet die Kieler Tattoo-Convention. Eine lukrative Messe, auf der Studiobetreiber ihre Arbeiten präsentieren. Der Privatsender Sat.1 bastelt für Kofoldt sogar ein eigenes Fernsehformat: Darin besucht der Experte schlecht laufende Tattoo-Geschäfte und brüllt den Inhabern seine Verbesserungsvorschläge ins Gesicht.

Nur zwei Monate nach der Messerattacke in der »Mausefalle« rollt die Technoparade G-Move durch die Kieler Innenstadt, Love Parade mit Fördeblick. Ralf D., inzwischen Höllenengel-Feind Nummer 1, begleitet als Sicherheitsmann einen Musiktruck. Die Karawane passiert die Hells-Angels-Kneipe »Sansibar«, wo mehrere Rocker auf dem Bürgersteig stehen und das bunte Treiben beobachten.

Ralf D. hat vorgesorgt. In einer Bauchtasche trägt er eine scharfe Pistole und 15 Schuss Munition. Doch die Angels wagen den Angriff nicht. Zu viele Zeugen, zu viel Polizei. Ralf D. wird später kontrolliert und wegen unerlaubten Waffenbesitzes angezeigt. Dennoch verlässt er den G-Move als Sieger. Er hatte die Chuzpe, vor der »Sansibar« aufzutauchen. Im Szenejargon heißt so etwas: »Der macht sich grade.«

Jetzt steht es zwei zu null für die Brüder D., die Kieler Angels liegen hinten und müssen reagieren. Sonst verlieren sie Reputationspunkte auf dem Milieu-Index, und das könnte schlecht fürs Geschäft sein. Wer in der Halb- und Unterwelt schwächelt, büßt schnell seine Einnahmequellen ein.

Die Rocker bekommen ihre Gelegenheit zur Image-Aufbesserung. Am 29. August 2008 muss Ralf D. vor dem Kieler Amtsgericht erscheinen. Angeklagt ist er wegen der Messerattacke in der Diskothek »Mausefalle.« Eine gute Gelegenheit für die Angels. Sie wissen, wann und wo ihr Gegner auftaucht. Und er wird ohne Waffe in den Verhandlungssaal spazieren, so das Kalkül der Rocker.

Doch Ralf D. kommt nicht alleine, ihn unterstützen echte Fachkräfte für Gewaltdelikte: der angstfreie Neonazi Peter Borchert und eine achtköpfige Sturmabteilung der Autonomen Nationalisten. Um 8.45 Uhr stehen die rechten Schläger bereits vor dem Amtsgericht, als die Hells Angels auftauchen. Unter ihnen der Tätowierer Dennis Kofoldt. Eine Szene wie in einem Hooligan-Film. Nach einer verbalen Ouvertüre wird die Auseinandersetzung schnell mit Fäusten und Waffen ausgetragen.

Ein Beamter sagt später aus: »In meiner 26-jährigen Polizeilaufbahn habe ich so eine geballte Aggressivität und Brutalität noch nie gesehen.« Ein Neonazi erweitert seine körperlich mittelmäßige Wirkung mit einem Messer – Peter Borchert. Er sticht Dennis Kofoldt und einen weiteren Hells Angel nieder. Er hält die Waffe noch in der Hand, als ihn ein Zivilpolizist mit gezogener Waffe festnimmt.

»Aus Notwehr« habe er zugestochen, sagt Borchert später vor der Haftrichterin. Diese Behauptung ist nicht zu widerlegen. Beim Prozess vor dem Kieler Landgericht schweigen alle, Nazis und Rocker. Der Richter spricht Borchert frei und sagt: »Der Rechtsstaat kommt an seine Grenzen, wenn selbst die Opfer und unmittelbaren Zeugen mauern.«

Die Gewaltorgie vor dem Kieler Amtsgericht endet für die Hells Angels im Desaster. Zwei Mitglieder schwer verletzt und der Ruf erneut ramponiert. Die Avantgarde der Halbwelt – gedemütigt von ein paar Neonazis. Jetzt liegen die Angels drei zu null hinten. Zum ersten Mal haben sie als Gruppe versagt, der Druck steigt.

Mit Waffen und einer Frau

Die neueste Waffe der Höllenengel hat kurze blonde Haare, wenngleich auch nicht von Natur aus. Beatrice F., 19, genannt »Bea«, ist mit dem niedergestochenen Dennis Kofoldt verlobt. Im Internet nutzt sie ein bekanntes Portal für soziale Kontakte.

Auch André D., der Bruder des mutmaßlichen Messerstechers Ralf D., treibt sich dort herum und freundet sich ausgerechnet mit Bea an. Irgendwann schickt die Blondine ein selbstgedrehtes Video, das keine Wünsche offenlässt. Die Bilder zeigen die junge Frau nackt in der Badewanne. Die Kamera steht am Beckenrand zwischen ihren Füßen, sie streichelt sich.

Bea F. und André D. verabreden sich zu einem Saunabesuch in der Holstentherme in Kaltenkirchen nördlich von Hamburg – vermutlich weiß D. nicht, dass Bea mit dem Hells Angel Kofoldt liiert ist.

Am 29. Januar 2009 steuert Bea F. ihren Kleinwagen in Richtung Spaßbad, auf dem Beifahrersitz freut sich André D. wahrscheinlich nicht nur auf die Sauna. Die 19-Jährige fährt das Auto in den hintersten Winkel des Parkplatzes, obwohl im vorderen Teil genügend Plätze frei sind. Es ist schon dunkel draußen. Als die beiden aus dem Auto steigen, feuern zwei dunkel gekleidete Maskenmänner insgesamt fünf Kugeln auf André D. ab. Ein Projektil zertrümmert dessen Oberschenkelknochen. Das Opfer überlebt schwer verletzt, doch D. wird nie wieder schmerzfrei laufen können.

In dieser Zeit organisieren sich die Gegner der Kieler Hells Angels, es ist ein eigentümlicher Mix aus Neonazis um Peter Borchert, Zuhältern und Rockern. Die Angels haben sich als selbsternannte Alphatiere in der norddeutschen Motorradclubszene und im Milieu viele Feinde gemacht. Bisher konnten sie es sich leisten. Jetzt wittert die Gegenseite ihre Chance. Die bunte Truppe will sich einer großen Gang anschließen, es geht dabei um einiges, aber nicht ums Motorradfahren. Die Männer brauchen vielmehr personelle Unterstützung, ansonsten haben sie im Kampf gegen die Hells Angels keine Chance.

Also sprechen die Herausforderer mit dem Motorradclub Gremium, der zahlenmäßig größten Gang in Deutschland, doch eine Zusammenarbeit scheitert. Bleiben also noch die Bandidos – Erzfeind der deutschen Höllenengel.

Eine norddeutsche Delegation reist nach Bochum zum Chef-Bandido Peter Maczollek. Bei ihm muss damals jeder vorsprechen, der in Nord-, West- und Ostdeutschland ein Chapter eröffnen will. Für diese Regionen ist Maczollek als »Vice-President Europe« zuständig.

Der Antrittsbesuch in Bochum verläuft für die Nordlichter positiv. Sie dürfen im Mai 2009 den Probe-Club Bandidos »Neumünster« gründen. Die Neonazi-Vergangenheit Peter Borcherts stört den Bandidos-Boss nicht. Im SPIEGEL-TV-Interview sagt Maczollek: »Uns interessiert das nicht, ob das ein Neger ist, ob das ein Türke ist, ob das ein Rechter oder ein Linker ist. Bei uns sind sie alle gleich.« Auch die opulente Vorstrafensammlung ist kein Ausschlusskriterium. Generell interessiert es die Bandidos nicht, wie kriminell ein Mitglied ist oder wahr.

Nur eine Personalfrage löst Kopfschmerzen im Bandidos-Hauptquartier aus, sie trägt den Namen Meick K. Denn die Neu-Rocker wollen diesen Ex-Hells-Angel und Kieler Zuhälter aufnehmen. Einerseits könnten die Bandidos von seinen Insiderkenntnissen profitieren, Meick K. soll Informationen über Geschäfte, Bewaffnung und Anzahl der Hells Angels liefern.

Anderseits haben einige »Hüte« – so der Szenename der Bandidos – K. nicht verziehen, dass er sich im Jahr 2000 an einem brutalen Überfall auf die Bandidos beteiligt hat. Damals schlugen Höllenengel an einer Kieler Kreuzung mit Eisenstangen auf ihre Gegner ein. Die westdeutschen Bandidos waren auf der Durchreise nach Norwegen. Dass K. mindestens 1,5 Tonnen Marihuana nach Deutschland gebracht und verkauft hat und deswegen fast fünf Jahre lang im Gefängnis sitzen musste, stört die Rocker dagegen wohl nicht so sehr.

Oberhaupt Maczollek darf die Aufnahme des Problemfalls Meick K. nicht alleine abnicken. Für Grundsatzfragen ist das Präsidenten-

Parlament zuständig: Alle deutschen Clubchefs diskutieren auf einem »Meeting« basisdemokratisch über den Angels-Aussteiger, am Ende wird er aufgenommen. Eine Kampfabstimmung ist nicht nötig.

Die Eröffnung des Bandidos-Standortes Neumünster ist ein Paukenschlag in der Motorradclubszene – und eine ungekannte Provokation der Hells Angels. Generell beanspruchen die Banden seit den Anfängen der Szene in den siebziger Jahren Territorien für sich, als eine Art Rocker-Staatsgebiet. Die Clubs deuten es als Angriff auf ihre Souveränität, wenn eine andere Bande ohne Erlaubnis in ihr Revier eindringt – wie im Tierreich.

Die Hells Angels reagieren bereits vor der offiziellen Eröffnung des neuen Bandido-Chapters mit einer Truppenparade. Am 1. Mai 2009 fahren mehrere Kleingruppen auf verschiedenen Wegen nach Neumünster. Etwa 100 Höllenengel und Unterstützer treffen sich auf dem Marktplatz in der Innenstadt, zum Kaffeetrinken und Eisessen. Erst das Vergnügen, dann die Rockerarbeit. Im Konvoi knattern die Harleys über die Kummerfelder Straße aus Neumünster heraus. Hier, im Stadtteil Gadeland, lebt Ralf »Ralle« B. in einem schicken Einfamilienhaus mit hohen Mauern und Videokameras. Er ist der designierte Chef des neuen Bandido-Chapters. Das Signal ist eindeutig: Wir wissen, wo du wohnst!

Die Kieler Angels betreiben auch klassische Hinterzimmerpolitik. Sie zitieren bislang neutrale Motorradclubs zu sich und machen eine klare Ansage: »Wer nicht für uns ist, ist gegen uns.« Der Konflikt zwischen Hells Angels und Bandidos wühlt so die gesamte Bikerszene in Schleswig-Holstein auf. Einige Motorradclubs wollen sich nicht in einen Zwist hineinziehen lassen, der nicht ihrer ist, und lösen sich auf. So verschwindet etwa der MC Yakuza still und leise von der Bildfläche.

Andere Vereine wollen weiterbestehen und bezahlen dafür einen hohen Preis. Der MC Highway Swan aus Neumünster mutiert zu den Red Devils »Neumünster«. Die Red Devils sind der größte Unterstützerclub der Hells Angels weltweit. Die ehemals eigenständigen Swans erhalten ab sofort Anweisungen von den Höllenengeln, in der Befehlskette stehen sie ganz unten.

Doch diese Art der Aufrüstung reicht den Hells Angels noch nicht. In Kiel gründen sie die Legion 81 – eine schnelle Eingreiftruppe für die schmutzige Arbeit. Männer ohne Motorräder, aber mit viel Schlagkraft, um den mehrfach vorbestraften Steffen R. Der untersetzte Mann hatte sich zuvor Geld bei dem Kieler Hells Angel Peter P. geliehen. Jetzt kann Steffen R. den Milieukredit auf andere Art und Weise zurückzahlen. Später wird er zum Kronzeugen gegen die Höllenengel mutieren.

Es ist unvorstellbar, dass die Hells Angels als selbsternannte Biker-Avantgarde Steffen R. in Friedenszeiten rekrutiert hätten. Der kleine, übergewichtige Mann mit den schwammigen Gesichtszügen, Szenename »Kugelblitz«, erfüllt nicht die äußeren Ansprüche der Motorradbande, die sehr viel Wert auf Körpergröße und Bizeps-Umfang legt. Ein dicker Dackel unter lauter Pitbulls.

Doch die verzweifelte Suche nach Verbündeten hat vor allem einen Grund: Peter Borchert. Er steigt zum Vize-Präsidenten der Bandidos »Neumünster« auf. Alle in der Szene kennen seine Brutalität und seine rücksichtslose Entschlossenheit. Ein szenekundiger Polizist sagt: »Der ist irre. Das macht ihn so gefährlich.«

Im Gegensatz zu den meisten Hells Angels hat Borchert wenig zu verlieren. Er besitzt kein teures Haus, keinen AMG-Mercedes, keine Familie. Er hat mehr als zehn Jahre lang im Gefängnis gesessen. Angst vor Strafe hat ihn noch nie einen Gang zurückschalten lassen. Er liebt die Rolle des anarchischen Revolutionärs. Und bei den Bandidos findet er ein neues Betätigungsfeld, er ist in seinem Element.

Die Gewalt eskaliert

Zwischen Nord- und Ostsee eskaliert die Gewalt. Im September 2009 rammt der Flensburger Hells-Angels-Boss Stefan R. mit seinem Audi A8 den Bandido Thomas K. auf der Autobahn bei voller Fahrt von seiner Harley. Das Opfer fliegt in die Leitplanke und bleibt schwer verletzt liegen.

Seine Clubkameraden stoppen an der Unfallstelle später einen Golf, in dem zwei Hells Angels sitzen. Die müssen jetzt büßen. Die Polizei findet die Männer erst Stunden später mit Stichverletzungen und eingeschlagenen Zähnen im Grünstreifen neben der Autobahn.

In Kiel schießt ein bis heute Unbekannter auf das Haus des lokalen Höllenengel-Chefs Dirk R.

Zwei 81-Legionäre fahren auf Befehl von Steffen R. nach Preetz bei Kiel und ballern mit einem Weihrauch-Revolver Arminius, Kaliber .38 Spezial, auf den Bandidos-Unterstützer Andreas B. Angeblich hat R. den Auftrag und 3000 Euro für die Schüsse von ganz oben bekommen, bewiesen aber ist das bis heute nicht.

2009 befinden sich Hells Angels und Bandidos im hohen Norden in einem Zustand permanenter Alarmbereitschaft. Jeder rechnet jederzeit mit einem Angriff. Jeder Rocker ist verpflichtet, ständig per Handy erreichbar zu sein. Der Kieler Hells-Angels-Anführer Dirk R. leiht sich bei seinem Freund Frank Hanebuth sogar eine gepanzerte Limousine. Dessen Firma »Bodyguard Security« verfügt über solche Spezialfahrzeuge.

Kronzeuge Steffen R. erzählt später, mit dem Auto hätte ein Rachefeldzug unternommen werden sollen: »Falls die Bandidos einen Angel an- oder erschießen, sollte eine Handgranate in deren Vereinsheim fliegen. Außerdem sollten drei Bandidos erschossen werden. Die Taten sollten mit dem gepanzerten Auto durchgezogen werden.« Sinn ergibt das allerdings nicht so recht, und auch Frank Hanebuth entgegnet: »Blödsinn. Das Auto war nur für den persönlichen Schutz von Dirk R. in Kiel.«

Die Flensburger Hells Angels deponieren Waffen und Munition in einer Kfz-Werkstatt: elf israelische Maschinenpistolen vom Typ Uzi und ein AK-47-Sturmgewehr aus Russland, eine Kalaschnikow. Als die Polizei die Waffen im November 2009 findet, herrscht unter den Ermittlern nicht nur Jagdstolz. Ein hochrangiger Kriminalbeamter:

»Einige Kollegen verstummten, als sie die Waffen sahen. Ihnen wurde bewusst, was man damit anrichten kann.«

Auch Tätowierer und Sat.1-Fernsehstar Dennis Kofoldt wird zum Messerstecher. Er rammt dem Sohn eines Bandidos-Unterstützers eine Klinge in die Lunge. Grund für die Bluttat: Der junge Mann, 22, aus Preetz hatte ein Bandidos-Logo im Display seines Handy gespeichert.

Im Januar 2010 kommt es dann zu dem Überfall im Sandwichladen. Vermutlich sechs maskierte Bandidos stürmen die Subway-Filiale in Neumünster und überfallen drei Red Devils. Nur ein Angreifer vermummt sich nicht: Peter Borchert. Die Polizei findet später Blut an seiner Cargo-Hose. Im April 2011 verurteilt ihn das Landgericht Kiel zu drei Jahren und neun Monaten Freiheitsstrafe. Eine Sicherungsverwahrung ordnet das Gericht nicht an. Es fehlt ein Gutachten, das die Gefährlichkeit Borcherts belegen soll. Der beauftragte Psychiater vermochte es nicht zu erstellen, weil er nicht über genügend Informationen zu Borcherts Persönlichkeit verfügte. Er hatte sich persönliche Gespräche mit dem Untersuchungshäftling gewünscht, doch Borchert weigerte sich. Schweigen ist Gold.

Im April 2010 verbietet der schleswig-holsteinische Innenminister die Neumünsteraner Bandidos, da sie nach Ansicht der Behörden gegen das deutsche Vereinsrecht verstoßen haben. Doch die Rocker kümmert das wenig. Sie verlegen ihr Clubheim 300 Meter hinter die deutsch-dänische Grenze und nennen sich fortan Bandidos »Padborg«. Die Männer leben natürlich weiterhin in Kiel und Neumünster. Erst als Peter Borchert 2011 seine Haftstrafe antreten muss, kühlt sich die Szene im Norden merklich ab.

Janez MC – Aufbau Ost auf Rockerart

Seit 1990 gilt in Thüringen das Grundgesetz. Totalitäre Systeme sind damit verboten. Ausgerechnet in Weimar aber, wo 1919 die erste demokratische deutsche Verfassung entstand, leben die Einwohner seit dem Jahr 2006 wieder in Angst vor einem absolutistischen Despoten. Der westdeutsche Rocker Janez E. gründet in Weimar ein Bandidos-Chapter und inszeniert sein persönliches Gangsterdrama. In ihrem Vereinsheim an der Bahnhofstraße führen sich Janez E. und seine Anhänger auf wie die »Unantastbaren«. Sie entstellen Menschen mit dem Messer, vertrimmen Autofahrer oder schlagen Gegner halbtot, zunächst ungestraft. Der Rechtsstaat stottert.

Obwohl die Rocker ihre Taten öffentlich begehen, mauern Zeugen eisern. »Bei Aussagen gegen die Bandidos wird die Zunge schwer«, sagt ein beteiligter Ermittler. Sogar die Opfer können sich vor Gericht angeblich nicht mehr erinnern, wer ihnen das Messer quer durchs Gesicht gezogen hat. Über der Stadt hängt eine Wolke der Angst, mit der verrückten Bande will sich niemand anlegen. Man dreht sich weg oder verlässt am besten gleich die Bar, wenn Männer auftauchen, die auf ihren Lederjacken einen mexikanischen Banditen tragen. Die Harley-Gangster inszenieren das Schiller-Stück »Die Räuber« auf ihre eigene Art und Weise – und ganz Weimar ist ihre Bühne.

Janez E. hat sich seine Werte und Idole unter die Haut stechen lassen. Der örtliche Bandidos-Chef braucht im Jahr 2008 nicht aufzuzählen, was für ihn wichtig ist. Er muss nur sein T-Shirt ausziehen und seine Tattoos herzeigen. Unter seinem Bauchnabel kreuzen sich ein Revolver und eine Machete – die traditionellen Waffen des mexikanischen Banditen. Der Sombrero-Gangster ist die Symbolfigur des weltweit agierenden Bandidos MC. Auf das Brustbein hat sich Janez E. keinen Geringeren als Jesus von Nazareth tätowieren lassen.

So widersprüchlich und extrem wie sein Körperschmuck ist auch der Charakter des Janez E. Auf seinem Rücken über der Gürtellinie prangt der Name seines toten Kampfhundes »Chato«. Janez E. erklärt dazu in einem Gespräch: »Menschen sind mir scheißegal. Nur Hunde sind mir wichtig.«

E. wächst nach eigner Aussage im schlimmsten Viertel der Maggi-Stadt Singen im südlichen Baden-Württemberg auf. Seine Mutter ist eine deutsche Sintiza, der Vater Slowene. Doch der Vater verlässt die Familie früh und kommt nur gelegentlich vorbei, um Geld zu bringen.

Dann versteckt sich das Kleinkind, denn Janez fürchtet die Ohrfeigen, für die sein alter Herr keinen Anlass braucht. In der Grundschule presst Janez E. seinen Mitschülern die Brötchen ab. Wer sich weigert, kriegt Backpfeifen. Staatliche Heime übernehmen später seine Erziehung. Er schafft einen Hauptschulabschluss und schließt eine Ausbildung zum Mechaniker ab.

Bei zwei längeren Gesprächen im August 2008 und Januar 2010 erweist sich Janez E. phasenweise als aufmerksamer Zuhörer. Er verarbeitet Informationen schnell und stellt die richtigen Nachfragen. Bei der zweiten Unterredung erinnert er sich an Details aus dem ersten Treffen, obwohl anderthalb Jahre vergangen sind.

Allerdings versteckt der Rocker seine negativen Eigenschaften keine fünf Minuten lang. Wenn er Widerstand spürt, wird er laut. Selbst seinem Anwalt gegenüber vergreift er sich im Ton. Er behandelt seine Clubkameraden wie ein russischer Hauptmann seine Rekruten. Ein Verteidiger sagt später vor Gericht, Janez E. leide an Hyperaktivität.

Nach seiner Berufsausbildung ist E. ins Rotlichtmilieu abgerutscht. Er arbeitet als Türsteher in Singener Diskotheken und als Wirtschafter in einem Freudenhaus. Von 1984 bis 2000 wird er 14 Mal verurteilt, davon neun Mal wegen Körperverletzung. Dabei sieht er ein baden-württembergisches Gefängnis nie für längere Zeit von innen, die Justiz des Musterländles erteilt großzügig eine Bewährungsstrafe nach der anderen. So wird Janez E. 1992 wegen vorsätzlicher Körperverletzung zu sechs Monaten Haft verurteilt, ausgesetzt zu zwei Jahren auf Bewährung. In dieser Zeit schlägt er wieder zu, weshalb er jetzt einsitzen müsste. Doch E. stellt einen Gnadenantrag, der prompt bewilligt wird. Er kann in Freiheit weitermachen.

1995 verprügelt er in der Singener Diskothek »Top Ten« zusammen mit anderen Türstehern einen Betrunkenen. Als das Opfer am Boden liegt, schneidet einer der Schläger mit einem Messer oder einer Rasierklinge dem Mann in den Hals. Das Opfer belastet bei der Polizei Janez E., widerruft seine Aussage aber vor Gericht. Der Schläger wird freigesprochen. Wie sich später herausstellt, hat Janez E. das Opfer vor der Verhandlung massiv bedroht. Fünf Jahre nach der Tat gibt es eine Wiederaufnahme des Verfahrens. E. wird verurteilt – zu einer schlappen Geldstrafe von 90 Tagessätzen.

Seine Rockerkarriere startet Janez E. bei den Ghostridern. In den neunziger Jahren gibt es schwarze und gelbe Geisterreiter in Deutschland. Janez E. gehört zur gelben Fraktion. Als die Ghostrider 1999 zu den Bandidos wechseln, zieht er mit. Allerdings fliegt er bei den Banditen im Streit wieder raus. »Motorradfahren interessiert mich eigentlich nicht. Es geht mir um den Zusammenhalt im Club, um die Bruderschaft«, sagt er im Jahr 2008. Ermittler glauben, dass es das Prestige ist, dessentwegen Janez E. nach seinem Rauswurf unbedingt wieder in die rot-goldene Rockergang zurückkehren will. Zusammen mit ein paar süddeutschen Kumpels zieht er daher 2005 nach Thüringen. Die neuen Bundesländer sind zu der Zeit noch Terra incognita für die großen Clubs. Weder Hells Angels noch Bandidos haben Dependancen in Dresden, Leipzig, Magdeburg, Rostock oder Erfurt.

Janez E. gründet in Weimar eine Abteilung des Motorradclubs Gremium. Ihm schließen sich lokale Rocker kleinerer Vereine, Neonazis und gewöhnliche Kriminelle an. Als sich der wilde Haufen als MC-Platzhirsch etabliert hat, bittet Janez E. 2006 um eine Wiederaufnahme bei den Bandidos. Seine Anfrage löst in der deutschen Clubspitze und bei den beiden Führungsfiguren Peter Maczollek und Leslav Hause erbitterte Diskussionen aus. Die Janez-Gegner wollen niemanden zu ihrem »Bruder« machen, der schon einmal ihr »Bruder« war und sich wenig brüderlich verhalten hat.

E. braucht starke Argumente, doch die hat er. Er würde zwei komplette Clubabteilungen mitbringen, wirbt er. Dutzende Männer stünden hinter ihm, lockt er und prophezeit blühende Bandidos-Landschaften im Osten. Der Club könnte seinen Einflussbereich bis in die thüringische Provinz ausdehnen.

Der Bittsteller erwischt einen günstigen Moment. 2006 fühlen sich die Banditen bedroht und gedemütigt. Im norddeutschen Stuhr haben Hells Angels im März die Bremer Bandidos brutal zusammengeschlagen und so das Ende des Chapters erzwungen. Für die gesamte Bande ist das eine deprimierende Niederlage – in so einer Situation will sie sich verstärken, aufrüsten und zurückschlagen.

Generell streben Motorradbanden wie die Bandidos danach, ständig zu expandieren. So wie beim Deutschen Fußballbund, der CDU oder bei Greenpeace hängen Macht und Einfluss einer Organisation wesentlich von der Anzahl der zahlenden Mitglieder ab. Laut Clubsatzung zahlt jedes Mitglied monatlich 47 Euro in die Nationalkasse der deutschen Bandidos-Führung.

Mitte 2006 genehmigen die westdeutschen Bosse die Wiedervereinigung mit Janez E. Der einst Verstoßene wird Aufbau-Ost-Beauftragter in Thüringen. Die Dependance heißt offiziell Bandidos »Jena«, ihr Vereinsheim liegt aber in Weimar. Die Rockerbande wird Geschichte schreiben – Kriminalitätsgeschichte.

Zu den wichtigsten Mitstreitern von Janez E. gehört der ebenfalls aus dem süddeutschen Singen stammende Domenico »Memo« M., 28. Der Elektriker war Zeitsoldat bei der Bundeswehr und ist wohl der cleverste im Club, weshalb er zum Vize-Präsidenten aufsteigt.

Als besonders brutal gilt Rafael »Rafa« H., der zum »Sergeant at Arms« (Waffenmeister) berufen wird und unter anderem die Einhaltung der Clubregeln zu überwachen hat. Allerdings bekommt er sich selbst nicht in den Griff: Der in Polen geborene und in Baden-Württemberg aufgewachsene Zimmermann rastet schnell aus. Bei einer früheren Kirmesschlägerei tritt er auf einen Kontrahenten ein, obwohl der bereits von der Polizei gefesselt am Boden liegt. Bei einer weiteren Prügelei durchtrennt er seinem Gegner mit einem abgebrochenen Glas den Kiefermuskel und die Speicheldrüse. Jetzt aber komplettiert »Rafa« das Führungstrio der Bandidos »Jena«.

Die West-Häuptlinge und die einheimischen Kriminellen terrorisieren in der Folge Bevölkerung und Touristen der Kulturstadt Weimar. Sie knattern auf ihren Harleys ohne Helm viel zu schnell durch die Straßen, arrogant und gewaltbereit bewegen sie sich wie weiße Kolonialherren im Afrika des 19. Jahrhunderts.

Als Domenico »Memo« M. sich im Straßenverkehr von einem Autofahrer geschnitten fühlt, passt er den Mann auf einer Tankstelle ab und zieht ihm einen Gummihammer über den Schädel. Ein anderes Mal stoppt »Memo« gemeinsam mit Janez E. ein Auto, in dem sich ein verängstigter Bürger eingeschlossen hat. Die Rocker rütteln an dem Wagen, Janez E. tritt den Außenspiegel ab. Der Anlass bleibt unklar.

Ähnlich wie einst die Dichter Schiller und Goethe befindet sich der junge Bandidos-Club anscheinend in einer Sturm-und-Drang-Phase – mit ernsthaften Konsequenzen für die körperliche Unversehrtheit von Unschuldigen. In der Weimarer Diskothek »Locca« sticht Rafael H. im November 2007 einen Gegner ins Bein und brüllt: »Da, wo ich herkomme, steche ich dir das Messer in den Arsch.« Ein Jahr später streiten »Rafa« und Vize »Memo« an der Bar des »Locca« mit zwei Männern. »Rafa« sticht zuerst zu, seine Opfer flüchten. Vor dem »Locca« holt der Gewaltrocker einen der Rivalen ein und zieht ihm die Messerklinge quer durch das Gesicht, von einem Ohr bis zum anderen. Zwei Monate nach diesem Vorfall haben die Bandidos erneut Stress mit Barbesuchern, dieses Mal im »Cascada« direkt am Nationaltheater in der Innenstadt. Clubmitglied Jörg M. – Szenename »Two Cycles« – sticht dreimal mit dem Messer zu. Die Staatsanwaltschaft wertet den Angriff als versuchten Mord.

Ihren Ruf als skrupelloses Rollkommando wollen die Männer um Janez E. offensichtlich zu Geld machen. Ende 2006 bestellen die Rocker einen Tattoostudio-Betreiber zu sich ins Clubheim. Janez E. eröffnet dem Geschäftsmann, dass er seinen Laden kaufen wolle. Der Mann könne als Angestellter weiterarbeiten. Außerdem sollen die Sätze gefallen sein: »Mit uns im Rücken geht es dir besser. Außerdem kannst du ruhiger schlafen.«

Der Mann knickt aber nicht ein, auch nicht als ihm die Bandidos bei einer zufälligen Begegnung am Weimarer Kino drohen: »Wir haben dich nicht vergessen.« Anfang 2007 brennt das Auto des Tattoostudio-Betreibers. Eindeutig Brandstiftung. Die Staatsanwaltschaft geht davon aus, dass die Bandidos einen Konkurrenten loswerden wollen, denn ein Clubbruder betreibt ebenfalls ein Studio in der Stadt. Von einem seriösen Übernahmeangebot, das die Rocker dem Tätowierer gemacht haben könnten, gehen die erfahrenen Ermittler in diesem Fall eher nicht aus.

Die Staatsanwaltschaft Gera, zuständig für Organisierte Kriminalität in Thüringen, klagt Janez E. und Domenico »Memo« M. daher wegen mutmaßlicher räuberischer Erpressung an. Doch das Landgericht Erfurt folgt dieser Argumentation nicht. Für die Richter hätte das Kaufangebot tatsächlich ernst gemeint und somit Teil von Verhandlungen zwischen seriösen Geschäftsleuten sein können: Freispruch.

Auch die Türsteherszene gerät durch die Rocker-Dominanz unter Druck. Nach Aussage eines Zeugen bestellen die Bandidos alle lokalen Security-Unternehmer zu einem Termin ins Clubhaus. Ob das Treffen tatsächlich stattgefunden hat und welche Absprachen getroffen wurden, ist nicht bekannt. Ein weiterer Zeuge äußert in einer Polizeivernehmung: »Die ›Praetorianer‹ zahlen Schutzgeld an die Bandidos.«

Die »Praetorianer« sind ein Sicherheitsunternehmen in Weimar. Sie stehen unter anderem an der Tür der Diskothek »Locca«, in der Bandido Rafael H. bereits zweimal brutal sein Messer eingesetzt hat. Der »Praetorianer«-Geschäftsführer Tino R. verneint bei der Polizei, dass er Schutzgeld an die Rocker abgeben müsse.

Die Weimarer Bandidos schämen sich nicht für ihr Image. Im Gegenteil. Sie fürchten eher, dass es republikweit unbeachtet bleiben könnte. Nach Aussage eines späteren Kronzeugen fordert Janez E. von seinen Männern: »Wenn wir auf eine Clubparty in Bochum oder Berlin gehen, dann sollen die anderen Bandidos sagen: ›Guckt mal, da kommen die Verrückten aus Thüringen!‹«

Die Weimarer Rocker betreiben die mit Abstand aufwändigste Homepage der deutschen Bandidos-Chapter. Während des Intros wandert der mexikanische Bandit über den Bildschirm und schießt mit seinem Revolver die Buchstaben BANDIDOS in eine gelbe Fläche. In der Fotogalerie präsentieren Janez und »Memo« ihre zahlreichen

Tattoos auf den nackten Oberkörpern. Auf allen Fotos formen die Bandidos mit Daumen, Zeige- und Mittelfinger der rechten Hand eine Pistole. Nach Aussage eines Aussteigers, den SPIEGEL TV im Sommer 2008 interviewt, will die Bande ihren Gegnern damit demonstrieren, dass sie bewaffnet ist.

In der Fotogalerie finden sich auch Bilder einer Leipziger Einwanderertruppe. Die gewaltbereite Gang um den Armenier Artur T. besucht die thüringischen Rocker im Sommer 2008 auf deren Poolparty. Man umarmt sich, lächelt blutsbrüderlich in die Kamera. Ein paar Monate zuvor ist die Gruppe randalierend durch die Leipziger Innenstadt gezogen, nachdem sie von Türstehern mit Hells-Angels-Kontakten aus einer Disko geprügelt worden war. Bei der Gewalttour durch Leipzig fällt vor der Kneipe »Mia's« ein Schuss, ein unbeteiligter Russlanddeutscher stirbt. Der Täter ist bis heute nicht gefunden.

Die Macht des Präsidenten

Über 200 Jahre nachdem Friedrich Schiller den Tyrannen Dionysios in seiner »Bürgschaft« beschrieben hat, herrscht in Weimar ein Mann, der in seiner Brutalität und Rücksichtslosigkeit selbst einer Ballade entstammen könnte. Unter dem Bandidos-Boss Janez E. haben vor allem die Clubkameraden zu leiden und von denen am meisten die Neulinge – Anwärter und Unterstützer.

Innerhalb der Gang bestimmt Janez E., welche Gefolgsleute einzelne Ämter wie Kassenwart, Waffenmeister oder Vize-Präsident bekleiden dürfen. Das Regelwerk der Bandidos »Jena« verleiht ihm die Personalführungskompetenz offiziell. Punkt 12 der Weimarer Rocker-Verfassung lautet: »Der Präsident alleine entscheidet, welcher seiner Leute welches Amt ausübt.«

Als die Rocker im heißen Sommer ihr Clubhaus ausbauen, schachten die Novizen eine Grube für einen Swimmingpool aus. Janez E. räkelt sich derweil auf einer Liege und beaufsichtigt die schweißtreibenden Arbeiten. Ein Sonnengott mit einem Tattoo des barmherzigen Jesus auf der Brust –

der bei Kleinigkeiten äußerst unbeherrscht sein kann. Als ihm einmal das von »Prospects« gekochte Mittagessen nicht schmeckt, wirft er es an die Wand und befiehlt brüllend dem Koch, die Reste aufzuwischen.

Von dem »Supporter« Kay-Oliver P. verlangt Janez E., dass dieser seine Freundin auf den Strich schicke. Als die Frau sich weigert, schlägt der Boss auf den Rocker ein. Janez E. übernimmt die Ausbildung der angehenden Hure jetzt selbst und schickt sie in ein Bordell nach Berlin. Für seine Mühen verlangt E. fortan monatlich 500 Euro von Kay-Oliver P., Studiengebühren nach Rockerart.

E. führt ein fürstliches Leben. Er fährt einen Mercedes-Geländewagen und wohnt in einem schmucken Haus in dem Dorf Pfiffelbach bei Weimar. Das Geld für seinen aufwendigen Lebensstil verdient seine Partnerin als Prostituierte. Er selbst ist offiziell arbeitslos.

Irgendwann möchte er für das gemietete Grundstück einen besseren Sichtschutz haben. Außerdem könnte die Fassade einen neuen Anstrich vertragen, denkt sich der Rockerboss.

Kurze Zeit später bricht der Bandidos-Anwärter Peter U. bei Farben Schultze in Weimar ein und klaut eimerweise weiße Farbe. Damit streicht er dann das Haus seines Präsidenten. Außerdem steigt der Nachwuchsrocker in den Globus-Baumarkt in Jena ein und erbeutet Zaunelemente. Die Beute bringt er in den Garten des Despoten und baut auf. Fertig ist der neue Sichtschutz zum Nulltarif.

Peter U. bleibt aber nicht der brave Vollstrecker für die Wünsche seines Bosses. Bald übernimmt er die Rolle des Verräters, der den Tyrannen im Hintergrund erledigt. Jedoch zückt er nicht den Dolch im Gewande, sondern wählt lieber die rechtsstaatliche Variante. Er begibt sich ins Zeugenschutzprogramm und sagt umfassend bei Polizei und Staatsanwaltschaft aus. Damit läutet er das Ende der Schreckensherrschaft von Janez E. ein.

Die Vorgeschichte dieses Seitenwechsels hat alle Zutaten einer griechischen Tragödie: die Liebe einer Frau zu zwei Männern, Eifersucht, eine alte Freundschaft, Verrat, einen Suizid und einen Despoten. Doch von vorne: Peter U. betreibt 2008 ein Internetcafé am Weimarer Bahnhof, es ist nicht seine einzige Geldquelle. »Von Hause aus bin ich Einbrecher«, sagt Peter U. später den Ermittlern. Äußerlich passt er nicht zu anderen Bandidos. Er pumpt seinen Körper nicht mit Hilfe von Anabolika auf und ist einen Kopf kleiner als der Rest der Rockertruppe. Auf Fotos wirkt er wie der schmächtige Steuermann zwischen Ruderathleten. Sein Freund Andreas F., auch ein »gelernter« Einbrecher, mischt ebenfalls bei den Weimarer Bandidos mit. F. ist fast zwei Meter groß.

Peter U. betrügt seine Freundin regelmäßig mit einer anderen Frau. Als er aber im Sommer 2008 schwer mit seinem Motorrad verunglückt und für längere Zeit außer Gefecht gesetzt ist, muss sich die Zweitfrau anderweitig behelfen. Also geht sie auch mit Andreas F. ins Bett, was wiederum Peter U. überhaupt nicht gefällt. Er fühlt sich von seinem Freund und Bandido-»Bruder« verraten.

Generell ist es in Motorradclubs strengstens verboten, eine sexuelle Beziehung zu der Gefährtin eines anderen Mitglieds zu unterhalten. Der Übeltäter wird üblicherweise im »bad standing« ausgeschlossen, jeder Bandido muss den Verstoßenen attackieren, wenn er ihn sicht.

Eifersüchtig auf seinen Freund, spricht Peter U. nun mit dem Diktator Janez E. über die Angelegenheit. U. will wissen, ob das Beischlafverbot auch für Zweitfreundinnen gilt. Darf Andreas eine Affäre mit Peters Affäre anfangen?

Diese komplizierte Frage ist im Regelwerk der Bandidos »Jena« nicht geklärt. Unter Punkt 3 heißt es lediglich: »Die Frau meines Bruders ist unantastbar.« Also ist Janez E. das Gesetz, und er verfügt: Auch Zweitfrauen sind tabu. Der Anführer leitet sogar interne Ermittlungen ein. Die Frau muss zu einer Vernehmung ins Clubheim kommen, wo sie den Beischlaf mit beiden Bandidos bestätigt. Die Vereinsführung ruft daraufhin Andreas F. an und zitiert ihn ebenfalls herbei. Doch F. erscheint nicht, er ahnt wohl das heraufziehende Unheil. Stattdessen stürzt sich der verängstigte Mann am 26. August 2008 von einem Eisenbahnviadukt. Eine Joggerin findet seine Leiche.

Jähzornig, wie er ist, macht Präsident Janez E. ausgerechnet Peter U. für den Suizid verantwortlich: »Der Andreas ist wegen deiner F**** von der Brücke gesprungen.« Für U. hat sich plötzlich der Wind um 180 Grad gedreht. Eben noch der gute Clubbruder, der auf die Einhaltung der Regeln pocht, jetzt der Bösewicht, der den Tod eines Kameraden verschuldet hat.

Gang-Despot Janez E. ist unberechenbar und wechselt oft radikal seinen Standpunkt. Eine geschickte Methode, um seine Macht zu erhalten. Die anderen Rocker wissen nie genau, ob sie etwas richtig oder falsch gemacht haben. So blicken die verunsicherten Untertanen stets devot auf zu ihrem Herrscher, der ihre Handlung absegnet oder missbilligt.

Nach dem Suizid droht Janez E. dem in Ungnade gefallenen Peter U.: »Dir passiert jetzt nur nichts, weil die Polizei und die Presse überall herumschnüffeln.« U. fühlt sich wie ein geschlagener Gladiator in der Manege. Er hat keinen Schimmer, was auf ihn zukommt. Kann sein, dass er begnadigt wird. Kann sein, dass er im »bad standing« aus dem Club fliegt und um sein Leben fürchten muss. Das Urteil des Präsidenten vorauszuahnen, ist kaum möglich.

Also befolgt Peter U. den Rat seiner Mutter und geht zur Polizei. Seine Aussage stützt ein Großverfahren gegen die Rocker vor dem Landgericht Gera. Im Juni 2010 verurteilen die Richter mehrere Bandidos wegen bandenmäßigen Diebstahls. Fast neun Jahre Haft bekommt der Haupttäter: Die Männer waren 2007 und 2008 auf Einbruchstourneen durch Thüringen und Bayern gegangen und in etliche Geschäfte eingestiegen. Das Vereinsheim diente dabei als Kontakt- und Info-Börse für die Diebeszüge.

Clubpräsident Janez E. erwischt es im Januar 2010. Die Staatsanwaltschaft Gera klagt ihn wegen Bildung einer kriminellen Vereinigung, schwerer Körperverletzung und Hehlerei an. In dem Mammutverfahren sitzen noch vier weitere Bandidos und ein Unterstützer auf der Anklagebank. Der Staatsanwalt wirft ihnen versuchten Mord, schwere Körperverletzung und Drogenbesitz vor.

An diesem bitterkalten Januartag mit viel Neuschnee wundern sich Prozessbeobachter über die fehlende Unterstützung auswärtiger Bandidos. Normalerweise tauchen bei solchen Verfahren Rocker aus dem gesamten Bundesgebiet in Hundertschaftsstärke auf und signalisieren den Angeklagten ihre Solidarität. Doch in Erfurt friert lediglich ein trauriges Dutzend lokaler Figuren vor dem Gerichtsgebäude. Und die müssen auch noch draußen bleiben, weil sie ihre Kutten nicht ausziehen wollen. Szenekenner vermuten, dass ein Streit zwischen Janez E. und der deutsche Bandidos-Spitze in Bochum eskaliert ist. Der Weimarer Boss soll Prozesskostenhilfe aus der Nationalkasse gefordert haben. Die Deutschlandchefs hingegen betrachten das Verfahren als E.s Privatangelegenheit.

Auch nach innen bröckelt die Macht des Diktators. So ärgert es den in Untersuchungshaft sitzenden Vize Domenico M., dass bei Besuchen seiner hübschen Freundin Janez E. immer zugegen sein will. Der Tyrann fordert von seinem Vertreter zudem unverhohlen, dass sich dessen blondierte Partnerin prostituieren soll. Das ist zu viel. »Memo« bricht noch in der Zelle mit der Bruderschaft, die für ihn keine mehr ist. Sein Verteidiger ruft beim Staatsanwalt an und vermeldet: »Herr M. hat Gesprächsbedarf.« Die Männer treffen sich beim Landeskriminalamt in Erfurt. »Memo« packt aus und sagt den Ermittlern: »Wir waren nicht der MC Bandidos. Wir waren der MC Janez.«

Danach überschlagen sich die Ereignisse. Janez E. löst die Weimarer Bandidos-Dependance auf. Nach der Aussage seines ehemaligen Stellvertreters wandert er in Untersuchungshaft. Der Rockerboss wird schließlich unter anderem wegen diverser Gewalttaten zu fünf Jahren und sechs Monaten Freiheitsstrafe verurteilt. Allerdings kann die Kammer in den Bandidos »Jena« keine kriminelle Vereinigung erkennen.

Dabei hätte ein Erfurter Hells-Angels-Unterstützer wegen der rücksichtslosen Rocker fast sein Leben verloren. Rafael »Rafa« H., Nummer drei in der Weimarer Bandidos-Hierarchie, überfällt im Dezember 2009 zusammen mit Nico R. den Rivalen René F. »Rafa« rammt ihm eine Machete in den Körper und schlitzt ihm den Bauch auf. Die Ermittler staunen hinterher, dass der Hells-Angels-Unterstützer überlebt hat. Nach Aussagen des späteren Kronzeugen Domenico »Memo« M. wollte sich »Rafa« den Aufnäher »Expect no Mercy« verdienen, um mit dem Brutalitätsorden sein Ansehen in der Gruppe zu steigern. Es wird lange dauern, bis »Rafa« das Abzeichen stolz präsentieren kann, denn das Landgericht Erfurt verurteilt ihn im Januar 2011 zu einer lebenslangen Gefängnisstrafe. Insgesamt wandern 19 Rocker für insgesamt 74 Jahre hinter Gitter.

Die Bandidos in Weimar haben sich mittlerweile neu gegründet, ohne den ehemaligen Club-Despoten Janez E. Der sitzt noch im Gefängnis und empfindet die Wiederbelebung »seiner« Gang als Putsch, ja schlimmer noch, als Hochverrat.

KAPITEL 7

FRAUEN, DROGEN, STEROIDE

Die Geschäfte der Gangs

Was ist Organisierte Kriminalität?

Das »Bundeslagebild Rockerkriminalität« der Abteilung für Schwere und Organisierte Kriminalität (SO) im Bundeskriminalamt (BKA) ist so etwas wie das Standardwerk aller Spezialdienststellen im Land. In dem vertraulichen Bericht, 2009 erstmalig erstellt, beschreiben die Kriminalisten die Motorradclubszene in Zahlen, Daten, Fakten.

So lässt sich dem vertraulichen Papier entnehmen, dass mehr als die Hälfte der Fälle, in denen die Polizei seinerzeit gegen Rocker ermittelte, sogenannte Rohheitsdelikte waren. Das sind Straftaten wie Körperverletzung, Erpressung oder Raub, für die man weniger Köpfchen braucht als vielmehr dicke Arme, Waffen und bloß keine Skrupel.

Doch ebenso liefen seinerzeit gegen Mitglieder der Banden bereits 57 Verfahren der Organisierten Kriminalität, die zumeist eine deutlich intensivere Planung erfordern. Den Schaden, den die Gangs binnen eines Jahres verursacht haben sollen, taxierten die Wiesbadener Kriminalisten jedenfalls auf gut fünf Millionen Euro.

Im Mai 1990 hatte die Arbeitsgemeinschaft Justiz/Polizei der Innenministerkonferenz definiert, was in der wiedervereinigten Bundesrepublik als Organisiertes Verbrechen gelten soll. Die Gesetzeshüter formulierten es so:

> Organisierte Kriminalität ist die von Gewinn- oder Machtstreben bestimmte planmäßige Begehung von Straftaten, die ein-

zeln oder in ihrer Gesamtheit von erheblicher Bedeutung sind, wenn mehr als zwei Beteiligte auf längere oder unbestimmte Dauer arbeitsteilig

a) unter Verwendung gewerblicher oder geschäftsähnlicher Strukturen,

b) unter Anwendung von Gewalt oder anderer zur Einschüchterung geeigneter Mittel oder

c) unter Einflussnahme auf Politik, Medien, öffentliche Verwaltung, Justiz oder Wirtschaft zusammenwirken.

Üblicherweise wird das auf diese Weise verdiente Geld, das aus Drogen-, Waffen- oder Menschenhandel, aus Erpressungen und der Ausbeutung von Prostituierten stammen kann, in den legalen Wirtschaftskreislauf geschleust, also gewaschen. Dazu dienen häufig Firmen von Strohmännern, die den Verbrechern Rechnungen für nicht erbrachte Leistungen ausstellen, so dass die wiederum mit den schmutzigen Barschaften beglichen werden können. Das Geld fließt dann – gegen eine Gebühr – wieder zurück an die Kriminellen. Beliebt sind bei Verbrechern auch Bars, Diskotheken, Spielhallen und Restaurants als Schleusen für ihr illegales Vermögen, weil sich in derlei Etablissements kaum überprüfen lässt, wie viel Geld an einem Abend tatsächlich verdient worden ist. Hier lassen sich auch aus Straftaten stammende Euro als erlaubte Einnahmen verbuchen und damit legalisieren.

Ein typisches Betätigungsfeld vieler Rocker ist das Rotlichtmilieu, wo sich körperliche Kraft, ungezügelten Machismo und ein archaisches Weltbild am ehesten in Bares verwandeln lassen. Die Hells Angels in Hannover, Frankfurt, Kiel, Hamburg und Berlin sind in den entsprechenden Vierteln dick im Geschäft. Insofern kann das im Folgenden beschriebene unternehmerische Gebaren einiger Höllenengel als beispielhaft gelten.

Wie aus einer Verbotsverfügung des Innenministeriums hervorgeht, lief die Sache damals in etwa so: Die Hells Angels in Schleswig-Holstein brachten über einen Clubkameraden im niederländischen Sittard, der dort ebenfalls ein Bordell betrieb, Ausländerinnen nach Kiel, ausgestattet mit falschen Pässen. Dann mussten die 50 Frauen im Laufhaus »Eros 2« anschaffen und an die Rocker jeweils satte 7500 Mark Miete im Monat für »ein kleines Einzelzimmer ohne Kochgelegenheit« abdrücken, wie die Beamten feststellten. Wehren konnten sich die Prostituierten kaum, sie waren ja Illegale – ein Fremdwort, das die Rocker wohl übersetzten in Rechtlose.

Im April 2003 verurteilte das Landgericht Kiel drei Männer, darunter den späteren Anführer der Kieler Hells Angels Dirk R., wegen des gemeinschaftlichen gewerbsmäßigen Einschleusens von Ausländerinnen in ein Bordell zu Freiheitsstrafen, die höchste lag bei zwei Jahren und sechs Monaten. Da man in Deutschland üblicherweise aber nur zwei Drittel seiner Haft im Gefängnis verbringt, war selbst der am härtesten bestrafte Rocker nach 20 Monaten wieder draußen.

In Frankfurt wiederum kamen die Rocker noch glimpflicher davon. Dort sollen zwei Hells Angels vom Charter »Westend« über Jahre rumänische Prostituierte ausgebeutet haben. Nach Erkenntnissen der Polizei »kauften« die Rocker die Frauen bei Vermittlern. Jene reisten daraufhin als Touristinnen nach Deutschland ein und mussten in einem FKK-Club anschaffen.

In dem Bordell durften sich die Frauen nur nackt bewegen, das Etablissement zu verlassen war lediglich mit Erlaubnis möglich. Um noch mehr Geld aus ihren Leibeigenen herauszupressen, ließen die Rocker sie tagtäglich Eintritt in ihr Gefängnis bezahlen und dort Kondome kaufen. Irgendwann mussten die Frauen fast ihre gesamten Einnahmen bei den Zuhältern abliefern. Sie waren die meiste Zeit eingesperrt, Sexsklavinnen, die nur zur Befriedigung männlicher Gier existierten: der der Freier nach Sex und der der Rocker nach Geld. Das Verfahren gegen die Hells Angels wurde später gegen eine Geldstrafe eingestellt, womit das »öffentliche Interesse an einer Strafverfolgung beseitigt« worden sei, wie es im Sprachgebrauch der Juristen hieß.

Allerdings – und auch das gehört zur Wahrheit – sind die Gangs nicht nur in krumme Sachen verwickelt, viele Mitglieder machen ganz legale Geschäfte. Die Fachleute des BKA erkannten bereits 2010 »ein verbreitetes Engagement in gastronomischen, bordellartigen oder szenetypischen Betrieben wie Tattoo- und Piercingstudios, Motorradhandel und Sicherheitsunternehmen«. Allein Mitglieder der Hells Angels besaßen demnach 118 Firmen in Deutschland. Als besonders erfolgreich gelten dabei Hannovers und Frankfurts Höllenengel, die sich eine herausgehobene Stellung im Rotlicht sichern konnten. So sollen einige Hessen bundesweit an FKK-Clubs beteiligt sein.

Viele Rocker jedoch, so analysiert das BKA, verdienten ihr Geld »unter Anwendung von Gewalt«. Es sei daher denkbar, dass die Clubs auf diese Weise auch bei erlaubten Geschäften einen »territorialen und finanziellen Machtzuwachs« gegenüber konkurrierenden Banden anstrebten.

Nicht alle Biker sind also Kriminelle und Milieugrößen. Es gibt zahlreiche Mitglieder der Motorradclubs, die bürgerlichen Berufen nachgehen. Sie arbeiten unter anderem als Lkw-Fahrer, Elektriker, Lageristen, Kneipiers, Abbruchunternehmer, Dachdecker, Mechaniker, Grafiker und Klempner. Sie vertreiben Energy-Drinks und führen Event-Agenturen. Es gibt sogar einen guten Fotografen bei den deutschen Hells Angels. »Im Grunde genommen«, sagt ein Kriminalist, »machen die alles, was Geld bringt.« Und lieber noch machen sie alles, was viel Geld bringt.

Big Business

Besonders eindrucksvoll ist es in den vergangenen Jahren Hannovers oberstem Höllenengel Frank Hanebuth gelungen, nicht nur die Konkurrenz weg-, sondern sich auch in die besten Kreise vorzubeißen. Wenn der Hüne etwa anlässlich seines Geburtstages einlud, folgten einflussreiche Männer wie Staranwalt und Gerhard-Schröder-Intimus Götz von Fromberg dem Ruf des »Langen«. Auch andere Honoratioren zeigten sich jahrelang öffentlich mit dem Hells Angel, während bürgerliche Geschäftsleute die Durchsetzungsstärke des Ex-

Boxers priesen, der den Kiez an der Leine, das Steintorviertel, angeblich befriedet habe.

Unternehmerisch hatten sich die Rocker in Hannover gut eingerichtet, einige von ihnen sollen es gar zu Millionären gebracht haben. So waren Hells Angels nicht nur an Bordellen und Bars, sondern auch an einem Immobilienunternehmen, einer Getränkevertriebsgesellschaft (»Original 81«) und mehreren Security-Unternehmen beteiligt. Bei Großveranstaltungen in Hannover sorgten polizeibekannte Schläger für die »Sicherheit« der Besucher.

Nach Erkenntnissen des Landeskriminalamts (LKA) gingen Rockergruppen in Niedersachsen »arbeitsteilig, gezielt und systematisch vor«. Sie seien zum Teil wie Unternehmen aufgestellt und verfügten über »hochkarätige Anwälte, PR-Profis und weitere Spezialisten«. Es liege die Vermutung nahe, dass »illegale Einnahmequellen durch legale Aktivitäten überdeckt« würden.

Der damalige Rocker-Sonderermittler des LKA, Volker Kluwe, warnte bereits 2009 in mehreren Interviews vor den Entwicklungen in der Rockerszene Hannovers. In einem »Drei-Phasen-Modell« sei es den Hells Angels gelungen, tief in die Wirtschaftsstruktur der niedersächsischen Landeshauptstadt einzudringen. Obwohl sie dort nun unter anderem mit legalen Geschäften viel Geld verdienten, sei es dennoch »reine Organisierte Kriminalität«, der die Hells Angels nachgingen. Für die Polizei werde es immer schwieriger, den inzwischen im Geschäftsleben etablierten Rockern Straftaten nachzuweisen.

Gegen diese Äußerungen wehrte sich Angels-Boss Frank Hanebuth umgehend und forderte Kluwe über ein Schreiben des Rechtsanwalts Götz von Fromberg zum Wahrheitsbeweis für seine Aussagen auf. Großzügig bot das Duo aus Rocker und Rechtsanwalt dem Ermittler ein Gespräch an. Doch darauf ließ sich Kluwe nie ein.

Welche Wirkung der geschäftliche Erfolg und die langjährige Dominanz der Hells Angels in Hannovers Szeneviertel hatten, bekam ein Unternehmer vor einigen Jahren zu spüren. Der Gastronom wollte zu einem Fest am Steintor einen Delikatessenstand aufbauen. Man habe ihm jedoch deutlich gemacht, sagte er, dass er dazu nicht nur die Genehmigung der zuständigen Behörden brauche, sondern auch das Plazet des Rockerkönigs Frank Hanebuth. »Ich bin fast vom Stuhl gefallen, als ich das hörte«, empörte sich der Betroffene. »Wo leben wir denn eigentlich?«

Doch inzwischen ist die Stimmung in Hannover gekippt. Die öffentliche Ächtung der Rocker, die Aufrufe von Polizei und Gewerkschaften, Läden und Produkte der Hells Angels zu boykottieren, erschwerten die Geschäfte der Bande. Zwar brachte die Entscheidung Hanebuths, seine Sicherheitsfirma aus dem Amüsierquartier zurückzuziehen, kurzzeitige Entlastung. Doch am Ende musste er die Existenz seines bisherigen Charters »Hannover« opfern, um das Wohlergehen des gesamten Clubs in Deutschland zu gewährleisten. Viele Geschäfte der Hells Angels blieben davon jedoch unberührt – sie liefen einfach weiter.

Die Bandidos GmbH

Peter Maczollek und Leslav »Les« Hause sind für den Bandidos MC »Germany« so wichtig wie Uli Hoeneß für Bayern München oder Ferdinand Piëch für VW. Ohne die beiden Männer aus dem Ruhrgebiet läuft nichts bei den rot-goldenen Rockern in Deutschland.

Die Polizei wollte vor einigen Jahren beweisen, dass Maczollek und Hause die Köpfe einer kriminellen Vereinigung sind. Das Bochumer Kriminalkommissariat 21 hörte deshalb Telefone ab, verwanzte das Clubhaus der Rocker und überwachte deren E-Mail-Verkehr.

Die Ermittlungsakten belegten den Verdacht der Beamten zwar nicht, aber sie zeigen auf eindrückliche Art und Weise, wie die Bandidos im Ruhrgebiet ihre Macht im Rotlichtmilieu sichern und ihren zweifelhaften Ruf als harte Kerle für (halb-)legale Geschäfte nutzen. So verleihen sie Geld zu horrenden Zinsen und agieren im Hintergrund von Großveranstaltungen. Zudem sorgen sie dafür, dass Schnitzel und Wurst beim Discounter schön billig bleiben – wenn auch zu einem hohen Preis.

Die Realität in deutschen Schlachthöfen ist grausam, nicht nur für die Tiere. Damit an einem Standort täglich bis zu 20 000 Schweine als Koteletts und Würstchen enden, müssen mehr als 3000 Arbeiter die Tiere schlachten, das Fleisch zerteilen und am Ende die Hallen reinigen. Die meisten von ihnen sind osteuropäische Niedrigstlohnkräfte – angestellt bei polnischen oder rumänischen Sub-Subunternehmern der deutschen Schlachthofbetreiber.

Es gibt jedoch auch einige deutsche Geschäftemacher, die den gnadenlosen Preiskampf angenommen haben. Zu ihnen gehören die Bandidos-Häuptlinge Maczollek und Hause. Wie aus ihren abgehörten Telefonaten hervorgeht, spielen die Rocker seit geraumer Zeit eine entscheidende Rolle in dieser wenig appetitlichen Sparte der Nahrungsmittelindustrie. Demnach stellen Maczollek und Hause Arbeiterkolonnen zusammen, die das zerstückelte Fleisch portionieren und die Zerlegebetriebe säubern. »Peter kontrolliert die Verpackung, ich mach die Reinigung«, sagt Hause zu einem Bandido im Clubheim, während die Bochumer Kripo mithört.

Maczollek und Hause steuern regelmäßig Schlachthöfe an und kontrollieren, ob ihre Kolonnen die geforderte Leistung erbringen. Sie beordern beispielsweise per Handy den Vorarbeiter »Cowboy« und dessen »zehn Griechen« für sechs Euro Stundenlohn zur Fleischverarbeitung nach Duisburg. Ein Bandidos-Unterstützer fährt die Kolonnen in einem firmeneigenen Minivan herum.

Einem Mann, den die Rockerbosse zum Vorarbeiter machen wollen, offenbart Hause daher bei einem Gespräch im Clubheim die Kunst der niedrigen Lohnkosten: »Die Arbeiter kassieren Arbeitslosengeld oder sind auf 400-Euro-Basis eingestellt. Den Rest kriegen sie schwarz.« Dieser offensichtliche Betrug ist aktenkundig, angeklagt werden die Männer dafür allerdings nie. Denn abgehörte Gespräche lassen deutsche Richter nur als Beweise zu, wenn es um schwere Straftaten wie Mord oder Drogenhandel geht, nicht bei Schwarzarbeit.

Auf den Schlachthöfen und in den Zerlegebetrieben arbeiten viele ungelernte Hilfsarbeiter, oftmals sind es gering qualifizierte Menschen, die sich in ihrem Berufsleben nicht gerade Zuverlässigkeitspreise erworben haben. Ein hochrangiger Bandido erklärt, warum Rocker die richtigen Vorgesetzten in diesem Milieu sind: »Solche Leute brauchen klare Ansagen. Wenn da ein Waschlappen vorne steht, machen die, was sie wollen.«

Als Bosse der Bandidos leiden die dicken Kumpels Maczollek und Hause sicher nicht unter fehlender Autorität. Ihre Zugehörigkeit zu der Motorradgang ist sowohl den Arbeitern als auch der Konkurrenz bewusst. Im Ruhrgebiet sind sie so bekannt wie die Schalke-Legenden Ernst Kuzorra und Fritz Szepan.

Die Rockerchefs binden auch Geschäftspartner an ihre Gang. Marcel G., genannt »der Holländer«, mischt als Subunternehmer auf Schlachthöfen mit. Maczollek und Hause machen ihn 2008 zum »Hangaround« bei den Bochumer Bandidos, denn G. verfügt über viele interessante Geschäftspartner. Aus den abgehörten Telefonaten schließen die Fahnder, dass der »Holländer« mit seinen Kolonnen die Fabrikationsstätte eines großen deutschen Lebensmittelproduzenten reinigt.

Ihre Kontakte aus der Lebensmittelbranche nutzen die Chefrocker auch für andere Geschäftsfelder. So betreibt Hauses Ehefrau im münsterländischen Nottuln das Bordell »Lovefucktory«, das Sex »ohne Zeitbegrenzung für 99,99 Euro« anbietet. Doch trotz des Festpreises läuft der Laden 2008 nicht so recht. Selbst den knauserigsten Freier verlangt es nach Abwechslung, was in diesem Fall bedeutet: andere Frauen. Und das in Westfalen, wo man ansonsten Wert darauf legt, dass sich nichts verändert.

Auf dem Schlachthof hört Hause von einem polnischen Lkw-Fahrer, der in seiner Heimat junge Frauen anwerben könnte. Per SMS bekommt er die Handynummer des Frauenbeschaffers: »0163420xxxx marius der pole der das fleisch besorgen kann.«

Hause ruft sofort seine Frau an: »Der hat sehr viele Putzfrauen.«

Die Ehefrau: »Ja, ja, brauch ich dringend.«

Bochumer Ermittler hören mit, wie über die Konditionen gesprochen wird. Die Prostituierten sollen täglich 110 Euro bekommen. Ein Dumping-Lohn. Normalerweise verdienen die Frauen in der »Lovefucktory« 150 Euro am Tag.

Maczollek und Hause sind die Köpfe der deutschen Bandidos. Ihre Rockerkarrieren starteten sie bei den gelben Ghostridern in Gelsenkirchen, die später zu den Bandidos übertraten. Weil es in ihrer Heimatstadt Streit im Club gab, wechselten Maczollek und Hause ins Chapter nach Bochum.

Vor dem dortigen Vereinsheim an der Alten Wittener Straße stellt 2008 auch der Rocker Peter B., genannt »Bazi«, seine Harley ab. »Bazi« betreibt ein Bordell in Bochum und nutzt den Rockerclub, um seine lukrative Einnahmequelle zu schützen. Zehn bis elf Frauen mieten sich in dem Etablissement für 95 Euro pro Tag ein Zimmer. Macht täglich etwa 1000 Euro für den Betreiber, der in guten Monaten folglich 30 000 Euro einnimmt.

2008 befürchtet der Rocker den Kontrollverlust im Bochumer Rotlichtmilieu. Es wabern Gerüchte durchs Viertel, Duisburger Zuhälter mit Hells-Angels-Kontakten wollten die Bordelle übernehmen. Angeblich wurde ein »Ercan« gesichtet, hinter dem der Hells Angel »Adem« stehe, berichtet »Bazi« im Clubhaus. Das Gemunkel ist ein Tagesordnungspunkt für die gesamte Gang, obwohl nur »Bazi« in der Gegend Geld verdient. Denn wenn sich in ihrem Territorium der Gegner festsetzen könnte, wäre der Imageschaden für das ganze Chapter immens.

Zur Gefahrenabwehr startet »Bazi« eine Spionageoffensive. Er weist die Prostituierten in seinem Bordell an, alle verdächtigen Personen mit dem Handy zu fotografieren. Tatsächlich bekommt er ein Bild von einem Kuttenträger aufs Smartphone geschickt, das er sofort an seinen Rocker-Vorgesetzten Hause weiterleitet. Den Schnappschuss werten die Bandidos gemeinsam aus: Fehlalarm – der Mann trägt eine normale Lederjacke mit modischen Aufnähern, keine Kutte der Hells Angels. Dennoch bleibt die Lage angespannt. Als »Bazi« nach Mallorca fliegt, befürchtet er in seiner Abwesenheit einen Angriff. Clubkamerad »Eschli« Elten – der Mann fürs ganz Grobe – bekommt den offiziellen Auftrag, die Interessen der Bochumer Bandidos zu verteidigen. Als Rocker hat man immer den Clan im Rücken, vor allem wenn es ums Geld geht.

Eine Gemeinschaftsleistung der Bandidos ist auch die Tattoo-Convention in Dortmund. Offiziell betreibt eine Firma namens »Wildcat Deutschland GmbH« die Leistungsshow der Studiokünstler. Doch ohne die rot-goldenen Rocker läuft bei dieser Veranstaltung nichts: Die Bandidos übernehmen den Sicherheitsdienst und kontrollieren den Verkauf der Eintrittskarten. Zudem bestimmen sie im Vorfeld, wie viel Ausstellungsfläche für die clubeigenen Studios reserviert wird.

2008 begleicht der Veranstalter auch die Rechnungen für hochrangige Rocker im Dortmunder Hilton-Hotel. Als ein Bandido vor der Halle eine Limousine mit Werbetafeln für ein Bordell platzieren möchte, fragt er nicht den Veranstalter um Erlaubnis, sondern klingelt bei Maczollek an – und der verfügt: Für 100 Euro in die Clubkasse darf das Reklame-Auto abgestellt werden.

Der Bandido Peter »Bazi« B. moderiert die Tattoo-Show – gegen 1500 Honorar. Dabei verzichtet er bewusst auf seine Bandidos-Kutte und trägt lediglich ein schlichtes rotes Hemd zur graumelierten Mähne. Auch der Security-Dienst läuft nicht mit Clubabzeichen auf, schließlich geht es hier ums Geschäft, und da stören die Vereinsfarben bloß. Die Besucher sollen nicht durch Rocker-Präsenz verschreckt werden. Seitdem sich auch gelangweilte Banker und gestresste Hausfrauen Feng-Shui-Schriftzeichen oder weinende Indianer unter die Haut stechen lassen, wird bei solchen Messen viel Geld umgesetzt. In ganz Deutschland beanspruchen Rockerbanden das Monopol auf die einträglichen Ausstellungen: Hells-Angels-Shows werben meistens mit roten Plakaten, Messen in Bandidos-Gegenden sind überwiegend gelb gehalten.

Doch die Kuttenträger bewegen sich auch in Geschäftsfeldern, in denen normalerweise ohne Anzug und Krawatte gar nichts läuft.

Die Bochumer Bandidos besitzen zwar keine Lizenz des Bundesaufsichtsamtes für Finanzwesen, dennoch agieren sie wie eine Bank und verleihen Geld zu horrenden Zinsen. Allerdings ist die Kreditausfallquote wohl geringer als bei lizenzierten Instituten, was womöglich an der besonderen Kundenbetreuung der Rocker liegt, wie der Fall des Bottropers Dirk B. zeigt.

Im Januar 2008 pumpt sich B. mehrere tausend Euro bei den Bochumer Bandidos. 3000 Euro setzt Maczollek privat ein, der Rest kommt aus der Clubkasse. Wie hoch die Summe genau ist, können die Fahnder aus den abgehörten Telefonaten nicht herausfiltern. Dirk B. finanziert mit dem unkomplizierten Darlehen eigene Geschäfte. Er kauft Waren und liefert sie nachts mit einem Lastwagen aus, möglicherweise handelt es sich um Hehlerware. Auf jeden Fall kennen die Bandidos die Hintergründe.

Maczollek fragt am Telefon: »Ist der ganze Kram weg?«

Dirk B. antwortet: »Ich war bis fünf Uhr unterwegs. Es ist alles weg.«

Zwei Jahre lang besorgt sich B. immer wieder frisches Kapital bei den Banditen, die Rückzahlungen klappen reibungslos – bis zum Frühjahr 2008. Anscheinend missglücken damals einige nächtliche Geschäftsabschlüsse, und die Schuldenuhr bei der Rockerbank dreht sich immer schneller. Irgendwann ruft Dirk B. an: »Ich habe das Geld. 17 000. Plus 2800 für die Verzögerung.«

Der Zins beträgt 100 Euro pro Tag. Doch Dirk B. zahlt nicht. Entgegen seinen Beteuerungen kann er das Geld nicht aufbringen. Jedoch ignorieren die Bandidos Begriffe wie »Privatinsolvenz« oder »eidesstattliche Versicherung«. Die Rocker suchen stattdessen nach anderen Lösungen und sind dabei durchaus realistisch. Maczollek: »Unser Geld kriegen wir auch nicht wieder, wenn wir dem was vor die Birne kloppen.« Also soll Dirk B. seine Schulden auf Schlachthöfen und Baustellen abarbeiten. Wo, wie und wann er anzutreten hat, bestimmen die Bandidos, Leibeigenschaft im Ruhrgebiet des 21. Jahrhunderts.

Trotzdem klappt der Weg aus der Schuldenfalle irgendwie nicht so recht, weshalb Maczollek doch zu bewährten Verhaltensweisen zurückkehrt und Dirk B. zusammenschlägt. Daraufhin nennen ihn die anderen Bandidos »Mike Tyson«. Maczollek: »Der hat Scheiße wegen Geld erzählt. Jetzt liegt er mit Kopfschmerzen im Bett.«

Normale Menschen müssen schon sehr verzweifelt sein, wenn sie sich Geld bei den Bandidos oder Hells Angels leihen. Noch verzweifelter werden sie, wenn sie das Geld nicht zurückzahlen können, so wie der Gelsenkirchener Klaus L.

Der zweifache Familienvater betreibt einen Imbiss, weshalb ihn die Bandidos nur ihren »Dönerbudenmann« nennen. Anfangs vermuten die Fahnder, L. zahle den Rockern Schutzgeld, doch in Wahrheit hat der Gastronom bei Maczollek & Co. einen Kredit aufgenommen: In welcher Höhe und zu welchem Zinssatz ist nicht bekannt.

Fest steht jedoch, dass L. Ende 2007 massive Probleme bekommt, die Schulden zu begleichen. Er bettelt bei Hause um einen Aufschub. »Sonst kann ich meinen Kindern keine Weihnachtsgeschenke kaufen«, sagt Klaus L. am Telefon. Doch der Bandido lässt sich nicht erweichen und pocht auf die Einhaltung der Konditionen: »Du wolltest das Geld haben.«

Wie aus den mitgeschnittenen Telefonaten hervorgeht, verkauft Klaus L. daraufhin seine Imbissbude, Peter Maczollek kann 12 500 Euro in der Gaststätte abholen. Davon fließt ein Teil in die Vereinskasse der Bandidos. Noch stehen aber 14 000 Euro aus, und Klaus L. weiß nicht, was er noch zu Geld machen kann.

Am 5. Mai 2008 setzt er sich daher in Gelsenkirchen in einen bordeauxfarbenen Opel und fährt Richtung niederländische Grenze. In Hünxe am Niederrhein betritt er um kurz vor zwölf Uhr die örtliche Sparkasse. Maskiert mit einem Mundschutz hält er der Kassiererin eine Pistole vors Gesicht: Geld her, Überfall! Wie hoch seine Beute ausfällt, will die Polizei später nicht preisgeben. Bei seinem Rückzug aus der Bank verliert Klaus L. jedoch einen Teil des Geldes. Dann sehen Zeugen sein Gelsenkirchener Nummernschild und melden es der Polizei. Diese schnappt den Räuber 35 Minuten nach der Tat. Im Auto liegen die Restbeute und die Waffe – eine Spielzeugpistole.

Am 23. Juni 2008 sieht der Familienvater endgültig keinen Ausweg mehr. Er sitzt in Duisburg im Gefängnis und schreibt drei Abschiedsbriefe an seine beiden Kinder und seine Frau, dann erhängt er sich. Als die Ehefrau am Telefon über den Suizid informiert wird, mutmaßt sie, die Bandidos könnten etwas mit dem Tod zu tun haben. »Möglicherweise hat sich Klaus doch mehr Geld geliehen, als er bisher gesagt hat«, so die Witwe.

Die Bochumer Kripo muss ihre Mammutermittlungen gegen die Gang Anfang 2009 frustriert einstellen. Für schwere Straftaten wie Drogen- oder Anabolikahandel finden sie zwar eine Menge Indizien, aber keine Beweise. Die aufgedeckten Straftaten wie Steuerhinterziehung oder Körperverletzung klagt die Staatsanwaltschaft nicht an, die Telefonate hätten als Beweise vor Gericht nicht gezählt.

Im Mai 2010 unterzeichnen Maczollek und Hause in Hannover den sogenannten Friedensvertrag mit den Hells Angels. Ein SPIEGEL-TV-Reporter fragt den Bochumer Bandidos-Boss im Anschluss an die Rocker-Zeremonie, ob sie aus Angst um ihre Geschäfte unterschrieben hätten. Maczollek sagt: »Wir haben keine Geschäfte. Und wenn, sind es legale.«

Das schwarze Schaf

Der Hund winselt schon, es ist kurz vor 10 Uhr, Heiko G. schließt die Tür auf. Sein Dogo Canario, ein muskelstrotzender spanischer Wachhund, bellt und will sich an seinem Herrchen vorbei nach draußen drängeln, doch G. hält ihn zurück. Auf dem Fußabtreter nämlich liegt ein schwarzes Schaf, mit durchschnittener Kehle, die Beine mit einem Draht verschnürt. Auf der alten Holztreppe, die hinauf zur Wohnung führt, klebt überall Blut. Heiko G. ruft die Polizei, sicher ist sicher.

Der Kadaver auf der Türschwelle markiert den Tiefpunkt in einem Ermittlungsverfahren der Staatsanwaltschaft Potsdam. Es geht um Erpressung, ein Tattoostudio, Schutzgeld und natürlich geht es um die Hells Angels.

Die Geschichte spielt im brandenburgischen Beelitz, einer Kleinstadt südlich Potsdams, die auf märkischem Sand errichtet wurde. Das Klima ist mild, sowohl Erich Honecker als auch Adolf Hitler erholten sich hier. Der eine von seiner Arbeit als DDR-Staatschef, der andere von einer Verwundung im Ersten Weltkrieg. Heute macht Spargel die Bauern in der Umgebung reich, viele Polen kommen als Erntehelfer. Der Kleinstädter selbst dagegen hat es nicht so dicke, die Arbeitslosigkeit in Beelitz liegt bei zehn Prozent.

Einer dieser Kleinstadtbewohner ist Daniel T., 23, mehrfach vorbestraft, kein kleiner, aber auch kein wirklich großer Ganove. Offenbar hat T., nachdem er seine bisher letzte Gefängnisstrafe von fünf Jahren abgesessen hat, keine rechte Lust mehr, auf unehrliche Art und Weise Geld zu verdienen. So kommt er auf die folgenschwere Idee, ein Tattoostudio zu eröffnen. In Beelitz. Ob der Ex-Knacki befähigt ist, anderen Menschen Tinte unter die Haut zu stechen, sei einmal dahingestellt.

Was sich jedoch in der Szene herumgesprochen haben sollte, ist der Umstand, dass die Hells Angels in ihrem Einzugsgebiet keine Tätowierer dulden, es sei denn, die Rocker bekommen von den Nadelkünstlern ihren Zehnten. In diesem Fall sind es allerdings satte 25 Prozent der Erlöse, die der Anführer der Berliner »Nomads«, Holger »Hocko« Bossen, für sich beansprucht.

Die ersten drei Monate laufen richtig gut. Daniel T. tätowiert, führt Buch, listet seine Einnahmen auf und packt jeden vierten Euro in einen Umschlag – bar und ohne Quittung wird der dann den Hells Angels übergeben. Im Monat sind das nach Erkenntnissen der Ermittler immerhin zwischen 600 und 1200 Euro.

Doch der Deal mit Holger Bossen hält nicht allzu lange, denn ähnlich wie in der normalen Wirtschaft werden auch im Milieu Chefs schon einmal abgelöst. So muss auch Bossen seine »Nomads« im Unfrieden verlassen. Die neuen Herren aber haben frische Ideen für das Beelitzer Tattoostudio. Zuständig für die Kasse ist ab sofort Florian G., vorbestraft und eher Typ harter Hund als smarter Geschäftsmann. Mit festen Abgabesätzen jedenfalls gibt er sich nicht zufrieden.

Immer wenn G. Geld braucht, und er braucht oft Geld, stiefelt er zum Geschäft des Tätowierers Daniel T. und holt sich welches.

Um seinem Anliegen Nachdruck zu verleihen, führt der Hells Angel stets zwei Hämmer mit sich. Einer steckt vorne im Hosenbund, einen trägt er hinten am Gürtel. Letzterer ist für die größeren Probleme gedacht und eine Art Vorschlaghammer. Der kleine, ein sogenannter Ingenieurhammer, wird zum Dengeln von Blechen und Fingern verwendet. Der schnelle Hieb führt bei säumigen Zahlern meist zum sofortigen Erfolg. Im Tattoostudio angekommen, legt Florian G. stets den Dengelhammer auf den Tresen. T. fragt nie, was das soll, er weiß auch so Bescheid.

Irgendwann kann Daniel T. die Miete für seinen Laden nicht mehr zahlen und pumpt sich bei einem, von dem er denkt, er meine es gut mit ihm, 1000 Euro. Der Tageszins liegt bei nicht gerade üblichen 100 Euro. Ruck, zuck belaufen sich die Schulden des Tätowierers auf 4000 Euro, und natürlich gibt es darüber nichts Schriftliches. Der Stärkere bestimmt die Spielregeln respektive die Rückzahlungsmodalitäten.

Weil er nicht mehr zahlt, drängen die Rocker den Tätowierer T. aus seinem Laden. Am Telefon ist ihm zuvor der Nutzen von scharfkantigen Drahtschlingen erklärt worden, die unter anderem zum »Abschneiden deiner Eier« dienen könnten. Mit Heiko G. übernimmt daraufhin ein neuer Mieter das Studio, auch er hat seine Abgaben zu leisten, der Anteil der Angels am Gewinn soll natürlich nicht geringer werden. Doch der Laden läuft nicht mehr, wer will sich schon in Beelitz tätowieren lassen?

Kurze Zeit später schließt Heiko G. das Studio, was die Hells Angels allerdings nicht hinnehmen wollen. Mehrfach verlangen die Rocker den Schlüssel für das Geschäft, weil sie das darin befindliche Inventar verkaufen wollen. G. weiß nicht mehr, was er tun soll; zur Polizei zu gehen, traut er sich nicht. Doch an dem Tag, an dem der Hund winselt und ein totes Schaf vor seiner Tür liegt, hat auch er genug.

Als Heiko G. sich bei den Ermittlern den ganzen Frust von der Seele redet, haben die Kriminalbeamten schon die Aussagen von Daniel T. in ihren Akten. Es kommt zum Prozess. Letztlich verurteilt das Landgericht Potsdam im Dezember 2010 drei Hells Angels zu mehrjährigen Haftstrafen. Rayk Freitag, 42, Karatekämpfer und Mitglied der »Nomads«, muss wegen Beihilfe zur räuberischen Erpressung für ein Jahr ins Gefängnis. Die beiden Hauptangeklagten Florian G., 23, und Frank V., 42, wandern für viereinhalb beziehungsweise fast drei Jahre hinter Gitter. Bei Florian G. sieht die Kammer es zudem als erwiesen an, dass er das schwarze Schaf gestohlen, getötet und dem Tätowierer vor die Tür gelegt hat. Die Vorsitzende Richterin empört sich: »Das ist ja der Gipfel. Das grenzt schon an Mafia-Methoden.«

TELEFONIEREN ZWEI HELLS ANGELS ...

Hells Angel A.: Jau.

Hells Angel B.: Ja, hallöchen, (...) na wie jehts?

Hells Angel A.: Na mir jehts jut.

Hells Angel B.: Okay, okay, okay, äm folgende Frage, wie sieht's aus kann ick mich heute fürs Meeting entschuldigen?

Hells Angel A.: Wieso?

Hells Angel B.: Zwecks Arbeit.

Hells Angel A.: Ach so, bist arbeiten.

Hells Angel B.: Ja, genau.

Hells Angel A.: Okay.

Hells Angel B.: Jut, okay, super. Äh ... weil ansonsten fahr ick denn Mittwoch eh rin, zum G-Hof und würde mir denn da direkt die Informationen holen. Weeßte?

(...)

Hells Angel A.: Mir is det scheißejal, ick hab dir ja jesacht, wat, äh, ääh, in dem Moment, wo du Member jeworden bist, is dit dein Business.

Hells Angel B.: Jut, okay.

Hells Angel A.: Also, ick hab damit soviel zu tun wie ne, ääh, Kuh mit 'n Seiltanzen, weeßte?

Hells Angel B.: (lacht) Jut, okay, super, allet klar denn.

Der Mann mit dem Koks ist da

Stretchlimousine, 17 verschiedene Kuchen und eine Lasershow am Nachthimmel über Dortmund. So feiert der Bandidos-Boss Peter Maczollek 2008 Hochzeit. Die Braut in Weiß, der Rocker in Kutte und auf der Gästeliste fast nur Clubkameraden – eine standesgemäße Trauung im Rockermilieu.

Wie sich später herausstellt, naschen die Gäste nicht nur am 30 Meter langen Buffet. Bandido Peter B. sagt in einem Telefongespräch

Hells Angel A.: Dit is dein Jeschäft, ob de dit jetzt den Bach runterjehen lässt, oder 'n andern Tätowierer dir holst, is allet deine Sache.

Hells Angel B.: Jut, okay, super.

Hells Angel A.: (unverständlich) Dit is unser Jeld, wa also.

Hells Angel B.: Deswegen jenau ditte, weil dann werd ick nämlich allet daransetzen, dass it läuft, weeßte?

Hells Angel A.: Weil dat is ja nun, weil jehörte ja och zu unser Abmachung.

Hells Angel B.: Richtig, jenau deswegen: Darum jehts mir ja och mit hauptsächlich, weil, weil is ja keene Frage weeßte, dass ick da nich im Jeringsten irjendjemand hängen lasse, ob et Potsdam is oder du bist, weeßte, is ja keene Frage.

Hells Angel A.: Ja.

Hells Angel B.: Jut, okay, dann kann ick mich für mich dazu darum hundeliprozentig kümmern, dass et irjendwie, irjendwie weiterjeht, weeßte?

Hells Angel A.: Ja.

Hells Angel B.: Super, allet klar

Hells Angel A.: Bis später.

Hells Angel B.: Bis denn, (...) tschü.

Von der Polizei abgehörtes Telefonat, Verschriftung erfolgte durch Kriminalobermeister K.

über den Partyverlauf: »Ich habe noch ein bisschen gekokst und bin irgendwann nach Mitternacht abgehauen.«

Das euphorisierende Pulver Kokain gehört zur Rockerszene wie die Weißwurst zu München. Anscheinend ertragen viele Hells Angels und Bandidos ihre Vereine nur mit Nasenzucker. »Da läuft momentan viel aus dem Ruder«, bestätigt ein hochrangiger Bandido erstaunlich selbstkritisch.

In der Satzung der Gang heißt es unter Punkt 32 etwas holprig: »Jeglicher Kontakt mit Heroin, Pilzen (Mushrooms), LSD, Fantasy, Ecstasy oder Kokain rauchen ist verboten.« Demnach aber ist das Schnupfen von Kokain ausdrücklich erlaubt – und die Rocker nutzen dieses von ihrer Verfassung garantierte Grundrecht.

Bei einer Razzia im April 2012 im Bochumer Vereinsheim finden Polizisten Kokain im Billardtisch. Vier Jahre zuvor hört die Kripo einen Dialog aus der verwanzten Rockerbude mit. Ein Bandido betritt den Konferenzraum und begrüßt einen wahrscheinlich koksenden Kumpel mit den Worten: »Aaah, Herr B., ein Näschen.«

Wer viel konsumiert, überlässt den Handel mit den renditestarken Betäubungsmitteln ungern anderen Herrschaften. Außerdem stimmen bei den Rockerclubs die Voraussetzungen für erfolgreiche Geschäftsabschlüsse. Hells Angels und Bandidos besitzen die nötige Macht und ausreichend Personal, um im Drogengeschäft nicht nur die Rolle des Konsumenten einzunehmen, wie der Fall des Berliner Bandidos Ümit G. zeigt.

Am 7. Juni 2012 stürmt um 5.10 Uhr ein Spezialeinsatzkommando die Wohnung des türkischen Rockers, damals 33, im Berliner Norden. »Die Wohnung machte insgesamt einen sehr verwohnten, ungepflegten und dreckigen Eindruck«, schreibt ein Oberkommissar später in den Durchsuchungsbericht. In den viereinhalb Zimmern haust der Hartz-IV-Empfänger mit seiner Frau und vier Kindern. Laut Haftbefehl hat Ümit G. einen Drogen-Lieferservice organisiert, der Kokain und Haschisch den Süchtigen an die Haustür bringt. Sein schmutziges Geschäft basiert auf den Strukturen des Rockerclubs, glauben die für Organisierte Kriminalität zuständigen Staatsanwälte der Abteilung 254.

Ümit G. hat in den vergangenen 15 Jahren fast alle Bereiche des Strafgesetzbuches beackert: Vergewaltigung (1997), Verstoß Cannabis (2000 und 2007), illegaler Handel mit Kokain (2002 und 2004), Zuhälterei und schwerer Menschenhandel (2003), Fahren ohne Fahrerlaubnis (2008), Bildung bewaffneter Gruppen (2010). Die umfängliche Liste seiner Vergehen hat einer Karriere bei den Bandidos aber nicht geschadet, im Gegenteil.

In der schwer umkämpften Hauptstadt setzen die Clubs auf Männer wie den korpulenten Türken. Bei den Bandidos »del Este« aus dem Vorort Hennigsdorf stieg er zum »Sergeant at Arms« auf und war verantwortlich für die interne Disziplin und die externe Bekämpfung der Berliner Hells Angels.

Die europäische Führungsebene der Gang befördert G. später sogar zum »Nomad«. Die Nomaden bilden eine Art mobiles Einsatzkommando und unterstehen als Leibgarde des Präsidenten direkt dem dänischen Europa-Boss der Bandidos, Jim Tinndahn, genannt »Big Jim«. Sie schlagen überall dort auf, wo Bandidos in Schwierigkeiten stecken. Was häufig der Fall ist.

Sein Einsatz für die Motorradgang soll für den Türken weder umsonst noch vergebens gewesen sein. Mit der Macht und dem Personal des Clubs baut Ümit G. offenbar sein Drogengeschäft auf. Die Konsumenten bestellen per Handy bei dem hochrangigen Rocker. Die Ermittler sind sich sicher, anhand abgehörter Handygespräche 124 Deals nachweisen zu können. Als Lieferanten zum Endverbraucher setzt Ümit G. demnach ihm unterstellte Männer ein. Seine wichtigsten Fahrer waren die Bandidos-Anwärter Teczan und Olcay A., Anführer des Unterstützerclubs Bulldogs »del Este«. Ihnen kauft Ümit G. ein Kurierauto und bezahlt die Kfz-Steuer.

Die Kokainkonsumenten können ihre Droge auch in zwei Cafés in den Berliner Stadtteilen Moabit und Wedding kaufen. Angemietet hat die Geschäftsräume der Bandido Alexander H., den der Boss für seine

Tätigkeit als Strohmann monatlich mit 150 Euro abfindet. Bei der Razzia am 7. Juni entdecken Polizisten in dem Etablissement 70 Gramm Marihuana und 24 Gramm Kokain, möglicherweise die nicht verkaufte Ware des Vortages.

Das Drogengeschäft wirft anscheinend satten Gewinn ab. Der Aussteiger Daniel N., ehemaliger Vize-Präsident der Bandidos »del Este«, berichtet den Ermittlern von der enormen Liquidität des Hartz-IV-Empfängers: »Ümit G. prahlte mir gegenüber damit, dass er in seiner Wohnung Bargeld in Höhe von 50 000 Euro versteckt habe.«

Hells Angels und Bandidos haben sich zu weltweiten Imperien ausgedehnt, auf allen Kontinenten existieren Filialen der beiden Rockerclubs – nur in Afrika gibt es keine Bandidos. Die internationale Vernetzung eignet sich hervorragend für illegale Geschäfte, denn wer mit Waffen oder Drogen handelt, muss vorsichtig agieren.

Lieferant und Empfänger wollen nicht auf Betrüger oder verdeckte Ermittler hereinfallen. Wenn beide Seiten eine Rockerkutte tragen, ruht das illegale Treiben auf einer soliden Vertrauensbasis. Kein Rocker würde bei einem Deal seinen »Bruder« (offensichtlich) übers Ohr hauen, müsste er doch die Rache des gesamten Clubs fürchten.

Wie Handelsabkommen in der Rockerszene funktionieren, dokumentiert ein Urteil des Landgerichtes Aachen. Die 4. Große Strafkammer schickt 2005 den Niederländer Marciel B. aus der Grenzstadt Kerkrade für mehr als sieben Jahre ins Gefängnis. Als Bandidos-Anführer in Aachen ist der Mann lange Zeit ein kompetenter Ansprechpartner für Suchtfragen im Kilobereich, weshalb die Chapter »Frankenthal«, »Kaiserslautern« und »Hamm« bei B. Kokain und Amphetamine ordern.

Als Bestellbörsen nutzen die Geschäftspartner die zahlreichen Partys des Clubs. Es ist ein ungeschriebenes Gesetz in der Szene, solche Deals nicht am Telefon zu besprechen. Wer es dennoch tut, gilt in der Gang als unzuverlässig. Der Aachener Chefrocker besorgt die Drogen in seiner niederländischen Heimat und lässt die Ware von Rangniederen über die Grenze schaffen. Auf Autobahnparkplätzen wechselt der Stoff dann den Besitzer.

Kokain ist ein riesiges Geschäft in der Republik. Wissenschaftler schätzen, dass die Deutschen jedes Jahr ungefähr 20 Tonnen der Droge schnupfen, spritzen oder rauchen. Wenn man den Verkaufspreis von mindestens 100 Euro für ein Gramm reines Kokain hochrechnet, ergibt das einen Jahresumsatz von zwei Milliarden Euro. Wie viel Geld davon bei den Rockerclubs hängen bleibt, kann niemand seriös sagen.

Allerdings spricht eine zuletzt heftig geführte Debatte innerhalb der Bandidos für einen ausufernden Kokainkonsum und den damit häufig einhergehenden Handel. Im Mexikaner-Lager verhärten sich die Fronten zwischen Koksern und Nicht-Koksern. »Ich habe keinen Bock mehr auf Leute, die tagelang zugedröhnt auf einem Treffen rumhängen. Die machen nur Theater, leihen sich Kohle für Stoff, die sie eh nie zurückzahlen«, sagt ein hochrangiger Bandido nach dem Europa-Run in Spanien im Sommer 2012. Anschließend verhängen einzelne Abteilungen sogar Kokain-Verbote für ihre Clubheime – das hat es noch nie gegeben bei den »Hüten«.

Die Starkmacher

In den siebziger und achtziger Jahren trug der Vorzeige-Rocker eine Vokuhila-Frisur, Cowboystiefel an den Füßen, und aus den Musikboxen im Clubheim dröhnten Deep Purple und AC/DC. Mittlerweile hat sich die Gangmode radikal gewandelt. Musterexemplare warten heute mit Glatze, Turnschuhen und – ganz wichtig für das Erscheinungsbild des modernen Rockers – riesigen Oberarmen auf.

Viele Hells Angels und Bandidos verbringen weitaus mehr Zeit auf der Hantelbank als auf der Harley. Ihre Muskeln züchten sie mit viel Training und noch mehr Chemie. Anabole Steroide sind beliebt in der Szene. Die Botenstoffe beauftragen den menschlichen Körper, möglichst große Muskelfasern aufzubauen, allerdings verkümmern als Nebeneffekt die Hoden. Man kann nicht alles haben.

Wenn die Polizei die Wohnung eines Bandidos oder Hells Angels durchsucht, finden sie neben Messern und Macheten fast immer

Ampullen mit gelblichem Inhalt. Anfang Juni 2012 verhaftet die Berliner Polizei den mutmaßlichen Drogenkurier und Bandidos-»Supporter« Olcay A. im Stadtteil Wedding. Im Durchsuchungsbericht listet ein Kriminalhauptkommissar die Funde in der Hartz-IV-Unterkunft auf: ein Revolver Röhm, ein zerlegter Revolver, eine schusssichere Weste, zwei Nokia-Handys, zwei Samsung-Handys, zwei Sony-Ericsson-Handys, ein Überlebensmesser, ein Einhandmesser, eine Bandidos-Mütze und ein Zehn-Milliliter-Fläschchen Testosteron.

Die künstlichen Aufbaupräparate gehören mittlerweile fest zum Rockerinventar. Einige legen auf ihre dicken Arme – und damit auf die Hormone aus der Flasche – selbst im Knast so viel Wert, dass sie sich die Präparate hineinschmuggeln lassen. In einem aufgefundenen Brief schreibt der wegen Totschlags einsitzende Bandido Konstantin S. an seine Brüder in Freiheit: »Ich brauche Trenbolon, zweimal zehn Milliliter. Und Spritzen.« Trenbolon ist ein anaboles Steroid, das 15-mal stärker wirkt als das körpereigene Testosteron.

In Deutschland existiert ein riesiger Bedarf an den Wachstumsbeschleunigern. Als Wissenschaftler Fitnessstudio-Kunden zum persönlichen Einsatz der Chemiekeule befragten, kreuzten bei Anabolika 20 Prozent »Ja« an, Tendenz steigend. Kriminalisten wissen, dass mit den Ampullen und Tabletten mehr Geld verdient werden kann als etwa mit Heroin, die Gewinnmargen sind bedeutend besser.

Wo dunkle Geschäfte einen schnellen Euro versprechen, sind die Rockerclubs nicht weit, zumal sie als Konsumenten mit Anabolika bestens vertraut sind. Die weitverzweigten Clubkontakte bieten einen idealen Beschaffungs- und Absatzmarkt. Allein auf der deutschen Mitgliederliste stehen mittlerweile 1200 Bandidos, Unterstützer und Sympathisanten nicht mitgerechnet. Das aber sind allesamt Männer, die eisern schweigen können, wenn die Polizei Fragen zu geschwollenen Oberarmen stellt. Außerdem gelingen Geschäfte innerhalb der Gang deutlich besser, weil beide Seiten sich aufeinander verlassen können. Das hilft vor allem, wenn bei einem Deal mal etwas danebengeht.

»Angels Place« Hannover: Bis zu seiner Schließung war der Club das mächtigste Charter der Hells Angels in Deutschland.

Frank Hanebuth (links) und Peter Maczollek (rechts) besiegeln im Mai 2010 per Faustschlag den Waffenstillstand in Hannover. In der Mitte steht Hanebuths Anwalt Götz von Fromberg.

Rayk Freitag war 2001 Deutscher Meister im Karate. Seine Aggressivität lässt der Hells Angel auch Polizisten und gegnerische Rocker spüren.

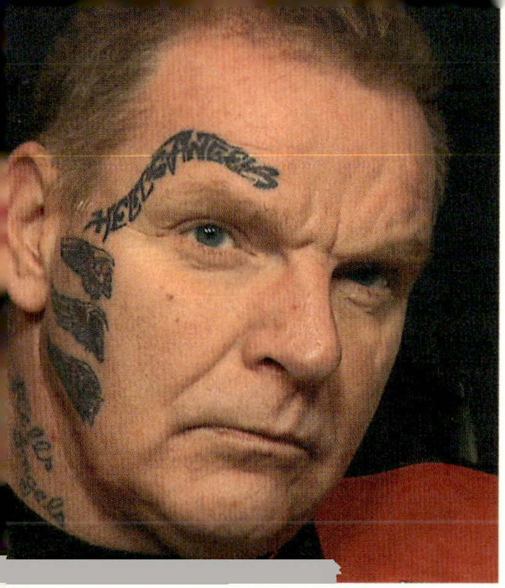

Christian Müller (2012): Der Düsseldorfer wird in der Szene nur »Müll« genannt.

Rudolf »Django« Triller ist der Pressesprecher der deutschen Hells Angels.

Frank Hanebuth war bis 2012 der wichtigste Strippenzieher bei den Hells Angels. Möglicherweise ist er es immer noch.

»Expect No Mercy« – Erwarte keine Gnade. Wenn ein Bandido einen solchen Aufnäher trägt, hat er wahrscheinlich einen gegnerischen Rocker schwer verletzt oder sogar getötet.

Peter Maczollek (2009): Der Gelsenkirchener ist der Deutschland-Chef der hierarchisch organisierten Bandidos.

Der Berliner Kadir Padir war Präsident der gefürchteten Bandidos »Centro«.

Leslav »Les« Hause gilt als der beste Freund von Peter Maczollek und der zweitwichtigste Bandido in Deutschland.

Ein Wandteller
zum Geburtstag.
Rocker legen viel Wert
auf kleine Geschenke.

Im November 2012 posieren Hells Angels für die Presse in Krefeld. Viele trugen kurz zuvor noch die Abzeichen der Bandidos.

Prozess in Duisburg: Frank Hanebuth (rechts) und André Sommer gehen an der Spitze der Höllenengel-Delegation.

Der ehemalige NPD-Spitzenfunktionär Peter Borchert (Sonnenbrille) trägt seit 2009 eine Bandidos-Kutte.

Bandidos aus ganz Europa fahren 2009 zur Beerdigung von »Eschli« Elten.

Beisetzung von »Eschli« Elten: Hunderte Rocker stehen vor der Trauerhalle in Gelsenkirchen.

Peter Maczollek (schwarze Kapuze) und Leslav Hause (Sonnenbrille) tragen den Sarg von »Eschli« Elten.

Grischa Vowe war der mächtigste Bandido in Ostdeutschland. 2012 lief er zu den Hells Angels über.

André Sommer (Mitte): Der ehemalige Hooligan wurde 2012 Opfer eines Mordanschlags.

Holger »Hocko« Bossen ist bei den Hells Angels rausgeflogen. Er soll in die Clubkasse gegriffen haben.

Die Bochumer Kripo filtert im Jahr 2008 aus abgehörten Telefonaten, dass ein Anabolika-Handel die deutsch-dänischen Rockerbeziehungen belastet. Wahrscheinlich hat der Bochumer Bandido Jürgen B. eine größere Menge Anabolika bei einem dänischen »Bruder« gekauft. Der Deutsche wiederum vertickt die Aufbaupräparate weiter nach Magdeburg, so die Rekonstruktion der Fahnder, doch irgendetwas geht schief. Wahrscheinlich sind die Medikamente gefälscht und erzielen keine Wirkung. Die Verbraucher in Sachsen-Anhalt fühlen sich jedenfalls vom Westen über den Tisch gezogen.

Ziemlich verärgert meldet sich der Magdeburger Bandido bei seinem Bochumer Lieferanten. Normalerweise codieren Rocker ihre Sprache, wenn sie über Drogen oder Anabolika am Telefon sprechen. Doch diesmal ist der Ostdeutsche anscheinend zu wütend und sagt unverhohlen: »Das Zeug ist höchstens für Ponys.«

Für den Bochumer Zwischenhändler steht nicht nur sein Ruf als Geschäftsmann auf dem Spiel, er muss den Rauswurf aus dem Club fürchten. Deswegen wird er wegen der Mecker-Ossis sofort aktiv und schickt eine SMS nach Dänemark zu seinem Lieferanten: »Erinnerst du dich an den großen Typen? Die waren interessiert an bbs Reifen, haben diese abgeholt, aber jetzt reklamieren sie die Qualität. Nicht original, Kopie, falsch, etc. Sie wollen sie zurückgeben.« Der Däne indes verweigert die Rückabwicklung per Kurznachricht: »Es ist nicht gefälscht, ich habe die Reifen an meinem eigenen Auto getestet. (...) Ich habe bereits bezahlt, also ist keine Rückgabe möglich.«

Wie der Handelsstreit ausgeht, kann die Kripo nicht mitschneiden. Es gibt aber Hinweise darauf, dass das gesamte Geschäft nach einem Labortest rückgängig gemacht wird. Rocker genießen offenbar einen Verbraucherschutz, in dessen Genuss andere Konsumenten nicht kommen. Vor allem aber haben Händler in Kutten selten Schwierigkeiten mit einer mangelnden Zahlungsmoral ihrer Klienten. Schließlich helfen säumigen Schuldnern gerne die »Brüder« auf die Sprünge – gegen ein gewisses Entgelt, versteht sich.

KAPITEL 8

KRONZEUGEN, VERRÄTER, KRUMME VÖGEL

Wenn Rocker reden

Unbedingt Klappe halten!

Mit der italienischen Mafia teilen die Rocker manche Gemeinsamkeit, doch eine ist besonders ausgeprägt: Hier wie dort gilt ein generelles Schweigegebot den staatlichen Strafverfolgungsinstanzen gegenüber. Regel Nr. 34 der »MC Germany Rules« der Hells Angels besagt: »Bei Verhaftung – nur Name und Rechtsanwalt.«

Selbst wenn man wie der später ermordete Höllenengel Robert K. von der gegnerischen Seite zusammengeschlagen worden ist, erzählt man, man sei von einer Leiter gefallen. Selbst wenn man sich wie der Hells Angel André Sommer mit einem abgebrochenen Messer im Rücken selbst ins Krankenhaus einliefern muss, kann man sich angeblich an nichts erinnern. Und selbst wenn man wie der Bandido Heino B. nach einem Stich in den Bauch um sein Leben ringt, steht eines unumstößlich fest: Man hält die Klappe!

In der Welt der Rocker regelt man die Dinge lieber unter sich, alttestamentarisch, nicht rechtsstaatlich: Wie du mir, so ich dir, ist die Devise, wobei die Gangs bei der Revanche gerne immer eine Schippe drauflegen, was nicht unbedingt zur allgemeinen Befriedung beiträgt. Aber das ist ein anderes Problem. Das erste Gebot der Motorradbanden lautet jedenfalls: Du sollst nie, nie, nie beim »Trachtenverein« aussagen.

Für Polizei und Staatsanwaltschaften bedeutet diese Verschwiegenheit der Szene wiederum, dass ihnen Einblicke in das Binnenleben der Rockerwelt selten gelingen. Hinzu kommt, dass bei der geltenden

Rechtslage in Deutschland verdeckte Ermittler in einer Rockergang noch unwahrscheinlicher sind als ein Hells Angel als Bundesinnenminister. Anders als etwa in den USA dürfen Undercover-Polizisten hierzulande keine Straftaten begehen – was auch die Rocker wissen. Daher achten sie zum Beispiel bei einer Kneipenschlägerei sehr genau darauf, wer zulangt und wer lieber Platz behält.

Bleiben also noch die Ehemaligen. Denn wenn die Gangs auch den Eindruck erwecken wollen, sie seien ein Bund fürs Leben, sieht die Realität doch anders aus. In der Praxis ist es durchaus möglich, die Clubs zu verlassen – wie so oft ist das lediglich eine Frage des Verhandlungsgeschicks und des Geldes. Es gibt Hunderte, vielleicht Tausende Ex-Rocker in Deutschland, und viele von ihnen schieden nicht im Guten. Doch auch die Ausgestoßenen wissen, dass sie besser dichthalten, als ihren früheren »Brüdern« noch nachträglich einen einzuschenken. Andernfalls kann es auch im zivilen Leben ziemlich ungemütlich werden.

Es finden daher überhaupt nur noch die den Weg zu Polizei und Staatsanwaltschaft, die bis über beide Ohren selbst in Schwierigkeiten stecken. Diese Männer sind in einer fast ausweglosen Lage und suchen einen Handel mit den Behörden, Informationen gegen Milde: Ich erzähle euch etwas, dafür muss ich nicht so lange ins Gefängnis. Natürlich ist es für die Rocker-Anwälte da oft ein Leichtes, den Leumund dieser kriminellen Kronzeugen in Zweifel zu ziehen.

Hinzu kommen weitere Schwierigkeiten. Aussteiger wollen sich meist so teuer wie möglich verkaufen und neigen daher zu Übertreibungen. Zudem sind diese Männer nicht selten psychisch labil oder abhängig von Drogen. Sie befinden sich in einer Situation, in der sie nicht nur mit dem Wichtigsten in ihrem bisherigen Leben vollständig gebrochen haben, sondern auch um ihre Sicherheit und die ihrer Angehörigen fürchten müssen.

Doch auch ihre Gegenseite ist nicht vollkommen neutral und über jeden Zweifel erhaben. Anders als etwa in den Vereinigten Staaten werden die deutschen Zeugenschutzprogramme meist von den Ämtern organisiert, die auch die Ermittlungen führen – und die deswegen Erfolge sehen wollen. Da ist es nicht ausgeschlossen, dass ein ehrgeiziger Kriminalist schon einmal etwas mehr Druck auf den Aussteiger ausübt, als eigentlich zulässig (und sinnvoll) wäre.

Nein, man kann nicht sagen, dass Ex-Rocker immer exzellente Quellen sind, um mehr über das Binnenleben der Clubs zu erfahren. Aber die Behörden haben nun einmal kaum bessere Möglichkeiten – weshalb sie sich auf Typen wie die folgenden einließen.

Der Kugelblitz phantasiert

Steffen R. ist ein kleiner, massiver Mann, den frühere Weggefährten wegen seiner Leibesfülle »Kugelblitz« nennen. Bis die Polizei ihn im Mai 2011 verhaftete, war R. Gründer und Präsident der Legion 81 in Kiel, eines Unterstützerclubs der dortigen Hells Angels, zuständig für Grobheiten aller Art und die Drecksarbeit im Milieu.

Seine Karriere ist in vielerlei Hinsicht typisch für einen Rocker, der Halt sucht, Schutz und Stärke, feste Regeln und klare Ansagen. Geboren in Naumburg an der Saale (Sachsen-Anhalt), wuchs Steffen R. zunächst bei seinen Großeltern auf. Er war sieben, als er zu seinen Eltern und den sieben jüngeren Geschwistern zog. Der Alltag sei von Alkoholmissbrauch und sexuellen Übergriffen geprägt gewesen, wird R. später vor Gericht sagen.

Steffen R. riss von zu Hause aus, landete in Kinderheimen, lebte auf der Straße. Er sah angeblich, wie sich ein Junge mit Benzin übergoss und anzündete, weil er den Drill und die Schikane in einem DDR-Heim nicht mehr ertrug. Damals habe er sich entschieden, behauptete R.: »Ich wollte nie wieder Opfer sein im Leben.«

Also wurde Steffen R. Täter. Er lernte Koch, hielt sich aber vor allem mit Diebstählen, Einbrüchen und als Türsteher über Wasser. Bis 2007 erledigte er »verschiedene Arbeiten im Milieu«, wie er sagte, oder saß in Haft. Eine Ehe scheiterte, zwei Kinder stammen aus »losen Beziehungen«.

Schließlich verschlug es R. nach Schleswig-Holstein, und er knüpfte ausgerechnet in einem Sozialladen für ehemalige Straftäter Kontakte zu den Hells Angels. Der Zusammenhalt der Gang, die vorgebliche Bruderschaft, das habe ihm imponiert, sagte er hinterher. Mit 30, 40 Mann seien sie zum Beispiel in eine Diskothek einmarschiert: »Da gehen die Leute auseinander.« Plötzlich war Steffen R. wer.

Doch seine neuen Freunde von den Hells Angels ahnten wohl nicht, dass R. schon damals eine Vergangenheit als Polizeispitzel hatte. Wie aus vertraulichen Unterlagen hervorgeht, betätigte sich R. bereits 2002 als V-Mann des Landeskriminalamts (LKA) Sachsen-Anhalt in der Rockerszene, Deckname »Herzbube«. Die nicht sehr erfolgreiche Kooperation zwischen Kugelblitz und Kripo endete allerdings mit einem großen Knall.

Steffen R. zeigte seinerzeit mehrere Beamte an – unter anderem seinen V-Mann-Führer Holger G. wegen des angeblichen Verrats von Dienstgeheimnissen. Doch außer R.s Behauptungen und denen seiner damaligen Frau konnten die Ermittler nichts Belastendes gegen den Mann finden. Das Verfahren wurde eingestellt.

Sodann warnte am 1. September 2003 das LKA Sachsen-Anhalt in einem Rundschreiben (»VS – Nur für den Dienstgebrauch«) alle Landeskriminalämter, das Bundeskriminalamt, das Zollkriminalamt und den Bundesgrenzschutz ausdrücklich »vor einer Zusammenarbeit« mit Steffen R.: Er »hat sich mehrfach als unzuverlässig erwiesen«, schrieb ein Erster Kriminalhauptkommissar seinen Kollegen in der Republik, »und sich Dritten offenbart. Es wurde festgestellt, dass er sich Informationen über die Vorgehensweisen der Polizei beschaffen wollte, um selber gefahrlos Straftaten begehen zu können.« Diese Warnung allerdings würde die schleswig-holsteinischen Ermittler acht Jahre später nicht davon abhalten, sich stärker auf R. zu verlassen als jede andere Behörde zuvor.

2011 sieht sich der Ex-Boxer in Kiel einem Ermittlungsverfahren gegenüber, in dem es unter anderem um Zuhälterei, räuberische Erpressung, schweren Menschenhandel, gefährliche Körperverletzung und Bedrohung geht. Acht Monate lang sitzt der Angels-Unterstützer in Untersuchungshaft und schweigt, doch Mitte Februar 2012 entscheidet sich der damals 40-Jährige, die Behörden dann doch mit angeblichem Wissen über die Rocker zu versorgen. Also erzählt Steffen R. von illegalen Geschäften, von Prostitution, Drogen, Schutzgeld und Mordaufträgen.

Die umfangreichen Aussagen des Kronzeugen führen kurz vor Pfingsten 2012 zu einem massiven Schlag der Polizei gegen die Hells Angels. 1200 Beamte rücken zur Großrazzia in norddeutsche Gaststätten, Bordelle und Wohnungen aus, die Staatsanwaltschaft führt rund 200 Ermittlungsverfahren gegen 69 Beschuldigte. Bei dem Hells-Angels-Fürsten Hanebuth in Hannover fliegt sogar die GSG 9 mit einem Helikopter ein, erschießt seinen Hund und stürmt die Villa.

Der Grund: Steffen R. hatte Hanebuth beschuldigt, er habe den seit Jahren vermissten Kieler Türsteher Tekin B. umbringen lassen. Noch vor Gericht wiederholte der Aussteiger diese Geschichte, die ihm angeblich mehrere Hells Angels auf einer Weihnachtsfeier im Dezember 2010 erzählt hätten. Demnach habe der Türke Streit mit Hanebuth gehabt – es sei um Geld, Drogen und eine Frau in Hannover gegangen. »Er ist in Ungnade gefallen«, so Steffen R. »Die Endentscheidung«, den Mann zu töten, habe Hanebuth höchstpersönlich getroffen.

Die Ermittler müssen wie elektrisiert sein, als sie das hören. Kann es wirklich sein, dass sie den Mann, den sie seit Jahren für den mächtigsten Rocker Europas mit besten Beziehungen in einflussreichste Kreise halten, mit einem Mord in Verbindung bringen können? Das wäre der Jackpot.

Und Steffen R. kennt ja anscheinend noch mehr Details: Hells-Angels-Mitglieder hätten Tekin B. im April 2010 in eine Falle gelockt, ihn stundenlang gequält und gedemütigt, bis ihm einer seiner Peiniger ins Gesicht oder in den Hals geschossen habe. Der Verletzte habe daraufhin ein Geräusch von sich gegeben, ein Wimmern, über das sich die mutmaßlichen Täter lustig gemacht hätten: »Der klingt wie ein Seehund.« Einer der Männer habe das Opfer schließlich exekutiert.

Zunächst sei der Körper des Toten in einem Müllcontainer neben einer Lagerhalle in Altenholz bei Kiel versteckt worden. Als die Hells

Angels dann das Fundament einer neuen Halle gegossen hätten, sei die Leiche dort einbetoniert worden, so Steffen R.

Ist das möglich? Der Kriminalbeamte Thorsten W., 46, aus dem Bereich Organisierte Kriminalität des Kieler Landeskriminalamts, der R. zehnmal für mehrere Stunden vernommen hat, attestiert seinem Kronzeugen vor Gericht eine »hohe Glaubwürdigkeit«. Als Problem erweist sich indes: An dem beschriebenen Ort gibt es keine Leiche. Wochenlang graben Kriminaltechniker aus Bund und Land jeden Zentimeter in der besagten Lagerhalle um, meißeln den Beton auf, setzen Hunde ein, fahren Spezialgerät auf, doch da ist nichts. Kein Körper, kein gar nichts.

Als der Leiter der Staatsanwaltschaft Naumburg in Sachsen-Anhalt von der Aktion hört, durchfährt es ihn eiskalt. »Um Gottes willen, wenn die da mal nicht einem Schalk aufgesessen sind«, denkt sich Hans-Jürgen Neufang. Denn bereits 2001 hatte Steffen R. in seiner Heimat eine großangelegte Suche samt Hubschrauber ausgelöst. Schon damals brüstete sich der Kriminelle zu wissen, wo die Leiche des vermissten Döner-Verkäufers Ahmet A. versteckt worden sei. Und schon damals erwiesen sich seine Angaben als frei erfunden.

Zu allem Überfluss müssen die schleswig-holsteinischen Spürnasen dann noch erfahren, dass Steffen R. sich im Sommer 2012 auch dem Bundeskriminalamt (BKA) als Zeuge angedient hat. Dort will er die noch unglaublichere Geschichte an den Mann bringen, dass die Kieler Hells Angels dem Terrortrio des »Nationalsozialistischen Untergrunds« etwa ein Dutzend Schusswaffen verkauft hätten, unter anderem ein Sturmgewehr vom Typ AK 47. Sein Kumpel Adrian M. von der Legion 81 habe die Zelle aus diesem Grund 2009 am Timmendorfer Strand beherbergt.

Zudem weiß Steffen R. angeblich von einer Unterstützungsparty für Uwe Böhnhardt, Uwe Mundlos und Beate Zschäpe: Die hätten 2002 in der ehemaligen Trommelfabrik in Weißenfels unter anderem das Thüringer LKA und der dortige Verfassungsschutz ausgerichtet. Und Zschäpe habe vor laufenden Kameras der Behörden wüste Hetzreden geschwungen: »Der bewaffnete Kampf gegen den Staat und die Ausländer muss weitergehen.«

Das BKA prüft die Behauptungen und kommt ziemlich schnell zu dem eindeutigen Schluss, dass R. »die Sachverhalte frei erfunden hat bzw. reale Begebenheiten mit erfundenen Details vermengt hat, um sie interessanter zu gestalten«, wie es in einem Vermerk heißt. Es könne Steffen R. dabei um finanzielle Vorteile gegangen sein, mutmaßt der Kriminalbeamte, oder um die Aufnahme in das Zeugenschutzprogramm des BKA. Letztlich kommt Steffen R. wegen seines vermeintlichen Wissens über kriminelle Rocker im Zeugenschutzprogramm des Kieler Landeskriminalamts unter – und strafrechtlich zudem ziemlich glimpflich davon. Wegen Bedrohung, gefährlicher Körperverletzung und schweren Menschenhandels verurteilt ihn das Landgericht Kiel gerade einmal zu gut vier Jahren Haft.

Die norddeutschen Ermittler aber stehen weiterhin zu ihrem Kronzeugen. Es sei doch klar gewesen, dass Steffen R. bei der Entsorgung der Leiche nicht dabei gewesen sei, sondern nur davon gehört habe, sagt im Spätsommer 2012 ein Sprecher der Kieler Staatsanwaltschaft. Natürlich könne es sein, »dass er uns anlügt«, aber bislang gebe es dafür keine Belege. Viele Angaben hätten sich als richtig erwiesen.

Götz von Fromberg, der Rechtsanwalt des beschuldigten Frank Hanebuth, hat hingegen von vornherein gelassen auf die Vorwürfe reagiert, sie zugleich aber entschieden zurückgewiesen. Auf Anfrage sagt der Jurist seinerzeit: »Dieser Belastungszeuge sagt die Unwahrheit und muss genau unter die Lupe genommen werden.« Im April 2013 stellt die Staatsanwaltschaft Kiel das Ermittlungsverfahren gegen Hanebuth ein.

Ein Rolf für alle Fälle

Es ist eine Szene wie aus einem »Tatort«, Thema: fiese Inkasso-Ganoven. Der übergewichtige Schuldner kehrt heim, plötzlich tauchen zwei Autos auf und keilen den Wagen ein. Acht breitschultrige Männer mit Handschuhen schubsen das Opfer unsanft durch die Tür. Geschehen sind diese filmreifen Szenen im Mai 2007 im westfälischen Neuenkirchen, wo das Verbrechen sonst nur im Fernsehen zu Hause ist.

Rolf D. war »Treasurer« (Kassenwart) der Bandidos Münster und unterschlug in dieser Funktion 8500 Euro. Eigentlich hätte der korpulente Mann mit dem zotteligen Vollbart das Geld auf ein Konto des Clubs in München überweisen sollen. Tat er aber nicht. Jetzt sitzt der Lkw-Fahrer in seiner Küche und tischt seinen brüllenden Clubbrüdern weitere Lügen auf. Seine Frau hockt geschockt im Schlafzimmer. Ein Rocker bewacht sie.

Rolf D. soll die Kfz-Scheine für seine zwei Harleys rausrücken. Als er sich weigert, drohen die Bandidos, »seine Frau durchzulassen«, also zu verprügeln. Das wirkt. Die Eindringlinge lassen die Motorräder, sämtliche Bandidos-Klamotten und Silberschmuck mitgehen. Nach einer halben Stunde hauen sie ab. Zugeschlagen haben sie nicht.

Der vollbärtige Zausel fliegt im »bad standing« aus dem Club, er ist nun in der Rockerwelt vogelfrei und rechtlos. Die kruden Vereinsregeln sehen zudem vor, dass sich seine Schulden erhöhen. Die Bandidos verlangen weitere 11 000 Euro von dem Ex-»Bruder«. Wie sie diesen Betrag errechnet haben, bleibt unklar.

Doch D. will nicht zahlen. Mehrere Stunden lang gräbt er seinen Garten um, eine verbuddelte Pistole suchend, aber er kann die Waffe nicht finden. Einen Tag später, am 21. Mai 2008, fährt er zur Polizei. Mehrere Stunden lang packt der Mann dort über das Binnenleben der Bandidos aus. Er nimmt die verdutzten Beamten mit auf eine Reise in die schrecklich faszinierende Unterwelt des Münsterlandes. In diesem Reich existiert eine »Tomatenkasse«, gefüllt mit 65 000 Euro aus Erlösen mit »Koks, Waffen und Frauen«. In der Erzählung heizen die Bandidos aus Münster in einem Opel Omega über die Autobahn und ballern mit einer Schrotflinte auf die Hells Angels. Ob dabei jemand verletzt worden ist, weiß D. nicht mehr. Verifizieren lässt sich diese actionreiche Anekdote für die Kriminalbeamten damit kaum.

Noch am selben Tag steckt die Polizei Rolf D. und dessen Familie ins Zeugenschutzprogramm. Sie werden bewacht und kommen an einen geheimen Ort. Auf Basis der Beichte von Rolf D. eröffnet die Staatsanwaltschaft ein Ermittlungsverfahren, Aktenzeichen 210 Js 173/07, gegen die Bandidos »Münster«. Es geht um die »Bildung einer kriminellen Vereinigung«. Auch Rolf D. steht als Beschuldigter auf dem Aktendeckel.

Schon einen Tag später stürmen Polizisten das Vereinsheim, eine Garage und die Privatwohnungen der Westfalen-Rocker. Sie finden ein Waffenlager mit einer Maschinenpistole, zwei Handgranaten und zwei Schrotflinten. Vier Rocker wandern in Untersuchungshaft.

Die Informationen des Rolf D. elektrisieren nicht nur die Ermittler im Münsterland. In ganz Nordrhein-Westfalen keimt in den Fach-Kommissariaten die Hoffnung auf, endlich einige ungelöste Verbrechen aufklären zu können. Die Kriminalisten chauffieren den untreuen Kassenwart von Befragung zu Befragung. Der Metzger aus Neuenkirchen wird ein Rolf für alle Fälle.

Auch die Mordkommission Recklinghausen bestellt den Überläufer zu sich. Sie haben noch einen versuchten Mord in der Schublade. In Marl hat im Mai 2006 ein Auto eine Harley-Davidson gerammt, mehrere Personen stechen und schlagen sodann auf den gestürzten Biker ein, der schwer verletzt überlebt. Wahrscheinlich haben die Täter den Mann verwechselt. Er hatte das Motorrad erst kurz zuvor von dem Anführer der Essener Hells Angels gekauft und das Pech, noch mit dem alten Nummernschild herumzufahren. Trotz Zeugen findet die Mordkommission keine heiße Spur. Bis die Kripo im Januar 2008 Rolf D. vernimmt.

Er präsentiert den Ermittlern vier Täter. Unter anderem habe ein Berliner Bandido mit der Tat auf einer Rockerparty geprahlt, erzählt D. Die Beamten entgegnen, dass sie von drei Tätern ausgehen. Jetzt ergänzt D., der Hauptstadt-Rocker sei bei dem Überfall wohl im Auto geblieben. Der sei so klein, das hätte Zeugen auffallen können, erklärt der Insider.

Auch die Bochumer Kripo befragt den Aussteiger im November 2008 zu der blutigen Attacke in Marl. Er schildert noch einmal, wie der Berliner mit seiner Tat angab. Rolf D.: Er »meinte, er wäre mit den beiden Probationaries (Anwärter auf eine Vollmitgliedschaft; Anm. d. Autoren) ausgestiegen und sie hätten richtig Gas gegeben.« Aufgrund der Aussagen belebt die Staatsanwaltschaft Essen das bereits eingestellte Verfahren wieder. Zu einer Anklage kommt es trotzdem nie. Letztlich finden die Ermittler keine Belege für die Version des Kronzeugen.

Das Kriminalkommissariat 21 der Bochumer Polizei hingegen packt im Herbst 2007 das ganz große Besteck der Strafprozessordnung aus. Die Ermittlungskommission »Hombre« verwanzt das Clubhaus der Bandidos im Stadtteil Laer, hört sämtliche Telefone ab und kontrolliert den E-Mail-Verkehr. Die Ermittler wollen beweisen, dass die lokale Rocker-Dependance mit ihrem Anführer Peter Maczollek eine kriminelle Vereinigung ist. In den Augen der Ermittler handeln die Biker im großen Stil mit Kokain und nicken Morde ab.

Den Anfangsverdacht für die Ermittlungen liefert Aussagemaschine Rolf D.: »Das Bochumer Chapter hat sich schon immer durch sehr intensiven Koks-Handel hervorgetan, insbesondere der Armin G. und der Presi Peter, der Nachname ist mir nicht bekannt, sind dabei sehr aktiv.«

Rolf D. behauptet weiter, Präsident Maczollek habe als ranghöchster deutscher Bandido den Mord an dem Hells Angel Robert K. in Ibbenbüren abgesegnet. Demnach wollte sich der Münsteraner Boss Jörg Z. mit dem Anschlag die Auszeichnung »Expect no Mercy« verdienen, Maczollek habe sein Okay dazu gegeben.

Die Kammer, die im Juni 2008 schließlich die beiden Bandidos Thomas K. und Heino B. wegen des Mordes an dem Hells Angel Robert K. zu lebenslangen Freiheitsstrafen verurteilte, folgt diesen Darstellungen nicht. Eine Beteiligung von Maczollek konnte nicht nachgewiesen werden. In dem schriftlichen Urteil heißt es:

> Zum einen hat der Zeuge eingeräumt, das Abzeichen werde normalerweise nur an eine Person verliehen und nicht einem Chapter, zum anderen spricht auch das Aussageverhalten gegen die Glaubhaftigkeit der Aussage in diesem Punkt. Der Zeuge (…) hat bei seinen polizeilichen Vernehmungen vor dem Tod von Robert K. nichts von einem geplanten Anschlag auf diesen berichtet. (…)
>
> Erstmals bei seiner Vernehmung nach der Tat sagte er aus, das Chapter Münster habe einen solchen Anschlag vorbereitet. Nachdem dann die Angeklagten verdächtigt wurden, sagte er, es könne sein, dass diese beiden für die Tat dem Chapter Münster unterstellt worden seien. Gegen eine Planung der Tat durch das Chapter Münster, an der nach der Aussage des Zeugen D. auch Gregor G. beteiligt gewesen sein soll, spricht das abgehörte Telefongespräch zwischen Gregor G. und Eric B., die dabei von der Verhaftung der Angeklagten überrascht schienen.

Die Ermittlungskommission »Hombre« in Bochum jedoch hält Rolf D. für glaubwürdig. Die Kokain- und Mordauftragsaussagen sind ein Pfund, mit dem die Ermittler wuchern. Sie tippen dessen Vorwürfe in ihre Anträge an Staatsanwaltschaft und Gericht, um die Bandidos mit einem großen Lauschangriff endlich überführen zu können. Ermittlungsrichter unterschreiben die Beschlüsse.

Also hört die Kripo ab, observiert und schlussfolgert über ein Jahr lang. Sie gewinnt eine Vielzahl interessanter Einblicke in das Vereinsleben der Bandidos. Bald wissen die Beamten, wer über wen lästert, dass der Präsident Maczollek um seine Autorität fürchtet und was für ein Fernsehprogramm im Clubheim läuft.

Die Ermittler bekommen auch mit, wie sehr sich die Rocker ängstigen, dass ein Selbstmordattentäter sich in ihrer Mitte in die Luft sprengen könnte. Auf den Handel mit Kokain gibt es allerdings nur vage Hinweise. Die Polizisten glauben, dass die Rocker ihre Sprache codieren, wenn sie über Drogen sprechen. Angeblich sagen sie »Schmerztabletten« statt Koks. Es bleibt aber bei Vermutungen. Belege, dass Peter Maczollek den Mord in Ibbenbüren abgenickt hat, finden die Ermittler ebenfalls nicht.

Auch in Münster endet das Verfahren gegen die ehemaligen Clubmitglieder von Rolf D. ernüchternd für die Ankläger. Die vier Rocker werden wegen des Raubes der Motorräder bei Rolf D. und illegalen Waffenbesitzes verurteilt. Eine kriminelle Vereinigung sind die örtlichen Bandidos in den Augen der Richter nicht. Die Wildwest-Ballereien mit Hells Angels auf der Autobahn können weder bestätigt noch widerlegt werden. Eine mit Drogengeldern gefüllte »Tomatenkasse« hält die Kammer für nicht realistisch.

Lange behauptet Rolf D. noch, er habe überhaupt kein Geld unterschlagen, alles sei ein großes Missverständnis, das auf einen Zahlendreher bei der Überweisung zurückzuführen sei. Als die Polizei ihm anhand von Kontounterlagen schließlich das Gegenteil beweist, räumt D. kleinlaut auch diese Lüge ein. Er habe das Geld aber nur genommen, weil sein Arbeitgeber seinen Monatslohn nicht zahlen konnte, verteidigt er sich. Doch auch das ist nicht richtig.

Rolf D. – und das ist typisch für Kronzeugen – sagt nicht immer die Wahrheit, was aber wiederum nicht bedeutet, dass er stets lügt. Die Welt der Kriminellen und Kronzeugen ist grau, die der Gesetze und Strafverfolger schwarz oder weiß – diese beiden Sphären sind nur schwer miteinander in Einklang zu bringen.

Was die ganze Sache zusätzlich erschwert, ist, dass D. den vernehmenden Beamten lieber wüste Geschichten erzählt, als ihnen einmal deutlich zu sagen: »Davon habe ich keine Ahnung.« Er will sich eben möglichst teuer verkaufen.

Die Unberechenbaren: Thomas P. und »Bad Boy Uli«

Wie schwierig oft schon der menschliche Umgang mit den ehemaligen Rockern ist, belegen zwei weitere Beispiele aus der jüngeren Vergangenheit.

Thomas P. ist Mitglied der Bremer Hells Angels, allerdings nicht sehr lange, weil der ehemalige Zeitsoldat und Türsteher schon recht schnell im dortigen Clubheim, aufgeputscht von Alkohol und Koks, durchdreht und sich auch nach seiner Suspendierung kein bisschen zu ändern gedenkt. Nach dem endgültigen Rausschmiss will P. dann den früheren »Brüdern«, die er offenbar zu verachten gelernt hat, möglichst nachhaltig schaden. Also geht er zur Polizei.

Wie so viele Rocker hat Thomas P. bei den starken Kerlen »eine Familie« gesucht, so offenbart er es selbst in seinem Buch mit dem programmatischen Titel »Der Racheengel«. Der Sohn einer alkoholkranken Gelegenheitsprostituierten hoffte, als Mann das zu finden, was er als Kind nie kennengelernt hatte: »Ich wollte eine Gemeinschaft, in der man sich gegenseitig vertrauen kann. Ich wollte Freundschaft, Brüderlichkeit, Treue, Sicherheit – und auch Liebe.« Bei den Hells Angels aber ist man mit diesen Sehnsüchten definitiv an der falschen Adresse.

Seine zwangsläufige Enttäuschung führt Thomas P. zur Polizei, er wird Kronzeuge – unter anderem in dem Verfahren gegen ein gutes Dutzend Hells Angels, die im Frühjahr 2006 mehrere Bandidos in Stuhr bei Bremen überfallen und schwer verletzt haben. Doch schließlich vergeigt er auch diese Mission, weil er sich wieder einmal unverstanden und schlecht behandelt fühlt.

Vor allem stört ihn das Gebaren eines niedersächsischen Spezialeinsatzkommandos. Die Beamten haben ihm – immerhin war er Mitangeklagter – offenbar für den Transport zum Gericht die Hände gefesselt. Sie wollen auf Nummer sicher gehen, doch P. ist empört: »Warum behandelt man mich wie ein Haufen Scheiße?«

Sein Anwalt zeigt daraufhin im Auftrag seines Mandanten die Polizisten wegen Freiheitsberaubung an, jedoch ohne Erfolg. Zugleich verweigert Thomas P. die wichtige Aussage vor Gericht, angeblich weil ihm kein Strafnachlass in Aussicht gestellt worden ist. Die angeklagten Hells Angels freuen sich, kommen sie doch in plötzlicher Ermangelung eines redseligen Kronzeugen mit niedrigsten Strafen davon. Ein

Ermittler, der mit Thomas P. zu tun hatte, erinnert sich an ihn als eine »hochgradig gestörte Person«, gewöhnt an den Konsum von Tabletten, Alkohol und anderen Drogen, der mit seinem Wankelmut sämtliche Beamten in den Wahnsinn getrieben habe.

Auch in Münster, im Prozess gegen die Mörder des Hells Angels Robert K., sagt P. aus und hinterlässt dabei einen verheerenden Eindruck. Bleich, desorientiert, mit langen schwarzen Haaren will er, wirres Zeug nuschelnd, die Verantwortung für den Tod des K. noch seinen ehemaligen »Brüdern« zuschieben. Zur Wahrheitsfindung trägt er damit nicht bei, alles, was Thomas P. interessiert, ist Rache. Doch seine blinde Wut beraubt ihn jeglicher Glaubwürdigkeit und macht ihn schließlich als Zeugen unmöglich.

Ähnlich verheerend verhält sich auch Ulrich Detrois, genannt »Bad Boy Uli«. Der ehemalige Boss der Hells Angels »Kassel« ist der wohl hochrangigste Kronzeuge, der sich aus deutschen Rockerkreisen bislang den Behörden zur Verfügung gestellt hat. Als Vize-Präsident nahm er jahrelang an Treffen deutscher Angels-Anführer teil, auf denen strategische Entscheidungen für den Club getroffen werden.

Nachdem seine örtlichen Untergebenen ihn jedoch in einer Art Meuterei abgesetzt und mit einem »out in bad standing« belegt haben, geht Detrois erst zur Polizei und lässt später – genau wie Thomas P. – ein Buch schreiben: »Höllenritt« heißt es, und zeitweilig verkauft es sich ziemlich gut.

Strafrechtlich aber kommt bei der Revanche des Ulrich Detrois nicht viel heraus. Sieben Rocker werden wegen Raubes zu läppischen Bewährungsstrafen verurteilt. Eine Enttäuschung – sowohl für »Bad Boy Uli« als auch für die Ermittler.

Umgehend verkracht sich der Ex-Rocker, der sich selbst eine »schwierige Persönlichkeit« bescheinigt, mit den Beamten. Angeblich seien sie einem Mordauftrag der Hells Angels gegen ihn nicht nachgegangen. Irgendwann, nachdem er alle üblichen Verdächtigen in der Berliner Politik informiert hat, schreibt Detrois in der Sache sogar dem Bundespräsidenten.

»Bad Boy Uli« kennt kein Maß mehr – oder hat es nie gekannt. Denn den grenzenlosen Egoismus und die ungezügelte Egozentrik eines Berufskriminellen legen solche Männer auch als Kronzeugen nicht mehr ab.

Die meisten Aussteiger leben inzwischen – ausgestattet mit neuen Identitäten – fern ihrer bisherigen Heimat. Ihr Leben, in dem der jeweilige Club zeitweilig das Wichtigste war, haben sie radikal ändern müssen: Keine Kontakte mehr zu alten Weggefährten, das ist die wichtigste Grundregel für jeden von ihnen.

»Wenn man könnte, wie man wollte, würde man mich jetzt hier im Gerichtssaal vierteilen«, sagt Ex-Bandido D. vor dem Landgericht Münster und meint damit seine Freunde von früher, die knurrend auf den Bänken in seinem Rücken sitzen. Und dann spricht D. die wenigen Worte, die für einige Zeit im Saal stehen bleiben und nicht zu verklingen scheinen: »Ich bin zum Abschuss freigegeben. Ich bin Freiwild.«

Es ist jedoch nicht bekannt, dass die Gangs in Deutschland jemals einen Ehemaligen, der sich zur Zusammenarbeit mit der Polizei entschloss, attackiert hätten. Oder, wie es ein Kriminalbeamter formuliert: »So blöd sind die auch nicht.«

KAPITEL 9
»ESCHLIS« ENDE
Todesschüsse im Rotlicht

Das Opfer: »Eschli Elten stirbt nicht im Bett«

Das Vorstrafenregister des Rudi Heinz Elten, genannt »Eschli«, geboren am 24. Juni 1977 in Bottrop, gestorben am 8. Oktober 2009 gegen 20.25 Uhr auf einer Kreuzung im Duisburger Rotlichtviertel, liest sich wie der transkribierte Albtraum jedes Sozialarbeiters: räuberische Erpressung, Bedrohung, gefährliche Körperverletzung, Landfriedensbruch, Beleidigung und gemeinschaftliche gefährliche Körperverletzung. Darüber hinaus ermittelte die Polizei gegen Elten unter anderem wegen Mitgliedschaft in einer kriminellen Vereinigung, Drogenbesitzes, Verstößen gegen das Waffengesetz und Nötigung.

Einmal soll der Heißsporn, den selbst seine Bandido-»Brüder« für einen »unbelehrbaren Typen« hielten, eine Frau so lange getreten und geschlagen haben, bis sie bewusstlos zusammenbrach. Die Geschundene habe für ihn anschaffen sollen, so die Ermittler. Noch im Krankenhaus habe er auf die Verletzte »eingewirkt«, notierte ein Beamter des Kriminalkommissariats 21 der Bochumer Polizei sichtlich schockiert.

Zugleich ließ der massige Hooligan der Schalker »Gelsen-Szene«, der unter anderem als Türsteher, Geldeintreiber und Zuhälter Geld verdiente, seine Wäsche auch im Alter von mehr als 30 Jahren immer noch von seiner Mutter waschen. Die Rocker reden zwar viel von großer Freiheit und absoluter Unabhängigkeit, aber weichgespülte T-Shirts und ordentlich zusammengelegte Socken sind eben auch Werte an sich.

Irgendwann, vielleicht mit der Rückendeckung der Bandidos, wagte Elten auch größere Geschäfte. Er vermittelte Prostituierte in westfälische Dorfpuffs, beteiligte sich an einem Bordell, vertickte wohl als Mittelsmann 1000 Kilogramm Rinderhack aus Holland und erwog zudem, ins Call-Center-Geschäft einzusteigen. Doch daraus wurde nichts mehr.

Immerhin liefen die Geschäfte für Elten so gut, dass der offiziell arbeitslos Gemeldete eine Rolex Daytona am Handgelenk trug, deren Wert er selbst auf etwa 6500 Euro schätzte. Zugleich ließ er seinen Führerschein vom Arbeitsamt Gelsenkirchen sponsern. Der zuständige Sachbearbeiter fand die Bandidos nämlich voll »korrekt« und half gerne bei dem leider notwendigen Papierkram, wie es in einem Bericht der Kriminalpolizei heißt.

Nein, man kann nicht sagen, dass Rudi Heinz Elten, genannt »Eschli«, ein besonders umgänglicher Zeitgenosse war, obschon es durchaus Kerle im Milieu gibt, die noch immer seine Geradlinigkeit preisen und den Umstand, dass er keine Angst kannte. In manchen Kreisen reicht das für eine einschlägige Karriere und einen guten Ruf, dabei sollte »Eschli« letztlich vor allem seine Unerschrockenheit zum Verhängnis werden.

Rudi Heinz Elten nämlich war der Prototyp der jungen Wilden in den Rockergangs: hochaggressiv, kaum zu bändigen, ausgestattet mit wenig Sinn für lange Haare, Bärte und Rock 'n' Roll, dafür mit weitaus mehr Interesse an jedem schnell verdienten Euro und an dem stetigen Kick sinnloser Gewaltakte. Männer wie »Eschli«, der sich als Hooligan jahrelang durch das Land geschlagen hatte, sind äußerst begehrt bei den Banden. In den von Territorialkämpfen und Expansionsbestrebungen bestimmten vergangenen Jahren haben die Motorradgangs unzählige solcher Typen aufgenommen.

Einer von Eltens alten Fußballrowdy-Kumpels sagte einmal: »Uns war allen klar, Eschli Elten stirbt nicht im Bett.« Und einer seiner Bandido-Kontakte erinnerte sich mit folgenden Worten an den früh Verblichenen: »Eschli konnte immer nur vorwärtsmarschieren, der kannte keine Flucht.«

Nach Aussage des Aussteigers Rolf D. förderten die Bandenbosse gerade »diese abgedrehten Leute, um die eigene Schlagkraft zu erhöhen«. So seien bei den Bandidos brutale Mitglieder, die Hells Angels schwer verletzt oder gar getötet hätten, mit dem Aufnäher »Expect no Mercy« ausgezeichnet worden. Darüber hinaus gab es laut Aussteiger D. im Club eine »Abschussprämie«, für die jedes Mitglied in Deutschland knapp 100 Euro spenden musste. So hätten nach einer Bluttat schnell Zehntausende Euro zusammenkommen können – für den Täter.

Die Bandidos bestritten das stets. Das Abzeichen »Expect no Mercy« werde an »verdiente Mitglieder« vergeben, die durch ehrenamtliches Engagement für den Club aufgefallen seien, sagte ein Sprecher der Gang einmal. Belohnungen für Straftaten gebe es nicht, behauptete er sogar. Ob er seine Darstellung indes selbst glaubte, darf durchaus bezweifelt werden.

Wie die Rocker wirklich ticken, offenbaren zum Beispiel Berichte der Bochumer Kriminalpolizei. Die Beamten der dortigen Ermittlungskommission »Hombre« hörten vor einigen Jahren zahlreiche Telefone der örtlichen Bandidos ab und verwanzten sogar deren Vereinsheim in der Alten Wittener Straße. Sie wollten den Nachweis erbringen, dass es sich bei den Banditen um einen hochkriminellen Club handelt. Letztlich ging den Behörden der Atem aus. Doch noch immer erlauben die behördlichen Protokolle einen unverstellten Blick in das ansonsten streng abgeschottete Binnenleben der Gang.

Demnach schlug der Duisburger Hells-Angels-Anwärter und Free Fighter Timur A., der knapp ein Jahr später »Eschli« Elten erschießen sollte, am 16. November 2008 den Bandido Alexandros K., 33, an einer Ampel vom Motorrad und stahl dessen Jacke samt Club-Emblem. Der Raub von Kutten ist in den Motorradgangs eine beliebte Methode, den Gegner zu demütigen und selbst aufzusteigen.

Der hitzige Elten wiederum war ob dieser Attacke vollkommen außer sich, tobte, schrie, er wolle A. finden und fertigmachen und seinerseits gewaltsam dessen Kutte, das Heiligtum jedes Rockers, holen und sie seinem Präsidenten übergeben. So jedenfalls notierten es die mithörenden Beamten.

Ein Bandenboss stachelte Elten noch zusätzlich an: Wie es überhaupt sein könne, dass Timur A. einen Unterstützerclub der Hells Angels in Duisburg aufgemacht habe? Schließlich beanspruchten die Bandidos die Stadt für sich. »Eschli« solle etwas unternehmen, dürfe alles tun, nur eines nicht: »Karten ziehen.« Das ist Rockerslang und bedeutete in diesem Fall ausnahmsweise: Hände weg von den Kutten der Hells Angels! Und das hatte einen bestimmten Grund.

Ein bisschen Frieden

Nun ist es nicht so, dass im Winter 2008 zwischen den Erzfeinden Hells Angels und Bandidos plötzlich die große Liebe ausgebrochen wäre. Aber beide Clubs haben erkannt, dass ihre Dauerfehde den Geschäften schadet und bloß die drei großen P auf den Plan ruft: Presse, Polizei, Politik.

Daher treffen sich am 10. Dezember um 18 Uhr in einem Magdeburger Hotel die Bandidos Peter Maczollek, Leslav Hause, Sven K. und Walter Kästel mit den Hells Angels Frank Hanebuth und Bernd »Lobo« Wobser zum Rocker-Gipfel. Es ist der erste Versuch, den eskalierenden Konflikt beizulegen. Doch die misstrauischen Gang-Anführer können sich in anderthalb Stunden nur auf eine Minimallösung verständigen. Demnach beschließen sie, sich gegenseitig nicht mehr gewaltsam die Lederwesten auszuziehen, bis auf weiteres einen Waffenstillstand einzuhalten und zwischenzeitlich über einen grundsätzlichen Friedensvertrag zu verhandeln.

Die Hells Angels sind zögerlich, haben sie doch das Gefühl, bei der Einigung schlechter wegzukommen, weil einer von ihnen »unten liegen würde«, wie Bandido-Boss Maczollek später sagt. Anderthalb Jahre zuvor haben zwei Bandidos in Ibbenbüren den Motorradhändler und Hells Angel Robert K. ermordet. Trotzdem triumphiert für einen Augenblick die Vernunft über den Testosteronspiegel.

Am 15. Dezember 2008 erstattet sogar eine Abordnung der Hells Angels, bestehend aus dem Bonner Anführer Bernd Wobser und seinem Düsseldorfer Amtskollegen Christian »Müll« Müller, auf der Autobahnraststätte Remscheid einem Kontrahenten die in Duisburg geraubte Kutte zurück. Bandido-Boss Maczollek weist daraufhin seine Clubkameraden per Mail an, bis auf weiteres »den Ball flach zu halten«. Erst mal sei »alles schön« mit den verhassten »Anglern«, wie die Bandidos die Hells Angels nennen.

Den Hitzkopf »Eschli« Elten nimmt Maczollek sodann noch einmal persönlich ins Gebet, weiß er doch, wer in seinem Laden für die Abteilung Stress zuständig ist. Allerdings wird diese Mahnung nicht lange vorhalten. Schon bald übermannt den Bandido doch wieder das ungezügelte Temperament, das einer seiner Kumpane einmal wie folgt beschrieb: »Eschli hat einfach 'ne kurze Zündschnur.« Und die wird bald vollständig abgebrannt sein.

Die Begegnung: »Schieß doch!«

Im Bochumer Clubhaus der Bandidos herrscht helle Aufregung. Panisch, aufgelöst, mit sich überschlagenden Stimmen berichten die Rocker, was am Vorabend direkt vor ihrem Vereinsheim im Duisburger Rotlichtviertel geschehen ist. Die Polizei hört mit und protokolliert fleißig, als der Bandido Dieter D. gegen 20.42 Uhr erzählt:

> Der kam da aus der Straße raus, der dicke Wagen. (...) An der Ampel war Rot. Hab den Eschli da nicht alleine laufen lassen, bin dann mit rüber, und der kam auf den Wagen zu, und da hab ich gemerkt, der Eschli hat den provoziert: »Komm raus, du Sau, mach dich gerade!« Und dann zeigt der da seine Knarre. Und da sagt der Eschli: »Na komm, mach, schieß doch, schieß! Komm raus, mach dich gerade! Was willst du?« So in dem Moment hat der geschossen. (...) Bambambam. Und dann haben die Gas gegeben ohne Ende, und dann waren die weg, und so, bevor ich reagieren konnte. Ich hab den Eschli ja fallen sehen. Ich denk, Scheiße, Scheiße. Die geben Gas, die sind weg.

Es ist der Abend des 8. Oktober 2009, als sich die ewigen Rivalen »Eschli« Elten und Timur A. zum letzten Mal begegnen. Opfer und Täter sind sich nicht unähnlich, beide sind im gleichen Alter und machen ihre Geschäfte im Rotlicht am Rhein, beide sind Kampfsportler und nach ersten Erkenntnissen der Polizei zudem nacheinander mit derselben Frau liiert. Doch die Männer haben sich verfeindeten Rockergangs angeschlossen, und daher agieren sie nun seit Monaten wie junge Pitbulls, die sich zähnefletschend gegenüberstehen, blind vor Wut und Hass. Und plötzlich reißt die Leine des einen.

Der Vorsitzende des Duisburger Schwurgerichts, das Timur A. im August 2010 wegen Totschlags für elf Jahre ins Gefängnis schicken wird, sagt in der Urteilsbegründung, der Hells Angel habe sein Gegenüber erschossen, um das Gesicht nicht zu verlieren. Und weil auch der Bandido Elten nicht sein Gesicht verlieren durfte, ja nicht einmal die Möglichkeit erwog, verlor er schließlich sein Leben. »Das Tatgeschehen wäre zwischen irgendwelchen Herren Mustermann kaum denkbar«, so Richter Joachim Schwartz. Da hätten sich zwei bis zum Äußersten provoziert, »wechselseitig immer aggressiver«, weil keiner »klein beigeben will oder im Rahmen seiner Sozialisation kann«.

In der Welt der Rocker nämlich macht man keinen Rückzieher, schon gar nicht, wenn, wie an dem Donnerstagabend im Oktober, die anderen dabei zusehen, wie »Eschli« Elten vor dem Vereinsheim der Bandidos um 20.25 Uhr auf den schneeweißen Mercedes CLK seines Erzfeindes zuschnellt. Timur A. sitzt auf dem Beifahrersitz, sein Bruder am Steuer. Es kommt zu dem Wortgefecht, Timur drückt ab, vier Schüsse peitschen durch den Abend, einer trifft »Eschli« Elten in den Kopf, zwei Projektile verfehlen zwei unbeteiligte Frauen nur knapp.

Wenig später erliegt der Bandido in der Notaufnahme seinen schweren Verletzungen. Ein »Szenario wie beim Schachspiel«, so Richter Schwartz: »Vier Züge bis Matt.« Der Täter, der sich wenig später der Polizei stellt, sagt bloß: »Was für eine Scheiße!«

Zum ersten Mal sind an diesem Abend in Duisburg die jungen Wilden beider Clubs auf tödliche Weise aneinandergeraten. Und weil sich an die Schüsse auf offener Straße eine beispiellose Serie brutaler Vergeltungsmaßnahmen anschließen wird, ruft dieser Anschlag schließlich in ungekanntem Maße die Staatsmacht auf den Plan. Schon bald wird es für die Clubs ziemlich ungemütlich – denn jetzt geht der Krieg erst richtig los.

Das Nachspiel

Das Problem an solchen Verbrechen ist nämlich nicht nur, dass Menschen verletzt werden oder sogar sterben, dass das Gewaltmonopol des Staates missachtet wird, dass Unbeteiligte in Lebensgefahr geraten, sondern auch dass die Fehden Einzelner immer wieder die gesamten Gangs mit in einen Strudel aus Überfällen, Rachefeldzügen und Gegenschlägen reißen. Es ist die Schattenseite des »Alle für einen«-Prinzips der Banden, von dem selbst in guten Zeiten nur wenige profitieren.

Nur Stunden nach den tödlichen Schüssen auf »Eschli« Elten, es ist gegen 1.40 Uhr in der Nacht, schütten Unbekannte vor der Tür des Hells-Angels-Vereinsheims in Gelsenkirchen Benzin aus und zünden es an. In Essen geht zudem ein Wagen mit einem Aufkleber der Höllenengel in Flammen auf.

Bei einer Verkehrskontrolle in Mettmann entdecken Polizisten in einem Auto eine abgesägte Schrotflinte. Der Fahrer ist ein alter Bekannter der Beamten. Er hatte ihnen schon bei einer vorherigen Begegnung nicht ganz ohne Stolz in der Stimme erklärt, er führe Aufträge für die Hells Angels durch. Die Waffe wird sichergestellt.

Zugleich rotten sich im Duisburger Rotlichtviertel bis zu 200 Bandidos zusammen und belagern einen Puff in der Vulkanstraße, in dem Hells Angels arbeiten. Die Polizei kann mit einem Großaufgebot gerade noch verhindern, dass das Freudenhaus gestürmt wird.

In Nordrhein-Westfalen gibt es zu diesem Zeitpunkt laut Landeskriminalamt neun Charter der Hells Angels mit rund 150 Männern und 14 Chapter der Bandidos mit etwa 200 Mitgliedern. Zuletzt hatten die Ermittler eine starke Expansionsbewegung der Hells Angels festgestellt, die in Köln, Bielefeld und Siegen neue Niederlassungen gegründet und dafür frühere Mitglieder des Gremium MC rekrutiert hatten. Bis dahin galten das Ruhrgebiet, Westfalen und der Niederrhein eher als Bandidos-Land, doch die Schüsse von Duisburg würden Folgen für das Machtgefüge der Rocker in NRW haben, befürchtet seinerzeit ein Spezialermittler: »Die Szene ist hochnervös. Wir müssen sehr aufpassen.« Der hochrangige Kriminalbeamte wird recht behalten.

Am Abend nach dem Tod des Rudi Heinz Elten treffen sich im ersten Stockwerk ihres Bochumer Clubhauses die Anführer der Bandidos aus nah und fern – und wieder hört die Polizei mit. Die erbosten Rockerbosse verständigen sich auf Grundlegendes: Erstens sollen die verhassten Hells Angels zunächst aus Duisburg, dann aus dem gesamten Ruhrgebiet verdrängt werden. Zweitens darf nun jeder losschlagen, wie, wo und wann er es für richtig hält – auch ohne detaillierte Anweisungen hat er das Plazet der Vereinsführung. Drittens muss jeder Bandido den Kreuzzug mitmachen, Drückeberger fliegen raus.

In einem zweiten Stuhlkreis, der sich anschließt, konkretisieren die Rockerfürsten noch einmal ihr Vorhaben. Die Kriminalpolizei notiert:

– Hells Angels sollen sich auf der Straße nicht mehr blicken lassen können. Sollte einer gesichtet werden, ist sofort der Konflikt zu suchen.
– Die Angels sollen ausgespäht werden: Wohnsitz, Arbeit, Familie, Auto, Motorrad.
– Waffen sollen zentral in den Clubhäusern gelagert werden.
– Kleinere Motorradclubs sollen gezwungen werden, sich den Bandidos anzuschließen – zwecks Verstärkung.
– Ein Alarmsystem soll entwickelt werden, mit dem sich binnen 20 Minuten mindestens zehn Bewaffnete an vereinbarten Sammelpunkten zusammenziehen lassen.

Im Grunde genommen ist es der Moment, in dem der Bandidos-Boss seinen Mannen offiziell mitteilt, dass der Kriegsfall eingetreten ist. Es habe sich bei dessen Vortrag um eine »Motivationsrede« gehandelt, protokolliert ein Kriminalbeamter. Die Bereitschaft der Rocker für Friedensverhandlungen ist verflogen. Jetzt gilt nur noch das Alte Testament: Auge um Auge, Zahn um Zahn.

»Das ist längst kein Spiel mehr«, sagt ein Kampfsportler aus dem Umfeld der Bandidos, »wir sind im Krieg.« Er selbst fahre nun die Straße, in der er wohne, mehrfach ab, ehe er aus dem Wagen steige. »Ich habe keine Lust, einem Rollkommando in die Hände zu fallen.« Er sei vorbereitet für kommende Auseinandersetzungen, doch einige versuchten bereits, den Club zu verlassen. »Vor allem die mit Familien.« Nicht jeder Rocker ist ein Krieger.

Noch immer aber verfügen die Banden über genügend schlagkräftiges Personal. Am 31. Oktober 2009 um genau 21.10 Uhr, »Eschli« Eltens Tod liegt nun drei Wochen zurück, erreicht die Duisburger Polizei ein Notruf aus der Vulkanstraße 26, dem Laufhaus im Rotlichtviertel, das von den Hells Angels kontrolliert wird und vor dem sich schon in der Nacht von Eltens Tod Bandidos zusammengerottet hatten. Von »Randalierern« ist in den ersten Funksprüchen die Rede, ein Streifenwagen jagt los. Dann wird es hektisch.

Die Beamten melden der Zentrale, dass etwa 40 Bandidos versuchten, das Bordell zu stürmen. Weitere Rocker strömen aus dem nahe gelegenen Hauptquartier in der Charlottenstraße nach, vor dessen Tür Elten erschossen wurde. Die Beamten fordern Verstärkung an. Doch das ist so eine Sache: In einer Samstagnacht sind in einer Stadt wie Duisburg vielleicht 20 Streifenwagen auf der Straße, höchstens.

Und es kommt noch schlimmer. Kurz nach 22 Uhr sammeln sich die Hells Angels, die die Attacke ihrer Rivalen zurückschlagen konnten, vor dem »Bandidos Place«. Offenbar sind sie im Gegensatz zu der überrascht wirkenden Polizei bestens vorbereitet. Beamte werden später berichten, dass die Rocker auf einer Landstraße kurzzeitig sogar Straßensperren errichtet und nur eigene Autos durchgelassen hätten.

In der Strafanzeige gegen Unbekannt wegen besonders schweren Landfriedensbruchs und Sachbeschädigung schreibt ein Polizeihauptkommissar noch in derselben Nacht, es ist 4.19 Uhr:

> Der Angriff der Hells Angels verlief geplant und geordnet. Er war genau vorbereitet. Die Angreifer benutzten Vans und Lieferwagen, die teilweise mit bis zu zehn Angels besetzt waren. Bei der Anfahrt von der L 60 (...) verließen sie gleichzeitig die Fahrzeuge und griffen gezielt nach fernmündlicher Koordination des Anführers das »Fat Mexican« an. (...) Es handelte sich eindeutig nicht um eine spontane Aktion.

Die Angels waren aus Köln angerückt, wo sie das einjährige Bestehen ihres dortigen Clubs gefeiert hatten. Dann stehen sich in der Charlottenstraße etwa 60 Hells Angels, 60 Bandidos und 30 Uniformierte gegenüber – mehr kann die örtliche Polizei in diesem Moment wohl nicht aufbieten. Die Streifenbeamten bleiben im Hintergrund. »Mir hat ein Rocker direkt ins Gesicht gesagt: ›Haltet euch da raus‹«, erinnert sich ein junger Kommissar. »Und das haben wir auch so gemacht.«

Unter den Augen der staunenden Polizisten gehen die hochgerüsteten Rocker zum Angriff über: Die Beamten sehen Baseballschläger, Dachlatten, Totschläger, Tränengaskartuschen vom Typ TW 1000, Wurfgeschosse, Gummiknüppel, Molotow-Cocktails – und verlangen in der Leitstelle aufgeregt nach Unterstützung aus den umliegenden Städten. »Alles, was abkömmlich ist, mit Sonder- und Wegerechten nach Duisburg«, heißt es im Funk. Um 22.50 Uhr löst der Polizeiführer die »landesweite Vollalarmierung« der nordrhein-westfälischen Spezialeinsatzkräfte (SEK) aus – da ist das »Bandidos Place« schon »komplett zerlegt«, wie sich der Kommissar erinnert. Scheiben sind zu Bruch gegangen, es qualmt. Jetzt erst trudeln Beamte aus der Umgebung ein: Bereitschaftspolizei aus Recklinghausen und Düsseldorf, Streifenwagen aus Wesel, Düsseldorf, Essen und Mettmann, dazu SEK-Gruppen – mehr als 100 Polizisten sind es nun. Hunde werden von der Leine gelassen, um die Parteien zu trennen. Doch auch die Rocker machen mobil. Um kurz vor Mitternacht verzeichnet die Staatsmacht eine »landesweite Reisebewegung« der Bandidos. Dutzende seien im Anmarsch, aus Unna, aus Greven, heißt es.

Dennoch wird in dieser Nacht kein Rocker festgenommen. »Vielleicht ging das alles einfach zu schnell«, mutmaßt ein Sprecher der Polizei Duisburg hinterher. Später werden die Ermittler auf Videoaufnahmen 13 Hells Angels aus dem gesamten Bundesgebiet identifizieren, darunter wohl auch den »Road Captain« des Charters Köln, Wolfgang H. Doch angeklagt wird für die Straßenschlacht niemand.

Die Staatsanwaltschaft Duisburg stellt ziemlich genau ein Jahr später das Ermittlungsverfahren ein, da eine durchaus mögliche Anklageerhebung die Szene nur wieder unnötig in Aufruhr versetzen und »Öl ins Feuer« gießen würde, wie es in der entsprechenden Verfügung heißt. Die Rocker hätten doch inzwischen Frieden geschlossen, da könnte ein Prozess stören, sorgt sich der zuständige Staatsanwalt. Und außerdem wären für ein Verfahren so viele Sicherheitskräfte nötig, dass »der Aufwand prozessökonomisch in keinem vernünftigen Verhältnis zum zu erwartenden Ergebnis« stünde. Vollständiger hat der Rechtsstaat selten vor der Gewalt der Banden kapituliert.

Auch in der Nacht zum 1. November 2009 marodieren die Rocker unbehelligt weiter. Gegen 2 Uhr morgens fliegt in Solingen eine Handgranate ins Clubhaus des Hells Angels Charters »Midland«. In dem Gebäude halten sich nach Polizeiangaben 20 Personen auf. Auch die Familie des Christian »Müll« Müller – seines Zeichens Anführer der örtlichen Hells Angels, zu denen auch Timur A. gehört – wohnt dort. Die unbekannten Angreifer schießen mehrfach auf das Gebäude, es wird jedoch niemand verletzt. Die Granate detoniert nicht. In einem späteren Ermittlungsverfahren gegen Düsseldorfer Rotlichtgrößen wird der Kronzeuge Krystian »Leon« K., damals 30, aussagen, dass die Oberhausener Bandidos Vladan P. und Carsten G. den Anschlag ausgeführt hätten – mit Billigung der Clubführung. Die beiden hätten noch am selben Abend in der Szene mit dem Attentat geprotzt. Angeblich wusste das sogar der Höllenengel und reagierte mit einer SMS an G.: »Dafür werde ich euch jagen.«

Doch erst einmal geht die Rocker-Randale der Samstagnacht weiter. Um 4.30 Uhr knallt es in Essen, Wüstenhöferstraße 120. Fünfmal feuern unbekannte Angreifer auf das örtliche Bandidos-Heim, zwei Kugeln schlagen in die schusssichere Glastür des leeren Lokals ein. Die Ermittler stellen fest: »Niemand redet mit der Polizei.« Und rücken wieder ab.

Wenige Tage später beginnen die Bandidos, ihr wichtigstes Vereinsheim derart zu sichern, als läge es in Bagdad, nicht in Bochum. Fenster werden mit Stahlplatten verrammelt, massive Eisentüren montiert, Nato-Drähte verbaut, Bewegungsmelder installiert, mit Reizgas gefüllte Feuerlöscher bereitgestellt, ja die Rocker erwägen sogar, im ersten Stockwerk Panzerglas und im Treppenhaus Gitterkäfige anzubringen. Zu einer Thaibox-Gala im westfälischen Borken wollen sie entweder mit einer halben Hundertschaft anrücken oder gar nicht – es könnten ja Hells Angels dort sein.

Das nordrhein-westfälische LKA vermutet seinerzeit hinter den Auseinandersetzungen der Gangs Streitigkeiten um Gebietsansprüche. Es gehe wohl darum, »wer das Sagen hat in einem bestimmten Bereich«, so der Abteilungsleiter für Organisierte Kriminalität, Thomas Jungbluth. Die Rockerclubs versuchten, mit großer Brutalität ihre Reviere im Rotlicht und in der Türsteherszene abzustecken, sagt der Leitende Kriminaldirektor. Die Hells Angels hingegen teilen dazu schriftlich mit, »sämtliche Mutmaßungen (...), dass die Konflikte (...) auf Konkurrenzkämpfen z. B. im Drogenmilieu gründen«, entbehrten jeglicher Grundlage. Oder, wie es ein Bandido-Führer in dem überwachten Bochumer Vereinsheim etwa zur selben Zeit in einem abgehörten Gespräch formuliert: Die Ermittler »wissen, dass wir – wenn es darauf ankommt – sehr gewaltbereit sind. Und ich denke mal, das steht für den Staat mehr an erster Stelle als die Kriminalität bei uns.«

Jedenfalls kündigt ein Sprecher des Düsseldorfer Innenministeriums im Nachgang der öffentlich geführten Auseinandersetzungen an, man werde »keine rechtsfreien Räume« dulden und »alles tun, um Straftaten aus diesem Milieu zu unterbinden«. Ermittlungen und Einsätze in der Rockerszene würden künftig zentral gesteuert. Und dann folgt der entscheidende Satz, der da lautet: »Wir werden massiv gegen diese Leute vorgehen.« Jetzt ist klar: Die Rocker haben es endgültig übertrieben.

KAPITEL 10

FREIHEIT – VON WEGEN

Der Alltag der Rocker

Spießer und Freiheit, Freiheit, Freiheit

»Wir halten vier Werte für sehr wichtig: Das ist Ehrlichkeit, Zuverlässigkeit, Respekt und das Streben nach Freiheit«, sagt Rudolf »Django« Triller, die Interview-Maschine der deutschen Hells Angels, im Sommer 2008 SPIEGEL TV. Und ein hochrangiger Bandido aus dem Ruhrgebiet erklärt: »Viele von uns träumen davon, vollkommen frei als Gesetzlose durch Amerika zu knattern und Züge zu überfallen.«

Freiheit – das Wort fällt fast immer, wenn Männer erklären sollen, warum sie Rocker geworden sind. Grenzenlos soll sie sein, diese Nicht-Existenz von Vorschriften, die erst das Ausleben aller Bedürfnisse ermöglicht. Doch wer wirklich davon träumt, sollte einen großen Bogen um die Vereinsheime der Motorradbanden machen.

Denn innerhalb dieser Gruppierungen muss sich jeder Einzelne nicht nur einer strikten Hierarchie, sondern auch einem Katalog von Regeln und Vorschriften unterwerfen. Egal ob Hells Angels oder Bandidos, beide Gruppen haben für sich ein Gesetzespaket verabschiedet, das es in seiner Regulierungstiefe mit jedem deutschen Kleingartenverein aufnehmen kann.

So legen die Bandidos etwa in ihrer »Europe Satzung« fest, dass jedes Mitglied vom 1. April bis zum 1. November über eine fahrbereite Harley verfügen muss. Umgebaut werden darf das Motorrad im Winter. Wenn das Bike länger als 30 Tage ausfällt, wird der nationale Anführer benachrichtigt und legt eine Strafe fest. Und auch wenn ein Bandido seine Harley vernachlässigt, geht das – wie bei einer Behörde – auf den Meldeweg und nach oben.

Mit teutonischer Gründlichkeit arbeitet die Bandidos-Bürokratie, wenn es um die Kleiderordnung geht. Grundsätzlich darf jedes Mitglied nur eine Lederkutte haben, deren Aufnäher immer »sauber und gut lesbar« sein müssen. Eine Kombination der Weste mit Shorts oder Jogginghose ist nicht nur verpönt, sie ist per Satzung verboten. Aber selbst wenn der Rocker das richtige Beinkleid trägt, hat er noch nicht alle Voraussetzungen erfüllt.

Bandidos dürfen ihre Mexikaner-Kutte nur anziehen, wenn sie mit der Harley unterwegs sind. Es kostet 500 Euro Strafe, wenn ein Mitglied das fast heilige Kleidungsstück anzieht und damit Auto fährt. Ausnahmen sind nur der Club-Elite zu besonderen Anlässen erlaubt: Als die Bandidos-Häuptlinge Peter Maczollek und Leslav Hause im Mai 2010 den Friedensvertrag mit den Hells Angels in Hannover unterschreiben, sind sie vorher im schwarzen 5er-BMW aus dem Ruhrgebiet angereist. Auch in der Welt der Rocker sind manche gleicher als andere.

Der Bandidos MC möchte auch das Sozialverhalten der Mitglieder geregelt wissen. Punkt 5 der Satzung lautet: »Stehlen und übereinander schlecht reden wird nicht toleriert.« Ein Gummi-Paragraf, der jeden Chapter-Präsidenten mit viel Macht ausstattet. Der Chef entscheidet nach Gutsherrenart, wo die freie Meinung aufhört und das nicht tolerierbare Lästern beginnt. Wenn der Boss keine Kritik hören will, kann er sie auf diese Weise im Keim ersticken.

In abgehörten Telefonaten lässt sich verfolgen, dass die Häuptlinge Peter Maczollek und Leslav Hause immer wieder besprechen, wie das Miteinander im Motorradclub auszusehen hat: »Das Leben innerhalb der Bandido-Nation ist keine Demokratie, sondern eine Diktatur.«

Die meisten Artikel der europäischen Bandidos-Verfassung regeln jedoch die Geldflüsse im Rockerclub. Jeder Ortsverein muss pro »Member«, »Prospect« oder »Hangaround« 47 Euro an die Landeskasse überweisen. Und zwar bis zum fünften Tag eines Monats. Falls das Geld zu spät auf dem Konto des National-Kassenwarts eingeht, werden 68 Euro Strafe fällig. Clubintern heißt der Monatsbeitrag »Donation« (Spende). Falls jemand das Geld nicht bezahlen kann, werden die höchsten Positionen im Club informiert.

Im Mai 2008 meldet der Osnabrücker Präsident Wolfgang »Wolle« E. an das National-Office, dass er den Betrag nicht mehr zahlen könne. E.s finanzielle Lage hat sich im Jahr 2005 arg verschlechtert, weil er nach tödlichen Schüssen auf einen Rocker-Rivalen längere Zeit in Untersuchungshaft sitzt. Der selbstständige Spediteur handelte nach Ansicht der Richter allerdings in Notwehr und wird freigesprochen. Seine Firmenfinanzen kann das jedoch nicht mehr retten. Als Wolfgang E. gegenüber seinen »Brüdern« den Offenbarungseid leistet, hat der nationale Präsident Peter Maczollek das letzte Wort. Er entscheidet, dass der verdiente Rocker eine Zeit lang von der »Donation« befreit wird.

Bei insgesamt etwa 1200 deutschen Bandidos kommen Monat für Monat beträchtliche Gebühren zusammen, im Jahr sind es knapp 700 000 Euro. Ausgegeben wird das Geld unter anderem für den »National-Run«, das Pflichttreffen aller europäischen Bandidos. Die deutschen Banditen statten zudem ihre Anführer wie Peter Maczollek oder Leslav Hause mit einer Tankkarte und einem Clubhandy aus. Einmal im Jahr gibt es beim »Secretary-Meeting« eine Kassenprüfung. Die Finanzbeauftragten der einzelnen Chapter haben laut Satzung die Möglichkeit, die Einnahmen und Ausgaben des »National Office« gegenzurechnen. Ein Verwaltungsakt wie beim Naturschutzbund oder dem Taubenzüchter-Verband.

Die Satzung der Rocker kümmert sich sogar um die Ausstattung der Clubheime. Unter Punkt 29 heißt es: »Alle europäischen Chapter müssen ein Clubhaus mit Telefon, Fax und Computer haben sowie eine SMS Nachricht erhalten können.« Die Vereinsheime haben zudem nachts von Rockern bewacht zu werden. Tagsüber reicht eine Alarmanlage. Die Nachtwächter wiederum sollen sich per SMS bei dem für Ordnung und Disziplin zuständigen »Sergeant at Arms« anmelden. Wer zu spät auf seinem Posten ist, muss zahlen: 135 Euro beispielsweise in Bochum.

Kaum zu glauben, aber wahr: Die Rockerverfassung setzt sogar Bildungsstandards für die Führungskräfte. »Alle Chapter Presidents und Chapter Secretaries müssen englisch kommunizieren können«, heißt es im Regelwerk der Bandidos.

Die Satzung endet mit Punkt 42: »Alles, was nicht niedergeschrieben ist, wird durch den gesunden Menschenverstand geregelt.« Exakter müsste es heißen, »wird durch den gesunden Menschenverstand des Präsidenten geregelt«. Denn sehr oft beanspruchen die Chapter-Bosse für sich das Recht, über Falsch oder Richtig zu entscheiden, Ankläger und Richter in einer Person zu sein. Peter Maczollek fordert beispielsweise in seiner Funktion als Anführer des Ortsvereins Bochum

DIE REGELN DER ROCKER – EINE AUSWAHL

Rockervereine sind keine Stuhlkreise, in denen jeder eine Meinung haben und mitreden darf. Der deutsche Bandidos-Boss Peter Maczollek sagt seinem Vertrauten Leslav Hause einmal, das Leben bei ihnen sei »keine Demokratie«, sondern eine »Diktatur«. Einer befiehlt, die anderen gehorchen – und Verspätungen zur Clubhaus-Wache können in Bochum schon einmal 150 Euro kosten.

Für die Hells Angels im Bundesgebiet gelten wiederum die »MC Germany Rules«, die unter anderem vorsehen: »keine Bullen oder Ex-Bullen im Club« (Regel Nr. 22), »keine Verräter im Club« (Nr. 23), »bei Verhaftung – nur Name und Rechtsanwalt« (Nr. 34).

Darüber hinaus müssen sich die Höllenengel an die »World Rules« halten, die einst der Ex-Hells-Angel Ulrich Detrois in seinem Buch enthüllte:

- »Mitgliedskarten werden nur an Mitglieder vergeben.« (Nr. 3)
- »Alle Charter müssen an den World-Meetings teilnehmen. Die Strafe für ein Fernbleiben beträgt 2000 Dollar. Gegen die Geldstrafe kann Widerspruch eingelegt werden, und wenn dieser erfolgreich ist, kann die Strafe aufgehoben werden.« (Nr. 5 A)
- »Jedes Land muss zwei Vertreter zum World-Meeting entsenden.« (Nr. 5 D)

ein Mitglied auf, zu einem wichtigen Clubtermin im Mai 2008 zu erscheinen. Maczollek: »Ansonsten degradiere ich dich zum Prospect.« Chapter-Bosse besitzen oft das alleinige Faustrecht und schlagen zu, wenn ein Gefolgsmann sich danebenbenimmt. »Backpfeifen verteilen«, heißt das Exekutivrecht in der Rockersprache.

Die Regeln der Bandidos reichen sogar über das Lebensende ihrer Mitglieder hinaus. Wer als rot-goldener Rocker Selbstmord begeht, verliert sein Anrecht auf ein Clubbegräbnis. Ein echter Bandido löst seine Probleme in der Bande, so die krude Philosophie. Nicht einmal den Freitod gönnen die Clubs dem Individuum. In der Praxis sind die Gangs bei der Auslegung ihrer Regeln aber durchaus flexibel. Als sich im Mai 2012 der Bottroper Bandido Hans B. nach Erkenntnissen der Ermittler selbst eine Kugel in die Brust schießt, zweifeln die Bandidos diese offizielle Version umgehend an. Folglich ist in der Logik ihrer Bande auch ein Staatsbegräbnis möglich, mit allen Ehren für den gefallenen »Bruder«.

Rocker hinter Gittern

Rockergangs wie die Hells Angel oder Bandidos verstehen sich als internationale Bruderschaften. Ein ewiges Bündnis, so die Theorie, das nur der Tod aufhebt. Tatsächlich verhalten sich die Clubs erstaunlich solidarisch, wenn ein Mitglied ins Gefängnis wandert. Er bleibt wie selbstverständlich Teil der Gemeinschaft. Die Clubs investieren viel Zeit und Geld, um einen eingesperrten Kumpel bei Laune zu halten. Doch hinter dieser Fürsorge steckt auch Kalkül, wie wir im Folgenden sehen werden.

Am 23. Februar 2008 ist der Bochumer Bandido »Eschli« Elten mit zwei Kumpels auf dem Weg in die Niederlande. Die drei Männer wollen im Nachbarland ihr Hobby ausleben – Gewalt, dieses Mal jedoch ohne Rockerbezug. Denn Elten ist nicht nur Mitglied der Bandidos, sondern auch der »Gelsen-Szene«, einer Hooligan-Truppe, die sich seit Jahrzehnten bei Spielen des FC Schalke 04 prügelt und schon halbe Innenstädte zerlegt hat.

Doch an diesem kalten Wintertag 2008 fällt der hämatöse Freizeitspaß aus. Bei einer Kontrolle finden holländische Polizisten eine scharfe Pistole im Auto der deutschen Schläger. Sie wandern ins Gefängnis. Und obwohl »Eschli« Elten als Hooligan und nicht als Rocker verhaftet wurde, fühlen sich die Bochumer Bandidos sofort für ihn zuständig. Der hochrangige Rocker Leslav Hause fährt persönlich nach Holland und besorgt einen Anwalt.

Die Gefangenenbetreuung ist eines der Kernthemen auf der Rocker-Agenda, ungefähr so wichtig wie der Atomausstieg für die Grünen oder Steuersenkungen für die FDP. Allgemein gilt: Klicken bei einem Rocker die Handschellen, kümmert sich der jeweilige »Sergeant at Arms« um den Häftling.

Da der in Bochum zuständige Waffenmeister Peter E. jedoch nicht schnell genug Geld für Eltens Anwalt in Holland auftreiben kann, drängt ihn der Präsident Peter Maczollek am Telefon zum Rücktritt von seinem Offiziersposten. Wäre Peter E. nicht selber eingeknickt, hätte ihn Maczollek vor der versammelten Truppe degradiert.

Die Knacki-Fürsorge ist gleichzeitig Vorsorge. Die Rocker in der Staatsunterkunft sollen sich nicht alleingelassen fühlen. Wer die Solidarität der Gruppe spürt, verhält sich loyal und kooperiert nicht mit den Behörden. Einsame Rocker sind tickende Zeitbomben, so das Kalkül.

In Thüringen beispielsweise fühlt sich der inhaftierte Vize-Präsident der Bandidos »Jena« von seinem Club verraten. Während er in seiner Zelle sitzt, hat er viel Zeit zum Nachdenken und freundet sich gedanklich mit dem Zeugenschutzprogramm des Staates an. Am Ende lässt der Rocker dem Landeskriminalamt durch seine Anwälte Gesprächsbereitschaft signalisieren und bricht sein Schweigegelübde. Durch seine Aussagen können mehrere schwere Straftaten aufgeklärt werden.

Loyale Insassen haben bei den Bandidos sogar einen Anspruch auf Finanzhilfen, der sich aus der clubeigenen Verfassung ableitet. Punkt 31 der »Bandidos MC Europe Satzung« lautet: »Jeder, der im Gefängnis sitzt, vom Prospect angefangen, muss mindestens 135 Euro pro Monat erhalten.« Doch die sozialen Sicherungssysteme im Rockerstaat gehen in bestimmten Fällen über diesen Betrag weit hinaus. Als »Eschli« Elten in den Niederlanden brummt, übernimmt der Club die Miete seiner Gelsenkirchener Wohnung.

Auch die Hells Angels kümmern sich um ihre Kollegen in den Stacheldrahtunterkünften. Höllenengel bezeichnen die Gefangenen als »Big House Crew«, ein feststehender Begriff, den alle auch ohne Übersetzung verstehen. Der Club betreibt eine Unterstützungsseite im Internet, auf der Adressen von einsitzenden Membern veröffentlicht werden und zu Brieffreundschaften aufgefordert wird. Wer es mit der Solidarität ernst meint, kauft sich auf der Seite ein Support-T-Shirt für 20 britische Pfund.

Aus der Verbotsverfügung gegen die Kieler Hells Angels vom Januar 2012 geht zudem hervor, dass weltweit alle Mitglieder der Gang in einen sogenannten »Defense-Fund« einzahlen müssen. Daraus werden unter anderem einsitzende Rocker sowie deren Familien unterstützt. Auch die »Honorarübernahme für beauftragte Rechtsanwälte« bestreitet der Club aus diesem Topf. Die Behörden werten die Finanzierung krimineller Mitglieder als Beleg für den strafgesetzwidrigen Zweck des Rockerclubs.

Ähnlich interpretiert das hessische Innenministerium die Visiten der Rocker bei ihrem inhaftierten »Bruder« Nils H. Der Hells Angel hatte nach einem Streit um den Einlass in eine Frankfurter Diskothek einen Türsteher umgebracht und wurde wegen Totschlags zu neuneinhalb Jahren Haft verurteilt. Doch hinter Gittern bleibt Nils H. nie lange alleine. Zwischen dem 18. Januar 2009 und dem 16. Juni 2011 bekommt der Messerstecher 121-mal Besuch, davon 63-mal von den Hells Angels. Es werde in diesem Fall deutlich, so interpretieren die Beamten den regen Publikumsverkehr, dass Straffälligkeit nicht zu einer Ächtung durch den Club führe.

Im Gegenteil: Ihre Treueschwüre inszenieren die Rocker auch gerne öffentlich. Im Sommer 2006 versammeln sich 30 Münchner Hells Angels vor der berühmten JVA Landsberg, aus der schon Adolf

Hitler nach privilegierter Festungshaft gut erholt herausspazierte. Die Bier trinkenden Rocker blicken gespannt auf die schwere Eisentür des Eingangsportals. Ein Jubelschrei dröhnt durch die bayerische Vormittagsruhe, als Michael »Michi« M. durch die Pforte schreitet. Der über zwei Meter große Zuhälter – wahrscheinlich der körperlich größte Höllenengel in ganz Deutschland – trägt ein T-Shirt mit der Aufschrift »Free all Angels«. Seine tätowierten Unterarme packen sich den ersten Kuttenträger und umschließen ihn. Michi, der Kuschelrocker.

Es folgt der Höhepunkt der Wiedervereinigung. Der bärtige Präsident mit dem üppigen Bauch streift dem Ex-Knacki seine Rockerkutte mit den Insignien der Hells Angels über. Die Meute grölt. Das Ritual brennt sich bei allen Anwesenden ein und fördert den Mythos von der tapferen, unauflöslichen Bruderschaft. So entstehen psychologische Fixpunkte, an denen sich andere Inhaftierte aufrichten.

Endlich wieder in voller Rockermontur, besteigt Michi M. in Landsberg am Lech seine Harley, die ihm seine Clubbrüder vor die Gefängnistür gefahren haben. Auch das gehört zum Service. In versetzten Zweierreihen rollen die schweren Motorräder dann zur Party ins Clubheim, wo ein Plakat »Welcome Home! Michi81« den verlorenen Sohn begrüßt.

Doch nicht nur wenn ein Rocker aus dem Gefängnis entlassen wird, auch wenn er in den Knast hineingeht, macht die Gruppe daraus ein sinnstiftendes Ereignis. Im Januar 2010 muss ein Höllenengel seine Beugehaft in Kiel antreten, weil er in einem Gerichtsprozess die Zeugenaussage verweigert hat. Mit einem Autokonvoi aus elf schwarzen Luxuskarossen wollen seine Clubbrüder ihn zur Knastpforte begleiten. Doch die Polizei stoppt die »Machtdemonstration« der Hells Angels noch auf der Autobahn. Kiel-Verbot für die Rocker, diesmal keine hollywoodreife Abschiedszeremonie am Gefängnistor.

Die Solidarität wird für die Clubs oft zu einem teuren Bilanzposten. Als die Bandidos Heino B. und Thomas K. den Hells Angel Robert K. in Ibbenbüren ermorden, übernimmt der Club die Anwaltskosten. In einem abgehörten Telefonat sagt Deutschlandchef Peter Maczollek zu

Heinos Ehefrau: »Ich habe für beide zehn besorgt.« Damit sind 10 000 Euro gemeint. Wo das Geld genau herkommt, wird jedoch nicht ganz klar. Auf jeden Fall unterhalten die Clubs sogenannte Knastkassen für juristische Sonderausgaben, in Bochum muss jeder Bandido monatlich zehn Euro einzahlen.

Mit dem gesammelten Geld können den Inhaftierten kleine Annehmlichkeiten finanziert werden. So verfügt der gelernte Dachdecker Heino B. im Gefängnis über ein eingeschmuggeltes Handy und kann per SMS DVDs und Zigaretten bei seinen Rockerfreunden bestellen. Durch das Telefon bleibt er auch nah dran am Clubgeschehen. Im November 2008 erreicht den Inhaftierten eine SMS von Peter Maczollek, die die Kripo Bochum mitliest: »Viele Grüße aus dem Partybus mein Freund von den Banditen Les Batzen Glatze Kim Marcel und Peter. Sind auf dem Weg nach Cottbus und denken an dich Bruder.« Wie man sieht, ist die Unterstützung der Gefangenen eine Sache für die Chefetage. Aus den abgefangenen Nachrichten schließen die Fahnder zudem, dass der Club auch Heino B.s Ehefrau in Bremen finanziell unterstützt.

Einzelne Rocker werden sogar unvorsichtig und verletzten die konspirativen Gebote, wenn sie sich für inhaftierte Kollegen einsetzen. So schreibt der Dortmunder Bandido Jürgen L. im Dezember 2007 einen Brief an den damaligen Untersuchungshäftling Heino B., in dem er detailliert eine Schlägerei zwischen Bandidos und Hells Angels in Münster schildert – hier in der Original-Orthografie wiedergegeben: »Unsere Leute ca. 20 haben 13 Angler maltretiert. (Frankfurt/Singen) Die Autoscheiben der Anglerautos eingeschlagen und die Leute rausgeholt. Einige optische Mutanten sind dann zur freude unserer Leute gelaufen wie die Hasen und haben ihre Brüder ihrem Schicksal überlassen.«

Das Schreiben wurde jedoch von den Justizbehörden abgefangen und der Polizei übergeben. Die war positiv überrascht, denn solches Detailwissen besaßen die Ermittler über die Schlägerei in Münster bisher nicht. Die Bandidos degradieren den Dortmunder Jürgen L.

daraufhin für so viel Dummheit für sechs Monate zum Clubanwärter. Eigentlich wollte er nur Gutes tun, jetzt fehlen seiner Kutte die wichtigsten Abzeichen. Der Rocker musste lernen: Die Gefangenenfürsorge hat zwar hohe Priorität, sollte aber nicht die Polizeiakten anschwellen lassen.

Neid und Missgunst

»Don't ride in front of me, I may not follow.
Don't ride behind me, I may not lead.
Just ride beside me, and be my brother.«

Der von dem Philosophen Albert Camus abgekupferte Dreizeiler ist das weltweit propagierte Motto des Bandidos MC. Es ist die romantisch aufgeladene Vision einer klassenlosen Bruderschaft, in der es kein Unten und kein Oben, kein Vorne und kein Hinten gibt. Nur ein Nebeneinander, bei dem die Männer stets auf Augenhöhe sind. Biker-Kommunismus, made in Texas.

In der Öffentlichkeit präsentiert sich ein Rockerclub als homogene Schicksalsgemeinschaft. Eine vibrierende Harley-Kavallerie mit einheitlichen Soldaten, in der sogar die Offiziere von ihren Eisenrössern steigen, um die rangniedrigsten Rekruten demonstrativ in den Arm zu nehmen. Eine Bruderschaft aus Alphatieren, elitär und egalitär wie eine militärische Spezialeinheit. Doch dabei handelt es sich bloß um eine gut inszenierte Aufführung, ein Theaterstück auf einer Freilichtbühne aus Asphalt. Neid, Missgunst und Egoismus herrschen unter Rockern mindestens genauso wie in Model-WGs oder CSU-Ortsvereinen – meistens aber noch viel stärker und mit teilweise tödlichen Konsequenzen.

Das Biker-Mantra des »Einer für alle – alle für einen« ist bei genauerer Überprüfung in etwa so zutreffend wie die Annahme, Heroin und Crack führten zu Freiheit und Selbstbestimmung. Denn die Realität zeichnet ein anderes Bild vom Mit- und Gegeneinander der angeblichen Clubkameraden. Brüderlichkeit ist eine nette Idee, in der Wirklichkeit gilt bei den Motorradgangs jedoch vor allem ein Gesetz: das unbedingte Recht des Stärkeren.

So sind auch viele Rocker-Abteilungen das alleinige Resultat erbitterter interner Streitigkeiten. Ein Beispiel dafür sind die Bandidos »Recklinghausen« im Ruhrgebiet. Die meisten Mitglieder dieses Chapters waren vorher bei den Essener Bandidos, hatten dort aber keine Lust mehr auf den autoritären Präsidenten Martin B. Die Gruppe spaltet sich 2005 über diese Personalie in zwei Fraktionen, und die Unzufriedenen eröffnen ihre eigene Dependance in der Nachbarstadt. Wie man sich vorstellen kann, wäre das Verhältnis zwischen den beiden Chaptern seitdem mit »unterkühlt« noch recht wohlwollend beschrieben.

Im Februar 2008 schlagen drei Bandidos aus Recklinghausen ihren Kameraden Marco F. brutal zusammen und schmeißen ihn aus dem Club. Doch nur eine Woche später ist er schon wieder Rocker. Die Essener Bandidos haben den Ausgestoßenen bei sich aufgenommen. Mit biblischer Barmherzigkeit hatte das nichts zu tun. Die Essener verhöhnen offen ihren Gegner im eigenen Lager, ein Affront, den auch der Deutschlandchef Peter Maczollek nicht duldet. Er droht am Telefon, mit einem Konvoi in Essen einzureiten und Marco F. niederzuschlagen, nicht zuletzt da er ob der Affäre um sein eigenes Ansehen fürchtet. Am Ende handeln beide Seiten eine Lösung aus, die bei allen Beteiligten schlechte Laune zurücklässt: Marco F. wird degradiert, darf aber als »Supporter« weiterhin die Essener unterstützen.

Rocker-Diplomatie ist eine sehr zähe Angelegenheit. Viele Gespräche scheitern schon im Ansatz. Geltungssucht und mangelnde Kritikfähigkeit sind keine guten Voraussetzungen für eine gütliche Einigung, und viele Rocker sind mit diesen beiden Eigenschaften reichlich gesegnet. Wer in der Zivilgesellschaft keine Regeln akzeptiert, macht es im Clubheim oft nur, weil er die brutalen Konsequenzen fürchtet. Die Bruderschaften basieren daher vor allem auf Angst und Zwang.

Enorm ausgeprägt ist die Rivalität zwischen einzelnen Abteilungen mit denselben Vereinsfarben. Die bereits beschriebene Abneigung zwischen Essen und Recklinghausen im Banditen-Lager ist kein Einzelfall. In Berlin existieren zeitweise nicht weniger als sieben unterschiedliche Bandidos-Dependancen. Dahinter steckt kein ausgeklügelter Expansionsplan, sondern die schlichte Tatsache, dass die einzelnen Abteilungen eher Konkurrenten als Brüder sind. Die Alt-Rocker »Berlin City« und die türkischen Neu-Rocker »South Central« fühlen sich in etwa so verbunden wie Volksmusikanten und Gangsterrapper.

Bei den Bandidos oder Hells Angels ist es im Grunde wie in einer Partei oder einem Museumsverein. Das einzelne Mitglied will gemeinsam Projekte anpacken, die es alleine nicht hinbekommt: soziale Gerechtigkeit schaffen, Dampflokomotiven retten oder eben Motorrad fahren, Bordelle übernehmen und Drogen verkaufen. Allerdings sind bei den Motorradclubs die meisten Charaktere gänzlich ungeeignet für eine funktionierende Gemeinschaft.

Wie es in einer Rockerfamilie knirscht und kracht, kann etwa das Bochumer Kriminalkommissariat 21 zwischen 2007 und 2009 live mitverfolgen. Bei der bereits erwähnten Abhöraktion der Ermittlungskommission »Hombre« sammeln die Ermittler zwar keine Beweise für eine kriminelle Vereinigung, aber die mitgeschnittenen Gespräche wären für jeden Soziologen, der das Gruppenverhalten der Rocker untersuchen möchte, eine wahre Fundgrube.

2008 sind Peter Maczollek und Leslav Hause die dominierenden Köpfe in Bochum. Zwei eng befreundete Vollblut-Bandidos der ersten Stunde, die schon den Vorgängerclub Ghostriders prägten. Daneben versammeln sich am Member-Tisch noch Rudi Heinz »Eschli« Elten (Hooligan, Geldeintreiber), Peter »Bazi« B. (Bordellbetreiber), Thomas »Glatze« S. (Ex-Hells-Angel, Geldeintreiber), Armin G. (Türsteher im Bordell), Peter »Peitsche« E. (Türsteher im Bordell), Dieter »Diddi« L. (Harley-Verkäufer), Kim N. (dänischer Sozialhilfe-Empfänger) und Jürgen »Batzen« B. Es sind Männer, die hervorragend säumige Schuldner einschüchtern oder Prostituierte motivieren können, allerdings sind sie für eine funktionierende Bruderschaft viel zu egoistisch.

Thomas »Glatze« S. betrachtet das Chapter als Zwei-Klassen-Gesellschaft und will zu den Bandidos nach Gelsenkirchen wechseln. Ihm fehlt aber das Geld, um sich freizukaufen. In einem Gespräch im Clubheim – mitgehört von der Kripo – lästert er: »Von Eschli und Bazi will ich kein Bruder sein.« Heikle Worte für einen Bandido. Allerdings denkt »Bazi« genauso. Er sagt am Telefon zu seiner Ehefrau: »Einige aus meinem Chapter fucken mich ab.«

Beim »National Run« 2008 in Nizza eskalieren die internen Spannungen. »Glatze« hält es nicht für nötig, mit seinen Brüdern im Konvoi nach Frankreich zu fahren. Er schließt sich lieber den Gelsenkirchenern an. Auf dem Fest betrinkt er sich so heftig, dass er seinen Sicherheitsdienst nicht mehr antreten kann.

Der aus Dänemark stammende Kim N. blamiert die gesamte Bochumer Delegation. Er schlägt drei Bandidos aus Stralsund grundlos zusammen. Für die Tat des Einzelnen ist in der Rockerphilosophie das gesamte Chapter verantwortlich. »Brüder« sollen aufeinander aufpassen und sich gegenseitig unterstützen. Die Bochumer präsentieren sich in Frankreich als wilder Haufen von Individualisten – was sie in Wahrheit auch sind.

Nach dem Europa-Treffen rechnet der Bochumer Boss Peter Maczollek, der gleichzeitig auch Deutschlandchef ist, mit seiner Mannschaft ab: »Das ist keine Brotherhood. Das ist ein Haufen Scheiße. Der Glatze kommt mit dem Bazi nicht klar. Der Glatze kommt mit dem Peter nicht klar. Der Eschli kommt mit Peter nicht klar. Der Peter kommt mit keinem klar.« Entnervt legt Maczollek sein Amt nieder und installiert eine neue Führung. Doch die Spannungen bleiben. »Bazi« sagt am Handy zu einem befreundeten Rocker: »Mit der neuen Führung kann ich nichts anfangen. Diddi ist immer besoffen.«

Auch erweist sich die hitzige Expansion der Bandidos in den Jahren des sogenannten Rockerkrieges für den internen Zusammenhalt als zusätzliches Gift. Nostalgische Biker blicken gerne auf die Zeiten zurück, als jeder jeden kannte und man gemeinsam auf frisierten Mopeds durch die siebziger Jahre knatterte. Heute rollen die bierbäuchigen Alt-Rocker verächtlich mit den Augen, wenn die Neu-Rocker in weißen S-Klasse-Limousinen vorfahren. Old-School und New-School heißen die oft unversöhnlichen Fraktionen. »Ich weiß gar nicht, was ich mit denen reden soll. Ich kenne auch gar keinen mehr. Mittlerweile habe ich nur noch Bock auf mein eigenes Chapter«, fasst ein frustrierter Alt-Bandido die Lage zusammen. Überregionale Partys verkommen zu lästigen Pflichtveranstaltungen.

Aber auch intern kracht es überall gewaltig, weil die Testosterongesättigten Biker sich nur äußerst ungern anpassen und unterordnen. Ein langjähriger Bandido erklärt das kleine Einmaleins der Clubsoziologie: »Am besten würden die Chapter nur aus drei Leuten bestehen, das geht aber nicht. Es müssen mindestens fünf sein. Das Problem aber ist, dass sich ein Club mit sechs Membern schon in drei Lager spaltet.«

Schmarotzer Jörg K. – ein Rocker trickst sich durch

Hells Angels und Bandidos erklären sich gerne zu den letzten verbliebenen Gralshütern von Ehrlichkeit, Respekt und Solidarität. Ihre mit Stacheldraht gesicherten Clubheime deklarieren sie zu Trutzburgen einer Wertegemeinschaft, die aufrichtig handelt und niemals die Gerechtigkeit aus dem Blick verliert. »Wenn ein Hells Angel dir sein Wort gibt, dann hält der auch sein Wort«, sagt ein Höllenengel bedeutungsschwer in einem Werbefilm der Bande. In den Ermittlungsakten der Polizei findet sich eine andere Wirklichkeit. Aus abgehörten Telefonaten filtern die Beamten heraus, wie viel Egoismus und Neid in den Vereinsheimen herrschen. Ein Rocker sticht dabei besonders hervor.

Der Bordellbetreiber und Bandido Jörg K.* betrügt den Staat, stürzt seine Partnerinnen in den finanziellen Ruin und nutzt sogar

* Aus juristischen Gründen wurden der Name des Mannes und einige Details seiner Lebensumstände leicht verändert.

seine Rockerkumpels aus. Und obwohl er eigentlich pleite ist, führt er das Leben eines Jetset-Millionärs. Es ist erstaunlich, wie sich ein Mensch durchs Leben tricksen kann, ohne dass irgendeine Behörde ihn aufhält.

Eigentlich ist der Bandido K. nur ein kleiner Angestellter bei einer gewerblichen Zimmervermietung in einem Schmuddelviertel im Ruhrgebiet, allerdings ist die Herberge ein Bordell. Die Zimmervermietung gehört praktischerweise der Ehefrau des Rockers, die über zehn Jahre jünger ist als er und in Myanmar geboren wurde.

Wie aus den abgehörten Telefonaten hervorgeht, kümmert sich Jörg K. rührend um das Geschäft seiner Frau. So rührend, dass die Ermittler irgendwann davon ausgehen, er sei der eigentliche Betreiber des Etablissements. Er bezahlt die Pacht für das Haus und meckert bei der Telekom, wenn wegen einer Leitungsstörung das EC-Karten-Lesegerät nicht funktioniert. »Ein Verlust von 800 Euro« sei ihm entstanden, mault er am Handy.

Als ein Zuhälter zwei afrikanische Prostituierte in dem Bordell anschaffen lassen möchte, nennt der Rocker die Konditionen: 95 Euro Tagesmiete plus 300 Euro Kaution. Mit seiner Frau führt er wohl eine Scheinehe, die beiden leben nicht mehr in einer Wohnung. Jörg K. will sich scheiden lassen, muss vorher aber noch eine GmbH gründen. Das Bordell braucht ja eine Betreiberfirma.

Allerdings kann K. in Deutschland keine Firma mehr gründen, denn offiziell ist er pleite. Vor Jahren hat er eine eidesstattliche Versicherung abgegeben und sich für zahlungsunfähig erklärt. Kein Problem, Jörg K. will stattdessen eine spanische GmbH auf Ibiza gründen. Da verbringt der offiziell mittellose Mann eh einen Großteil seiner freien Zeit.

Wenn er für seine Rocker- oder Bordell-Aktivitäten ins Ruhrgebiet jettet, steigt er am Düsseldorfer Flughafen meistens in einen Mercedes-Geländewagen und präsentiert sich bei seinen Rockerkumpels als erfolgreicher Lude. Das luxuriöse Auto ist auf seine Ex-Freundin zugelassen. So kann es ihm niemand pfänden, trotz der eidesstattlichen Versicherung.

Sein Handy läuft über die Eltern seiner Ex-Freundin. Erstaunlich, was die 15 Jahre jüngere Frau noch alles für ihn tut, denn wie aus den abgehörten Telefonaten hervorgeht, verdankt sie dem Rocker einen Großteil ihres riesigen Schuldenberges. Fast einem Weinkrampf nahe, teilt sie dem Bandido am Handy mit, dass sie mit über 50 000 Euro in der Kreide stehe, weil sie ihren »Namen für den bepissten Imbiss« hergegeben habe. Anscheinend hat der Rocker einen Essensstand bewusst in die Pleite getrieben. Die Gaststätte lief offiziell auf den Namen seiner damaligen Freundin.

Geschäftlich ist der Mann ohnehin äußerst rege. Als er wegen Körperverletzung vorübergehend verhaftet wird, findet die Polizei bei ihm eine Genehmigung für einen Weihnachtsmarktstand auf Ibiza. Gerne macht er auch seine stattliche Statur, seine Löwenmähne und seine Redekünste zu Geld. 5000 Euro kassiert er von einer TV-Produktionsfirma, dafür spielt er in einer Folge einer Dokusoap mit.

Er verfügt über reichlich Kontakte und erhält häufig wertvolle Informationen, die er zu Geld machen will. So bekommt er über einen Freund mit, dass die Betreiberfirma einer Pferdeshow in argen Liquiditätsengpässen zu stecken scheint. Der Rocker will Devisen im Duisburger Rotlichtviertel besorgen, natürlich gegen eine saftige Provision für sich selbst. Der Finanzdeal ohne Schufa-Auskunft scheitert aber offenbar.

Jörg K. ist ein Typ, der in der Sahara Heizdecken verkaufen könnte, sich aber auch welche andrehen ließe. Im Ruhrgebiet kauft er von »irgendwelchen Iren« sehr günstig Flachbildfernseher, vermutlich Hehlerware. Allerdings erweisen sich die TV-Geräte als minderwertig, und so vertickt K. den Elektroschrott weiter. Als Moderator einer Tattoo-Convention bekommt er 1500 Euro vom Veranstalter, und jedes Jahr präsentiert er einen Table-Dance-Wettbewerb der Bandidos. »Wenn der ein Mikrofon sieht, hat er es auch schon in der Hand«, sagt ein langjähriger Bandido-Clubkumpan.

Die Gang nutzt Jörg K. gern für seine privaten Zwecke. Den »Supporter« Dennis W. lässt er wahrscheinlich Kokain in Gelsenkirchen holen und engagiert ihn auch als Fahrer, der seine Frau quer durch Deutschland bis nach Hessen chauffieren muss.

Während er seine Gläubiger am Telefon abwimmelt oder wegdrückt, führt er auf Ibiza ein Leben auf der Sonnenseite. Über die Insel fährt er entweder mit einem Benz 450 SL oder einem Jeep Cherokee. Gegenüber einer seiner vielen weiblichen Bekanntschaften prahlt er mit einer nagelneuen Harley-Davidson. Offenbar besitzt der Rocker sogar drei Motorräder.

Auf Ibiza vergnügt sich der Pferdenarr auch mit zwei eigenen Rössern. Frauen lockt er gerne mit einem »Ritt in den Sonnenuntergang« auf die spanische Insel. Sein Apartment kostet ihn monatlich allein 1600 Euro.

Geld, das er eigentlich nicht haben dürfte, denn schließlich ist er offiziell pleite und schuldet dem deutschen Staat noch eine Menge Steuern. Das Finanzamt geht Ende 2008 davon aus, dass der insolvente Imbiss sein Geschäft war, auch wenn seine Ex-Freundin in den Büchern steht. Die Behörde verlangt jetzt 17 000 Euro von dem Lebemann, der wahrscheinlich wieder eine unkonventionelle Lösung für seine Probleme finden wird. Wie schon so oft.

Weil er ja offiziell insolvent ist, lässt er offensichtlich viele Transaktionen über das Konto seiner Mutter laufen, wie sich aus abgehörten Telefonaten herleiten lässt. Um den Staat und ihre Gläubiger auszutricksen, werden selbst gestandene Rocker gern wieder zu Mamas Lieblingen.

Gewalt ist Respekt – die Gangs und ihr Nachwuchs

Am 14. Januar 2010 empfängt eine fiese Kälte die jungen Straftäter in Berlin-Hellersdorf. Das Wetter passt zu der frostigen Architektur in der Plattenbausiedlung. Minus fünf Grad und eine 20 Zentimeter dicke Schneeschicht, die sämtliche Autos und jede der gelben Gemeinschaftsmülltonnen verhüllt. Jetzt gibt es überhaupt keine Farbe mehr in der Waschbeton-Landschaft.

Gegen 23.15 Uhr hält auf der Riesaer Straße ein Fiat Punto. Drei junge Männer steigen zügig aus und fixieren mit den Augen ihr Zielobjekt. Ein geparkter Mitsubishi Carisma mit dem Kennzeichen B FC 1888. Benno S., genannt »der Lange«, schlägt mit einem gestohlenen Nothammer die Scheibe ein. Roman L. kippt eine halbe Flasche Brennspiritus auf den Fahrersitz. Er hat Angst, weil das Einschlagen der Scheibe so laut war. Es ist seine erste Kommandoaktion gegen die Hells Angels. Sein Rocker-Vorgesetzter Florian F. brüllt ihn an: »Kipp die ganze Flasche rein.« Zum Abschluss wirft F. eine brennende Fackel in den japanischen Kleinwagen. Als die Männer den wartenden Punto mit Fahrer Konstantin S. erreichen, erleuchten die Flammen schon die graue Fassade des angrenzenden Häuserblocks.

Die vier Täter gehören zu dem Club La Onda aus dem Berliner Stadtteil Weißensee, einer Gang, die häufig die Drecksarbeit für die Bandidos »Southside« aus der Langhansstraße erledigt. Fast jedes Chapter der Bandidos und jedes Charter der Hells Angels steigert die eigene Durchsetzungsfähigkeit inzwischen mit willfährigen jungen Männern, die sich im Rocker-Slang »Supporter« nennen, Unterstützer.

Bei den Bandidos heißen sie wie mexikanische Drogenkartelle: La Onda, Los Muertos, Chicanos oder Malos Hombres. Ihre Pendants auf Seiten der Hells Angels klingen wie Truppenteile aus einem Wehrmachtsbericht: Regiment 81, Brigade 81 oder Kommando 81. Allesamt sind sie Subunternehmer für schmutzige Aufträge und entwickeln sich immer stärker zu einer Anlaufstelle für perspektivlose Männer mit einer Vorliebe für Faustrecht, Betäubungsmittel und Hartz IV.

Der rangniedrigste Brandstifter ist der 22-jährige La-Onda-Anwärter Roman L. Ein Kokainkonsument und Kleindealer, dessen Biografie sowohl aus fiskalischer als auch aus sozialpolitischer Sicht ein Desaster ist. Bei einer späteren Vernehmung tippt ein Kriminalhauptkommissar zu L. ins Protokoll:

Erlernter Beruf: ohne
Ausgeübter Beruf: ohne
Arbeitsverhältnis: ohne
Einkommensverhältnis: ohne

Auch die anderen Täter haben sämtliche Bildungschancen verschenkt. Benno S. verpasst sein Fachabitur, weil er wegen versuchten Totschlags in den Knast wandert. Konstantin S. bricht eine Lehre zum Hochbaufachwerker – so heißen Baustellenhelfer heute – kurz vor der Prüfung ab. Beide sind in ihrer Jugend mit massiven Körperverletzungen negativ aufgefallen.

Jung, perspektivlos, gewalttätig und deshalb echte Rohdiamanten für die Rockerszene. Hells Angels und Bandidos betreiben eine sehr genaue Nachwuchssichtung. Sklavischen Gehorsam, totale Verschwiegenheit und ein Faible für Gewaltdelikte jeglicher Couleur sollte ein Einsteiger mitbringen, Schulabschlüsse sind verzichtbar.

Wer es irgendwann zum Vollmitglied bei einem Alpha-Club schaffen will, muss sich – falls er nicht über Geld oder Macht verfügt – erst einmal in der Unterstützergruppierung durchbeißen. Straftaten sind für die Gangs Zwischenprüfungen, um in deren Hierarchie aufzusteigen. Nach dem Brandanschlag in Hellersdorf wird der Ersttäter Roman L. vor der gesamten Mannschaft gelobt. Brutalität gleich Anerkennung, das ist die simple Logik in vielen »Supporter-Clubs«. Vor allem in der Hauptstadt.

Der abgefackelte Mitsubishi in Hellersdorf gehörte dem 22-jährigen Kevin R., einem Mitglied der Brigade 81, die wiederum die Ostberliner Hells Angels bei allem unterstützen, was die sich so einfallen lassen. Sein Kennzeichen B FC 1888 klebt zwar an einem japanischem Auto, dennoch lässt es Rückschlüsse auf eine dumpfdeutsche Gesinnung zu. Der Grund: Es sind Anhänger des BFC Dynamo Berlin, die ihre Faszination für den Fußballclub mit dieser Buchstabenkombination ausdrücken.

Und die Hooligans des Clubs gelten als eine der schlimmsten Fußball-Prügeltruppen in Deutschland. Beim BFC-Anhang hauen oft Rechtsradikale mit, wenn auch nicht mehr so zahlreich wie in den neunziger Jahren. Das Brigade-81-Mitglied Kevin R. kokettiert aber ziemlich offen mit seiner Faszination für den Nationalsozialismus. Und daher steht 1888 auf seinem Autokennzeichen höchstwahrscheinlich für die vier Buchstaben AH HH – was wiederum in der Nazi-Szene bedeutet: Adolf Hitler, Heil Hitler.

Junge Männer aus dem Hooligan-Umfeld des BFC sind die bevorzugten Neueinsteiger bei den Ostberliner Höllenengeln. Denn deren Oberhaupt André Sommer war zu DDR-Zeiten selbst einer der schlimmsten Dynamo-Schläger am Rande von Oberligaspielen. Heutzutage geht er in Hells-Angels-Kutte ins Stadion.

Die Brigade 81 erfüllt für die Hells Angels dieselbe Funktion wie der Club La Onda auf der Gegenseite. Auch sie erhöht die Macht ihrer Vorgesetzten im Rockermilieu, ohne selbst mächtig zu sein. Die Mitglieder haben eine Menge Pflichten, jedoch kaum Rechte. Dafür aber bekommen sie Halt, Ordnung, Abenteuer und das Gefühl, jemand zu sein. Sie berauschen sich an der Stärke der Bande und glauben, sie seien deswegen auch stark. Endlich ist man nicht mehr Opfer der Verhältnisse, früh gescheitert im Leben, sondern ein kerniger Hilfsrocker mit eigener Uniform und steter Bestätigung durch die Bande. Dafür tun viele junge Männer fast alles.

Der frühere Anführer der Kieler Brigade 81 zum Beispiel hat vor Gericht einmal geschwärmt, was für ein erhebendes Gefühl es für eine gescheiterte Existenz wie ihn gewesen sei, mit »30, 40 Mann« in eine Disko einzuziehen. Da gehe die Menge raunend auseinander. Und was in Ostberlin bei rechtsradikalen Hooligans funktioniert, funktioniert in Duisburg, Köln oder Kreuzberg genauso bei jungen Männern mit Migrationshintergrund. Verloren zu sein und von vermeintlich starken Typen gefunden zu werden ist keine Frage der Ethnie oder der Religion, sondern alleine des Milieus.

Der Berliner Brigadist Kevin R. jedenfalls sinnt auf Rache für seinen Mitsubishi. Nur einen Tag nach dem Brandschlag lauert er mit weiteren Unterweltaktivisten einem Rocker-Rivalen auf. Sie hocken in einem silbernen VW Golf, Kevin R. auf dem Beifahrersitz, und beobachten das Haus des Gegners in der Eduardstraße im Stadtteil Lichtenberg. Doch der Trupp wird schon bei der Anfahrt gesichtet.

Das gegnerische Radar arbeitet militärisch-zuverlässig in der Hauptstadt. Die Bandidos-»Supporter« warnen sich gegenseitig per SMS oder Anruf, wann und wo sie einen oder mehrere Gegner bemerkt haben. Gegen 23 Uhr bekommt der La-Onda-Anführer Florian F. aktuelle Informationen über die Truppenbewegungen der 81-Brigadisten. F. feiert gerade eine Clubparty im Bandidos-Vereinsheim in der Langhansstraße.

Hier residieren ebenfalls alle drei Unterstützerclubs der örtlichen Bandidos: die bereits bekannte Gruppe La Onda sowie die »Supporter« Los Muertos und Minotauros. Florian F. gibt die Hinweise sofort an den anwesenden ranghöchsten Bandido Olaf A., Szenename »Vicious«, weiter. Die Befehls- und Meldeketten funktionieren ähnlich wie bei der Bundeswehr oder der Polizei. »Einsatzleiter« A. stellt eine schnelle Eingreiftruppe zusammen, dann geht es los.

Im weißen Mazda 323 rasen vier Männer nach Lichtenberg. Vor Ort beobachten schon weitere Bandidos-Unterstützer die ihrerseits lauernden Gegner. Die Brigade-81-Mitglieder bemerken zunächst nicht, was sich um sie herum zusammenbraut. Im Mazda sitzt hinter dem Fahrer auch der Brandstifter und La-Onda-Anwärter Roman L., mal wieder ziemlich zugekokst. Der Plan ist, die gegnerischen Rocker einzukeilen und dann »plattzumachen«.

Als der weiße Mazda in die Eduardstraße einbiegt, bemerken die Hells-Angels-Helfer die plötzliche Übermacht und wollen flüchten, doch die Räder des Golfs drehen auf der vereisten Straße durch. Denny S. und Robert L. springen aus dem Mazda und rennen auf den VW zu. S. reißt die Beifahrertür auf, dort sitzt der Hellersdorfer Kevin R.

»Für mich hat der Krieg zwischen den Bandidos und Hells Angels zum ersten Mal ein Gesicht bekommen«, sagt der Angreifer Robert L. in einer späteren Polizeivernehmung über diesen Moment. »Ich kenne Kevin aus der Schule.« Doch Pardon wird nicht gegeben, die Nacht endet blutig.

Als Denny S. es nicht schafft, den korpulenten Kevin R. aus dem Auto zu reißen, rammt er ihm ein Messer in den Oberschenkel. Zehn Zentimeter tief. Als er ein zweites Mal zustechen will, greifen die Räder des Golfs plötzlich und die Brigade-81-Mitglieder können flüchten. Sie bringen den Verletzten ins Sana-Klinikum in der Fanninger Straße. R. sagt der Notärztin, ein Unbekannter habe ihn attackiert. Mehr nicht.

Den Wartebereich der Notaufnahme bewachen acht alarmierte Brigadisten. Die Männer schließen anscheinend nicht aus, dass der Gegner erneut angreift. Auch der Hells-Angels-Anführer André Sommer eilt höchstpersönlich ins Krankenhaus und unterstützt seine Brut. Anerkennung ist die beste Methode, die Untergebenen zu motivieren.

Und so schweigt der verletzte Kevin R. auch gegenüber den Ermittlern des LKA-Rockerkommissariats 422, die ihn einen Tag später am Krankenbett der Station 6a vernehmen wollen. Der Novize hat schon die wichtigste Regel verinnerlicht: Bei der Polizei wird die Klappe gehalten, auch als Opfer. Der Messerstecher Denny S. und seine Hiwis kehren in der Tatnacht noch in ihr Hauptquartier zurück. Der Angriff muss ausgewertet werden, Einsatznachbesprechung hieße das im Behördendeutsch.

Dazu eilt extra Grischa Vowe herbei – damals der unbestrittene Herrscher über alle Bandidos, Unterstützer in Ostberlin und einer der wichtigsten Rocker Deutschlands. Vowe will bei der Befragung im Meetingraum vor allem wissen, warum die Insassen des zweiten Autos nicht ausgestiegen sind. Danach nimmt sich die Runde die Messerattacke vor. »Denny wurde in den Himmel gelobt. Ich glaube von Vowe«, sagt der spätere Aussteiger Roman L. bei der Polizei. Gewalt ist Respekt. Wer in der Szene nach oben will, sollte immer eine Waffe dabeihaben und sie einzusetzen wissen.

Der Kleindealer L. jedoch entschließt sich im Winter 2012, seine Rockerkarriere zu beenden und umfänglich bei der Polizei auszupacken. Zu der Zeit sitzt er in Untersuchungshaft. Am 10. Februar 2012 bricht er um 15.50 Uhr mit seiner Vergangenheit und offenbart sich einem Kriminalhauptkommissar. Er schildert detailliert die Brandstiftung in Hellersdorf, die Messerattacke in Lichtenberg und einen Raubüberfall in Schöneberg auf zwei wehrlose Frauen.

Seit diesem Februartag ist das Zeugenschutzprogramm der Polizei für ihn zuständig, denn Roman L. muss die Rache seiner früheren Kumpane fürchten. Die Behörden bringen ihn aus Berlin heraus und stecken ihn in eine Einzelzelle. Mit der Rockerbeichte in den Akten gründet das Landeskriminalamt die Arbeitsgruppe »Chamäleon«.

Am 28. März 2010 um 20.10 Uhr stürmt ein Spezialeinsatzkommando aus Niedersachsen die Bleibe des La-Onda-Anführers und Brandstifters Florian F. in der Streustraße in Weißensee. »In der Wohnung befanden sich keine Personen, nur eine Katze, die nicht zu Schaden kam«, heißt es später im Durchsuchungsbericht. Auf der Kommode im Wohnzimmer, direkt neben der Kuschelhöhle der Katze, liegt griffbereit eine Machete mit einer 40 Zentimeter langen Klinge. Etwas weiter auf einem Stapel Wäsche die La-Onda-Kutte. Als Florian F. kurze Zeit später mit seiner Freundin nach Hause kommt, nehmen ihn die Polizisten fest.

Die interessantesten Funde machen die Beamten in einem Aktenordner. Sie sichern Papiere, die das Binnenleben der Bandido-Unterstützerclubs beleuchten. In der aufgefundenen »Satzung der Support-Chapter innerhalb des Bandidos MC Europe« beschreibt die Motorradgang ziemlich genau, welche Eigenschaften ein Unterstützer erfüllen muss:

- Jedes Mitglied eines »Support-Chapters« muss männlich und mindestens 18 Jahre alt sein.
- Jedes Mitglied muss ein Motorrad mit mindestens 500 ccm besitzen und fahren.
- Jedes Mitglied steht loyal und ausschließlich zum Bandidos MC.

Im Gegensatz zu den »Support-Chaptern« gelten für echte Bandidos härtere Aufnahmekriterien. Sie müssen 21 Jahre alt sein und eine Harley-Davidson fahren, nicht bloß irgendein Motorrad. Auf diese Weise verwässert der Club bei seinen Unterstützergruppen seinen eigenen Mythos, allerdings tut er das ganz bewusst.

Im Dauerkonflikt mit den Hells Angels wollen die »Hüte« – so der Szenename der Bandidos – ihre eigene Schlagkraft schnell erhöhen. Rockerclubs fürchten traditionell immer einen Angriff, wenn der Gegner zahlenmäßig überlegen ist. Ruhe herrscht meistens nur, wenn die Kräfte ausbalanciert sind. Und daher haben die Bandidos in den vergangenen Jahren Typen um sich geschart, die sie in Friedenszeiten niemals in ihre Nähe gelassen hätten. Und die »Angler« – wie die Hells Angels im Milieu heißen – machen es genauso. Gefragt sind nicht mehr die wilden Harley-Freaks mit Benzingeruch in der Rockermatte, sondern durchtrainierte Kampfroboter mit einem erhöhten Testosteronspiegel und einer tiefergelegten Hemmschwelle. Das Wettrüsten führt dazu, dass es 2011 in Deutschland mehr Rocker in mehr Clubs gibt als je zuvor.

Die Bandidos haben sogar einen Untertanen zweiter Klasse eingeführt. Im Mexikaner-Lager existieren neben den »Support-Chaptern« wie La Onda, Los Muertos und Malos Hombres noch sogenannte »Support-Teams«. Sie heißen beispielsweise X-Team Essen oder X-Team Dortmund. Bei diesen Männern verzichten die Vorgesetzten auf jegliches Interesse am Motorradfahren, sie sollen sich vor allem schlagen können.

In Bochum beauftragt Bandidos-Boss Peter Maczollek, der gleichzeitig Deutschlandchef der Gang ist, im Jahr 2007 ausgerechnet den gewaltverliebten Rocker »Eschli« Elten, ein X-Team für den Club aufzubauen. Allen ist damals klar, wo Elten geeignete Kandidaten suchen würde, schließlich hat er seine außergewöhnlichen Nahkampfkompetenzen bei den Schalker Hooligans der »Gelsen-Szene« gelernt.

Darum beschwert sich auch keiner der Bandidos, dass ihre neugewonnenen Unterstützer mit Fußballschläger-Sozialisation noch nie auf einer Harley gesessen haben. Ein Bike ist kein Novizenkriterium, wie aus den »Regeln für alle deutschen Support-Teams« hervorgeht. Gesucht werden bloß gewalttätige Handlanger. Diese Sturmtruppen

sches« Handy abgehört wird, ist der rege Gedankenaustausch zwischen Gesetzeshüter und Gesetzesignorant gut dokumentiert.

Im Januar 2008 ruft der Rocker seinen Behördenkontakt auf dem privaten Handy an. Die beiden duzen sich und reden über eine möglicherweise gefälschte Harley-Davidson-Lederjacke, die der Polizist im Internet ersteigert hat. Er fährt anscheinend auch Motorrad. Plötzlich diktiert der Bandido den Anfang eines Kennzeichens: »MK …« Doch der Oberkommissar unterbricht den Bandido und sagt etwas nebulös: »Wir wollen mal gucken.« Offensichtlich ist er gerade nicht alleine oder nicht im Dienst, jedenfalls kommt der Freund und Helfer nicht sofort an die gewünschten Daten heran. Peter »Peitsche« E. fragt ihn, wann er denn dann behilflich sein könne. Der Polizist: »Erst am Montag.«

Das Überprüfen von Kennzeichen hat im Kampf zwischen Bandidos und Hells Angels eine enorme Bedeutung. Die Rocker fühlen sich in dem Dauerkonflikt ständig bedroht und werden schon misstrauisch, wenn Autos und Motorräder mit unbekannten Kennzeichen zweimal am Vereinsheim vorbeifahren.

Auch der später erschossene Hells Angel Robert K. aus dem westfälischen Ibbenbüren lässt wiederholt verdächtige Fahrzeuge abfragen – bei Jürgen K., einem Beamten der örtlichen Autobahnpolizei. Der sieht für den Rocker immer wieder in der behördlichen Datenbank Zevis nach, wie die Öffentlichkeit hinterher im Prozess gegen die beiden Mörder des Höllenengels erfährt. Eigentlich ist das illegal.

Im Ruhrgebiet wiederum borgt sich Bandido »Peitsche«, der als Aufpasser in einem Puff in Castrop-Rauxel arbeitet, sogar irgendwann die schusssichere Weste seines Freundes bei der Polizei. In dem Bordell nämlich steht eine »Polenparty« an, und der Rocker befürchtet Stress. Eine Stunde später, offensichtlich nach der Übergabe des Körperschutzes, lobt der Bandido am Telefon die staatliche Ausrüstung: Die Weste sei schön warm.

Beamter und Rocker bilden eine Symbiose wie Hai und Putzerfisch, beide Seiten profitieren offenbar von der Beziehung. Am 17. Februar 2008 teilt der Kuttenträger dem musikalischen Beamten mit, dass er mit seiner Band auf dem »Rock Hard«-Festival in Gelsenkirchen spielen könne. Peter E. wolle mit seinen Kontakten dafür sorgen. Der Polizist überschlägt sich fast vor Begeisterung, an solche Auftritte kommt man nur mit Vitamin B – B wie Bandidos.

Möglicherweise ist der verlockende Auftritt der Lohn für einen ganz besonderen Einsatz als inoffizieller Mitarbeiter der Gang. Fünf Tage zuvor hat der Oberkommissar wohl unaufgefordert Dienstgeheimnisse an Peter »Peitsche« E. weitergegeben. Vielleicht sorgt er so dafür, dass die Harley-Truppe vor schlimmen Konsequenzen, in diesem Fall vor Haftstrafen wegen Drogenhandels und Hehlerei, verschont bleibt.

Es beginnt im Oktober 2007, als die Kriminalpolizei Herten den Einbrecher Martin F. schnappt. Der Mann hat mit seinem Komplizen Tim M. zusammen das Warenangebot von Geschäften und Baumärkten im gesamten Ruhrgebiet vorübergehend verkleinert. Die Männer klauten Laptops, Winkelschleifer, Handkreissägen, Taschenlampen, Rasenmäher, Gegensprechanlagen, Schalke-Trikots, Tiefkühlpizzen, Digitalkameras, Wandfarbe, Schuhe, Parfüm und vieles mehr.

Allerdings beging der Kleinkriminelle Martin F. den Kardinalfehler aller Einbrecher, Drogenbosse und Autoschieber. Erst prahlte er mit seinen krummen Touren vor seiner Freundin und verscherzte es sich dann wenig später mit ihr: Frauen können rachsüchtig sein.

Die häufig koksende Dame marschierte, diesmal high vom Adrenalin, zum Kriminalkommissariat und verbesserte schlagartig die Aufklärungsquote im nördlichen Ruhrgebiet. Sie berichtete von den Klau-Touren ihres Ex. Außerdem habe der sie genötigt und ihr mit der »Rache der Bandidos« gedroht. Die Beamten fühlten sich wie ein griechischer Staatssekretär: wenig Arbeit, viel Lohn.

In Martin F.s Wohnung finden die Polizisten dann einen Berg Diebesgut und einen Revolver Magnum, Kaliber .357. Bei der Befragung auf dem Revier gibt F. zu, die Knarre auf einer Rockerparty in Herne gekauft zu haben. Mehr will er »aus persönlichen Gründen« nicht sagen. Als das Protokoll unterschrieben ist, plaudern der Einbrecher

und der Kriminalhauptkommissar noch etwas ungezwungener weiter, »Quatschi-Quatschi-Machen« heißt das in Polizeikreisen.

Jetzt offenbart der nicht sehr clevere Kleinkriminelle tatsächlich, er habe den Revolver bei der Party von einem Bandido mit dem Spitznamen »Batschi« oder »Bazi« für 800 Euro gekauft. Es sei das Sommerfest auf dem Firmengelände vom »Benno« in Herne gewesen, und viele Gäste hätten ordentlich Kokain konsumiert. »Bazi« ist jedem Rockerermittler im Ruhrgebiet ein Begriff, denn hinter dem Spitznamen verbirgt sich der Bandido Peter B. Allerdings wird der wegen der Waffengeschichte nie belangt.

Und das kommt so: Eigentlich hätten sich die Beamten sofort einen Durchsuchungsbeschluss für »Bazis« Wohnung und »Bennos« Firmengelände beantragen müssen. Doch sie zögern, was nicht ihr einziger Fehler sein wird. Schon bald folgt nämlich der Auftritt des Polizeioberkommissars und Rockerkumpels Heinz B. aus Recklinghausen.

Doch zuerst zum Firmengelände in Herne, wo der tumbe Einbrecher Martin F. den Revolver gekauft haben will: Das dreieckige Areal ist wie geschaffen für lichtempfindliche Geschäfte. An allen Seiten erheben sich Bahndämme und verhindern jeden neugierigen Blick auf den Hof. Eine Kamera überwacht die einzige Zufahrt.

Inhaber »Benno« ist Bandidos-Anwärter und heißt eigentlich Bernd R. Er hat schon im Gefängnis gesessen – zwei Jahre und sechs Monate wegen eines bewaffneten Raubüberfalls. Dazu noch Drogenhandel und Eigentumsdelikte, also unterer Rocker-Durchschnitt. 2007 betreibt der damals 40-Jährige auf dem versteckten Platz eine kleine Baufirma, und anscheinend nicht nur die.

Der zweite Einbrecher und Komplize von Martin F., Tim M., sagt aus, dass er bei »Benno« Diebesgut gegen Kokain oder Geld getauscht habe. Abgehörte Telefonate erhärten den Verdacht, dass »Benno« Dinge vertickt, für die er besser keine Rechnung ausstellt. Der Clubbruder Armin G. ruft beispielsweise an und fragt nach einem iPhone. Doch »Benno« muss ihn enttäuschen, momentan nicht im Sortiment.

Der lange Zeit untergetauchte Tim M. offenbart sich erst Ende Februar 2008 den Ermittlern, vier Monate nach seinem Mittäter. Zuvor hat die Polizei noch versucht, den Einbrecher im Haus seiner Eltern festzunehmen, aber der Einsatz misslingt. Der Gesuchte klettert aufs Dach, springt in den Garten und verschwindet. Die Beamten müssen sich ohne Verhaftung zurückziehen, lösen aber umgehend eine Großfahndung aus.

Alle Wachen im Ruhrgebiet werden alarmiert. Auch Oberkommissar Heinz B. liest die Suchmeldung und ruft umgehend seinen Bandidos-Spezi »Peitsche« an. Der Polizist übermittelt, dass nach dem Einbrecher Tim M. wegen der Aussage von Martin F.s Exfeundin gefahndet werde: Es gehe um die Rache der Bandidos, einen »Benno« und ein Gelände. Der Beamte bittet den Rocker, der Zeugin nichts anzutun. Das sei schlecht für ihr bisher gutes Verhältnis – offenbar weiß B., wie brisant seine Informationen sein können.

Die Nachrichten aus der Behörde sorgen für einen Großalarm der Gang. Peter »Peitsche« E. startet eine Telefonkette. Ob die Bandidos Drogen, Waffen und Hehlerware von »Bennos« Firmengelände wegschaffen, ist unklar. Am Ende des Tages scheint sich jedoch die aufgeraute Rockerseele wieder beruhigt zu haben. So klingt es zumindest am Telefon. Möglicherweise fürchten die Bandidos keine Razzia, weil die Aussagen schon vier Monate alt sind.

Die Bandenmitglieder glauben auch nicht, dass der immer noch flüchtige Tim M. gegen sie auspacken wird. Welcher Kleinganove sagt schon gegen die Bandidos aus? Eine Fehleinschätzung. Zwei Wochen später belastet der Einbrecher den Hehler »Benno« ziemlich detailliert. Dennoch unterlässt es die Polizei erneut, das Firmengelände auf den Kopf zu stellen. So kann im April 2008 der hochrangige Bandidos-Offizier Armin G. – der iPhone-Interessent – in aller Ruhe am Telefon mitteilen, dass jetzt »groß Schönreinemachen« angesagt sei. Möglichweise sollen nun die letzten Hinweise auf Waffen, Drogen und Hehlerware verschwinden.

Die angebliche Kokain-Laptop-Tauschbörse in Herne findet dann auch ein schnelles juristisches Ende. Das Verfahren gegen Bernd

»Benno« R. wird gegen eine Geldzahlung eingestellt, die Staatsanwaltschaft stimmt notgedrungen zu. Eine Hehlerei hinterm Bahndamm hätte sie wahrscheinlich nicht beweisen können. Denn beide Einbrecher haben inzwischen sämtliche Vorwürfe gegen die Rocker zurückgezogen.

Zuvor hatte Peter »Peitsche« E. wohl Tim M. besucht. So zumindest lassen sich Gespräche deuten, die die Polizei im Bochumer Bandidos-Clubheim abhört. Und der Rocker scheint die richtigen Worte gefunden zu haben: Der Einbrecher M. kann sich anschließend an nichts mehr erinnern. Anscheinend verfügen die Bandidos über Argumente, denen man sich kaum verschließen kann.

Auch der Polizist Heinz B. bleibt ein anständiger Bürger und Staatsdiener. Das Amtsgericht Recklinghausen spricht ihn frei. Verhandelt wurde dort sogar nur die Unterschlagung der schusssicheren Weste. Die Weitergabe von Dienstgeheimnissen ist gar nicht erst angeklagt worden. Der Grund: Die Beweise aus den abgehörten Gesprächen hätten vor Gericht nicht gezählt, nur bei sogenannten Katalogstraftaten wie Mord, Geldwäsche oder Erpressung dürfen Richter den Telefonjoker ziehen. Illoyale Polizisten, die der Gegenseite zuarbeiten, sind für die Strafprozessordnung hingegen ziemlich kleine Fische. Also ist statt Strafe Vergeben und Vergessen angesagt.

Hooligan, Rockerkumpel, Beamter

Magdeburg im Januar ist kein Ort für große Träume. Dennoch steuert eine Touristengruppe aus Gelsenkirchen im Winter 2008 auf die Stadt an der Elbe zu. Die jungen Männer im Bus passen mit ihren Stiernacken und Schwimmerkreuzen kaum in die Sitze. Hier singt und säuft die »Gelsen-Szene«, eine rollende Prügelhorde, die sich seit Jahrzehnten im Umfeld von Schalke-Spielen boxt.

Mit an Bord sind auch der Bandido »Eschli« Elten und der Justizbeamte Henning F. Letzterer passt beruflich auf die Insassen der Justizvollzugsanstalt Bochum auf, auch wenn er sich privat kaum anders als ein Knacki verhält.

In Sachsen-Anhalt schlagen sich die Ruhrgebietsvandalen mit ostdeutschen Hooligans – vor und während eines Freundschaftsspiels zwischen dem örtlichen Fußballverein und dem FC Schalke 04. Der Kick auf dem Rasen steht übrigens unter dem Motto »Gib Gas gegen Gewalt«. Nach der Rückkehr ins kalte Nordrhein-Westfalen herrscht reger Handyverkehr, wie aus Dokumenten der Polizei hervorgeht. Die Rowdys sind sich in der Beurteilung ihres Adrenalin-Ausflugs einig: »Einfach geil.«

Wer gemeinsam Rippenbrüche erleidet oder verursacht, Zähne ausschlägt oder verliert, der hält auch in Friedenszeiten zusammen, so auch der Rocker »Eschli« Elten und der Beamte Henning F. Anfang Januar 2008 ruft der Schließer seinen Nahkampfkumpel »Eschli« an und teilt mit, dass er bald wieder auf der Station 13/14 in der JVA Bochum arbeiten werde. Für den Bandido ist diese Information so wichtig, dass er sie sofort an seinen Rocker-Vorgesetzten Peter Maczollek weiterleitet. Doch warum interessieren sich die Bandidos für den Dienstplan im Gefängnis?

Ganz einfach: Anfang 2008 sitzt dort der Untersuchungshäftling Thomas »Addi« K. ein. Er hat zusammen mit Heino B. den Hells Angel Robert K. ermordet, gegen die beiden wird zu diesem Zeitpunkt vor dem Landgericht Münster verhandelt. Der Justizbeamte Henning F. soll dem Häftling verbotenerweise eine Tüte mit Bandidos-Klamotten übergeben. Die will Thomas K. während des Prozesses tragen.

Die T-Shirts und Pullover sind als seelische Stütze gedacht: »Wir kümmern uns. Du bist weiterhin ein Teil von uns«, lautet die Botschaft aus dem Clubhaus, die Fürsorge und Gefahrenprävention zugleich ist. Nichts fürchten die Rockergangs mehr als ein inhaftiertes Mitglied, das die bürgerliche Gesellschaft als bessere Solidargemeinschaft neu entdeckt und bei der Polizei auspackt.

Doch zur Übergabe der Tüte kommt es in Bochum nicht. Staatsdiener Henning F. schickt am 13. Januar 2008 eine SMS an »Eschli« Elten: »Dein Bandido-Kumpel ist nach Dortmund verlegt worden.«

Im Laufe des Jahres 2008 telefoniert der Beamte mit weiteren Rockern, die genauen Hintergründe bleiben unklar.

Am 16. November 2008 trifft sich der Schließer mit dem Bandido Peter »Bazi« B. in einem Bochumer Café. Der kräftige Hooligan-Beamte mit den kurzgeschorenen Haaren trinkt eine Cola. Am Nebentisch sitzt die Bochumer Kripo und lauscht. Henning F. und »Bazi« reden über den Schalker Fußballspieler Kevin Kuranyi und über die Arbeit in der JVA. Die Ermittler schnappen nur Gesprächsfetzen auf. Wegen »der ständig laufenden Hintergrundmusik«, wie sie in ihrem Bericht später schreiben. Dafür machen sie ein Video mit einer versteckten Kamera.

Gegen 21.45 Uhr beenden der JVA-Beamte und der Rocker ihr Sonntagsgespräch, vielleicht wollen die Männer nicht zu viel von »Anne Will« verpassen. Bevor »Bazi« geht, legt er eine gelbe Plastiktüte auf seinen Stuhl. Henning F. greift danach und legt sie sich über die Schulter. Inhalt und Verbleib der Tüte: ungeklärt.

Korruption und Kumpanei

Die ungebührliche Nähe zwischen Beamten und Rockern ist leider nicht so selten, wie man eigentlich vermuten möchte. Vielmehr handelt es sich um ein generelles Problem, mit dem sich Ermittler immer wieder konfrontiert sehen. Im Grunde genommen gibt es zwei Motive für Staatsdiener, den Motorradgangs zuzuarbeiten. Entweder sie bekommen dafür Geld, oder sie hegen eine unprofessionelle Sympathie für die Banden.

Als der Bandido Peter »Bazi« B. im Frühjahr 2008 in Dortmund mit einem BMW X5 geblitzt wird, ruft er wenig später eine Bekannte im Ordnungsamt der Stadt Bochum an. Die freundliche Beamtin erklärt dem Rocker sodann sehr genau, wie er sich zu verhalten habe, damit er von ihren Kollegen nicht als Fahrer ermittelt werden könne. Am Ende gibt sie sogar noch einmal Entwarnung: Die Sache würde jetzt »kaputtgeschrieben«, er solle aber noch einige Zeit vorsichtig sein. Der

Bandido, so notieren es die mithörenden Polizisten, wollte der dienstbaren Dame zum Dank »etwas geben«.

Ahmet K., 24, wiederum arbeitet bei der 13. Einsatzhundertschaft der Berliner Polizei, doch zu seinen Freunden aus dem Wedding zählt auch der Hells Angel Muzaffer A., 24. Sie kennen sich schon lange, sie kennen sich gut, weshalb Ahmet sich seinem »Bruder« verpflichtet fühlt: »Vielleicht komme ich heute Abend mit meinen Freunden vorbei«, warnt der Polizeimeister per SMS vor einer Razzia, was den Rocker wohl sehr erleichtert. Später wird der Beamte wegen Geheimnisverrats zu einer Bewährungsstrafe verurteilt.

Kleine Gefälligkeiten für schwere Jungs: Den Einheiten der Bereitschaftspolizei und den Spezialeinsatzkommandos (SEK) misstrauen Kriminalpolizisten besonders, wenn Einsätze gegen Rocker »gefahren« werden sollen, wie es im Jargon heißt. »Es gibt dort den ein oder anderen Kollegen, der durchaus gute Kontakte zur Szene hat«, so ein hochrangiger LKA-Ermittler. Vor allem bei Kraft- und Kampfsport kämen sich Gangmitglieder und manche Beamte zuweilen näher. Viele teilten zudem eine ähnliche Lebenseinstellung, die geprägt sei von draufgängerischem Abenteurertum, von Männerbünden und Korpsgeist. »Da kommt es schon einmal zu falschen Freundschaften«, sagt der Kriminalist.

Als Bochumer Ermittler etwa im November 2008 die Wohnung des ehemaligen Bandidos-Anwärters Hans-Jürgen K., damals 53, durchsuchen, macht der gleich auf dicke Hose. Laut einem Vermerk der eingesetzten Beamten »brüstet sich K. damit, dass er beste Beziehungen zum SEK Dortmund unterhalte«.

Später zeigt er den Kriminalisten sogar noch einen privaten Darlehensvertrag, den er mit dem Polizisten Michael K., damals 48, geschlossen hat – über 20 000 Euro. Der gehöre auch zum Spezialeinsatzkommando der Dortmunder Polizei und sei dort seit 30 Jahren sein bester Kumpel, tönt Hans-Jürgen K., der zu diesem Zeitpunkt bereits wegen Betrugs, Diebstahls und Geldwäsche aufgefallen ist.

Besonders brisant an der seltsamen Beziehung ist zudem, dass just zu der Zeit, als die Polizei einen großen Lauschangriff gegen die

Bochumer Bandidos unternimmt, Hans-Jürgen K. dort Rocker auf Probe ist. Und sein Polizei-Spezi Michael K. wiederum betreut damals immer wieder die Wanzen, die im Clubheim der Rocker angebracht worden sind. Der aufwändige Einsatz erweist sich übrigens letztlich als Schlag ins Wasser, die Rocker können bei keinen schwerwiegenden Straftaten erwischt werden.

Als Kasseler Polizisten 2004 das Geschäft und die Bleibe des dortigen Hells-Angels-Anführers Michael S., 46, durchsuchen, staunen sie nicht schlecht. Der Rocker hortet mehrere vertrauliche Dokumente (»VS – Nur für den Dienstgebrauch«) des sächsischen Landeskriminalamts. Titel der Ausarbeitung: »Rockerkriminalität im Freistaat Sachsen«.

Jahre später, es ist der 6. April 2006, erschießen die Rechtsterroristen vom »Nationalsozialistischen Untergrund« in Kassel den Betreiber eines Internetcafés, den 21-jährigen Halit Yozgat. Am Tatort hält sich unmittelbar vor dem Anschlag auch ein V-Mann-Führer des hessischen Verfassungsschutzes auf. Angeblich aus privaten Gründen, weil Andreas T. im Netz als »Wildman70« mit einer »Tanymany« chattet.

Am 22. April 2006 offenbart T. dann in seiner Vernehmung bei der Mordkommission »Cafe« unter anderem, dass er einen Hells Angel gut kenne, bei dem es sich wohl um den späteren Kasseler Club-Boss Michael S. handelt. Ein Kriminalbeamter schreibt daraufhin einen entsprechenden Vermerk: Kann es sein, dass Geheimdienstler Andreas T. die wichtigen Polizeidokumente an seinen Rockerkumpel durchgestochen hat? »Aufgrund der Gesamtumstände kann heute nicht ausgeschlossen werden«, dass T. der »Lieferant« gewesen sei, notiert der Polizist. Aufgeklärt wird auch dieser Verrat von Dienstgeheimnissen nie.

Die Begeisterung für das Milieu kann sogar so weit gehen, dass aus Ordnungshütern Outlaws werden, wie die Fälle des Berliners Beamten Thorsten S. und des Detmolders Timm K. zeigen. Letzterer träumt nach einer Banklehre und einer Ausbildung bei der Polizei jahrelang davon, einem Spezialeinsatzkommando anzugehören, er trainiert hart, doch letztlich reicht es nicht. Am Ende bricht er vollständig mit dem

Rechtsstaat und landet bei den Rockern, wenngleich er auch dort relativ schnell kaltgestellt wird.

Regelmäßig sei zu beobachten, heißt es daher in einem vertraulichen Strategiepapier der Innenministerkonferenz (»VS – Nur für den Dienstgebrauch«), »dass private oder dienstliche Kontakte von Polizeibeamtinnen und Polizeibeamten oder Angehörigen anderer Sicherheitsbehörden zu Mitgliedern von Rockerclubs bestehen, die ihren – nicht von vornherein anrüchigen – Ursprung beispielsweise in gemeinsamen Aktivitäten in Sportvereinen, Fitnessstudios oder Schützenvereinen haben, oder die aus beruflichen Berührungspunkten mit Security-Unternehmen, Veranstaltungsdiensten, Gastronomie etc. herrühren.«

Und weiter: Bei Rockern bestehe jedoch »ein vitales Interesse, möglichst umfangreiche und detaillierte Informationen über polizeiliche Aktivitäten zu erlangen«. Die Bandbreite der »registrierten Einflussnahme« von Motorradgangs auf Polizisten reiche vom »Anfüttern« bis hin zur »tatsächlichen Korrumpierung«.

So verriet etwa der Erste Kriminalhauptkommissar Michael N. des hessischen Landeskriminalamts für 1000 Euro Dienstgeheimnisse an einen Sympathisanten der Frankfurter Hells Angels. Die Folge war eine elfmonatige Bewährungsstrafe, die N. nach jahrelangen Ermittlungen im Sommer 2012 erhielt. Auch in Kiel sollen Rocker einen Justizbediensteten, einen Polizisten und einen städtischen Beamten geschmiert haben. Die Untersuchungen dazu dauerten bei Drucklegung dieses Buches noch an.

Was aber folgt daraus für Recherchen gegen Rocker? »Drei Dinge«, sagt ein Leitender Kriminaldirektor: »Vertraue niemandem! Halte die Zahl der Mitwisser so gering wie möglich! Arbeite zügig!«

Daher wissen die allermeisten der etwa 1200 Beamten, die im Mai 2012 in Schleswig-Holstein, Hamburg und Niedersachsen gegen die Hells Angels ausrücken, im Vorhinein auch nicht, was ihr Auftrag sein wird. »Uns hat man gesagt, wir gingen gegen Neonazis vor«, erinnert sich ein Bereitschaftspolizist, der dabei war. Erst im letzten Augenblick sei ihnen das wahre Ziel offenbart worden.

In Hessen hingegen reicht die Verschwiegenheit der Beamten nicht aus. Im Winter 2010 hat der dortige Innenminister Boris Rhein (CDU) die bisher größte Polizeiaktion gegen die Gangs in Deutschland genehmigt. Mehr als 3000 Beamte treten in zwei Anläufen gegen die Hells Angels an, doch beim zweiten Mal sind die Rocker gewarnt. Sie schicken sich – wenige Stunden bevor die Spezialeinsatzkommandos (SEKs) durch ihre Türen krachen – vielsagende Kurznachrichten: »Heute Nacht wird es stürmen.« Die Polizei lernt aus diesem Fehler, so dass in das anschließende Verbotsverfahren gegen die beiden Frankfurter Hells Angels Clubs höchstens 15 Personen eingeweiht werden. Auch das SEK informieren die Kriminalisten erst, nachdem die Verfügungen bereits rechtskräftig zugestellt sind.

Weil Recherchen im Rotlicht- und Rocker-Milieu immer ein hohes Risiko bergen, verraten zu werden, kommt »dem Schutz von polizeilichen Informationsquellen (…) eine besonders hohe Bedeutung zu«, ist in einem vertraulichen Strategiepapier der Polizei zu lesen. Die Beamten sollten stets darauf achten, erstens in ihren Vermerken nicht zu viele Informationen preiszugeben und zweitens diese nur möglichst wenigen Kollegen zugänglich machen. Es habe sich bewährt, »den Kreis eingeweihter Personen nach dem ›Need-to-know-Prinzip‹ sinnvoll einzugrenzen.«

Ironischerweise gerät ausgerechnet dieses grundlegende Dokument der Sicherheitsbehörden in Bund und Ländern den Hells Angels in die Finger. Auf welchem Wege ist ungeklärt.

KAPITEL 12

DAS FATALE DREIECK

Rocker, Presse, Polizei

Rocker? Wie langweilig!

Sucht man in der Pressedatenbank des SPIEGEL mit dem Stichwort »Hells Angels« nach Artikeln, die im Jahr 2004 in deutschen Medien zu der Gang erschienen sind, findet man 447 Treffer – bei der Deutschen Presse-Agentur (dpa) sind es im selben Zeitraum sogar nur 23 Meldungen.

Einer dieser Texte ist eine kurze Nachricht, dass ein führender Höllenengel wegen des schwunghaften Handels mit Drogen ins Gefängnis muss. Ein anderer thematisiert einen möglichen Anschlag der Rockergruppe auf einen Bauunternehmer in Berlin. Überwiegend aber sind die Berichte folkloristisch-harmlos. Die Rocker tauchen als Besucher von Boxkämpfen, als Türsteher in Reisereportagen, als Tätowierer oder Promi-Bodyguards auf. So weit, so langweilig.

Der Münsteraner Kriminologe Klaus Boers fasst die landläufige Meinung zu den Bikerclubs seinerzeit mit der Einschätzung zusammen, dass Rockerbanden eigentlich Relikte vergangener Zeiten seien. Es handele sich bei den wilden Kerlen meist um ältere Herren, von denen einige klassische Rotlichtgeschäfte machten – Schutzgelderpressung, Prostitution, Drogenhandel. »Das reicht wohl, um davon zu leben«, sagt Boers im Winter 2007 und fügt hinzu: »Von Gang-Strukturen, wie sie in Amerika vorherrschen, sind wir weit entfernt.« Doch dann kommt der Rockerkrieg.

Wiederholt man dieselbe Datenbanksuche für das Jahr 2010, erhöht sich die Zahl der Artikel zu den Hells Angels auf mehr als 3000 – bei der dpa wächst die Menge der Meldungen wiederum auf 657 an. Und das sind noch nicht einmal sämtliche Presseveröffentlichungen, die in Deutschland binnen dieses Jahres zu den Höllenengeln erschienen sind. Viele Lokal- und Regionalzeitungen erfasst das SPIEGEL-Archiv gar nicht, ganz zu schweigen von den zahllosen Radio- und Fernsehbeiträgen, die gesendet worden sein müssen und sich dutzendfach noch im Internet finden.

Bei einer näheren Betrachtung der Artikel sticht zudem ins Auge, dass sich die Texte über die Rocker nicht nur vervielfacht haben, sondern auch länger geworden sind, kritischer und häufig besser recherchiert. Es geht nun öfter um Strukturen, Geschäfte, Hintergründe und auch um politische Forderungen sowie gesetzgeberische Maßnahmen zur Eingrenzung der Rockerkriminalität. Schon bald werden sich die Hells Angels daher bitterlich über die »Hetzkampagne« der Medien beschweren und daraus ihre Konsequenzen ziehen.

In einem internen Strategiepapier der Bande unterstellen die Hells Angels den Behörden, absichtlich die »öffentliche Meinung über den Club vergiftet« zu haben. Die Medien seien bewusst manipuliert und eingespannt worden für die »Hexenjagd« von Polizei und Politik: »Von einem Tag auf den anderen«, schreiben die drei Autoren – allesamt sind sie hochrangige europäische Höllenengel, »wurde aus einem Bikerclub mit zuweilen schlechtem Benehmen und einigen kriminellen Elementen ein riesiges politisches Problem und eine Gefahr für die Gesellschaft.«

Tatsächlich muss aus der Rocker-Perspektive die Flut der Berichte, die Aufgeregtheit der Debatte, nicht nur überraschend, sondern auch ungerechtfertigt erscheinen. Doch dass es überhaupt zu diesem gewaltigen Interesse deutscher Medien an den Outlaw Motorcycle Gangs kommt, daran sind die Motorradfreunde selbst alles andere als unschuldig. Allerdings sind sie nicht die Einzigen, die zu der Artikelflut über den tausendmalig ausgerufenen »Rockerkrieg« beitragen. Was also ist geschehen?

Demonstrationen der Macht

Die Menschen lieben Bilder, und die Presse liefert sie ihnen – das ist der Deal: Je besser die Aufnahmen, also je intensiver und aussagekräftiger, desto größer deren Verbreitung. Es gibt Motive, die gehen um die Welt, doch das ist selten. Meistens bekommt der moderne Medienkonsument den immer gleichen Bilderbrei serviert: grauhaarige Anzugträger, faltige Gesichter, Frauen in Kostümen, freundliches Händeschütteln vor blauem Hintergrund.

Da war das, was die Journalisten 2007 im vorweihnachtlichen Münster sahen, schon von ganz anderer Qualität. Zu dem Prozess gegen die Mörder des Hells Angels Robert K. marschierten 600 Rocker auf, Hells Angels und Bandidos. So ein Bild hatte es in Deutschland seit vielen Jahren nicht gegeben, in dieser zutiefst bürgerlichen Stadt standen sich auf einmal zwei verfeindete Heere gegenüber, in abgewetzten Kutten, mit breiten Schultern, verlebten Gesichtern, langen Haaren, zerschlagenen Nasen, Narben und vor allem mit wilder Entschlossenheit im Blick. Eine fiebrige Spannung lag über der Szenerie.

Dazu kamen mehr als 1000 Polizisten: Man sah Maschinenpistolen, Absperrgitter, Leibesvisitationen, Sicherheitsschleusen. Die Kameras klackten und surrten, es war ein Festival der Impressionen, auch wenn kaum einer der Beobachter verstand, wer diese Rocker waren und was sie taten. Doch die Aura der Gewalttätigkeit, die sie verbreiteten, faszinierte selbst die friedlichsten unter den Augenzeugen. »Die Bilder sind bombe«, sagte ein Kameramann.

Und sie sollten noch besser werden. Zur Urteilsverkündung im Juni 2008 ritten die Rocker dann auf ihren Harleys in die Stadt. Um 12.05 Uhr, High Noon, die Polizei hatte gerade die Autobahn 1 für den normalen Verkehr gesperrt, donnerten die schweren Maschinen von einer Raststätte los – es war, als täte sich die Erde auf.

Einem Zug moderner Raubritter gleich fuhren sie an, Hunderte Hells Angels auf ihren Maschinen, muskelbepackte, tätowierte Kerle, die den Eindruck erwecken wollten, unbesiegbar zu sein, und dabei doch vor allem ihren großen Auftritt genossen: »Gesetzlose« auf einem Laufsteg aus Asphalt. Das Empfangskommando der Polizei am Stadtrand von Münster fiel daher in den Augen der Rocker standesgemäß aus: Straßensperren, Panzerwagen und Spezialeinsatzkräfte mit halbautomatischen Waffen im Anschlag – solche Bilder waren seit dem Ende des Deutschen Herbstes selten, weshalb erneut die Kameras surrten und klackten und die Reporter eifrig Notizen in ihre Blocks kritzelten.

Die Hells Angels wollten Stärke zeigen, gegenüber den Kontrahenten der Bandidos und der Staatsmacht. Das war das eine. Zum anderen aber gebot ihnen der Respekt vor ihrem »gefallenen« Kameraden Robert K. einen deftigen und imposanten Auftritt. Dabei ahnten die Rocker wohl nicht, wie sehr sie mit dieser öffentlichen Machtdemonstration die Polizei reizen würden – und die Presse. An diesen beiden Tagen in Münster nämlich zeigte sich, was sich in den Folgejahren vielfach wiederholen würde. Die Medien, vor allem die elektronischen sowie die Boulevardpresse, lechzen nach Bildern, um überhaupt berichten zu können. Keine Motive, keine Beiträge – so einfach ist das.

Da trifft es sich gut, dass es genau eine Gruppierung der Organisierten Kriminalität gibt, die sich nicht ausschließlich konspirativ verhält und spannende Aufnahmen mit großer Selbstverständlichkeit zulässt – die Rocker. Ihr Exhibitionismus schien lange Zeit grenzenlos zu sein. Auf die selbstgestellte und etwas klagend klingende Frage »Warum wir?« antworten drei führende europäische Hells Angels in einem internen Strategiepapier der Gang: »Einer der Hauptgründe ist, dass wir mit unserem Lebensstil hochgradig sichtbar sind.«

Was sich darüber hinaus von Vorteil erwies für das Berichterstattungsdauerfeuer, das nach dem Prozess von Münster einsetzte, war Folgendes:

Erstens sind Rocker als solche meistens leicht zu erkennen, und sie bestreiten die Zugehörigkeit zu ihren Clubs auch nicht. Filmen Journalisten hingegen einen einschlägig bekannten italienischen Gastronomen und verbreiten anschließend, er sei Mitglied der Cosa Nostra, werden sie mitunter sehr unangenehme Erfahrungen machen, bestenfalls noch mit dessen Anwälten. Bei Hells Angels und Bandidos fällt die Berichterstattung also deutlich leichter, pflegen sie doch neben ihren verborgenen illegalen Geschäften auch eine öffentliche Seite.

Zweitens sind bei den allermeisten Auseinandersetzungen in der Rockerszene die Fronten klar. Bandidos gegen Hells Angels – das kriegt jeder Redaktionspraktikant sortiert. Bei der Identifizierung der Beteiligten helfen die knalligen Schriftzeichen auf den Kutten, die verraten, zu welchem Club der Betreffende gehört, woher er stammt, welche Stellung und vielleicht sogar was er auf dem Kerbholz hat.

Drittens reißt der Nachrichtenstrom – anders als etwa nach den Duisburger Mafia-Morden – seit Jahren nicht ab, im Gegenteil: Immer wieder gibt es neue Schlägereien, Messerstechereien, Schießereien, Handgranatenanschläge, Ermittlungsverfahren, Razzien, Festnahmen, Haftbefehle, Anklagen, Prozesse, Kronzeugen, Verbote und so weiter. Für Schlagzeilen-Nachschub ist gesorgt, der Presse gefällt das sehr.

Viertens umweht die Rocker ein geheimnisvoller Mythos, der viele Zuschauer, Hörer, Leser reizt und den die Journalisten daher allzu gerne transportieren. Grenzenlose Freiheit, Unangepasstheit, Easy Rider, das volle Programm aus Lederwesten, Cowboystiefeln, Haaren im Wind schwingt bei jedem der Berichte mit.

Fünftens gilt in den Medien die goldene Regel: Rocker gehen immer – wie sonst nur Tierbabys und Promiklatsch. Das Interesse der Öffentlichkeit ist dort, wo man es unmittelbar für einzelne Berichte messen kann (Fernsehen, Internet), bei Veröffentlichungen über Hells Angels und Bandidos konstant hoch. Das hat vielleicht auch damit zu tun, dass vielen Deutschen die Abläufe in den Vereinen (feste Mitgliedsbeiträge, gemeinsame Unternehmungen, mehrköpfiger Vorstand) näher sind als etwa die Riten ausländischer Mafia-Gruppierungen.

Sechstens: Die Reporter können mit den Rockern sprechen. Das ist nicht nur psychologisch wichtig, sondern auch handwerklich. Eine Gruppierung wie die kalabrische 'Ndrangheta lässt sich schlecht für eine presserechtlich häufig notwendige Stellungnahme erreichen. Die deutschen Bandidos und Hells Angels hingegen haben sogar Pressesprecher, deren Nummern lange Zeit im Internet standen. Rudolf Triller, der Cheferklärer der Höllenengel, beispielsweise wird für sein Engagement sogar entlohnt: Eine Zeit lang soll er nach Erkenntnissen der Behörden zusätzlich zu seinem Clubgehalt (1000 Euro im Monat) von jedem der knapp 50 deutschen Charter monatlich 50 Euro erhalten haben. Bestätigt ist das jedoch nicht.

Viele gute Gründe also, warum Rocker zu den neuen Medienlieblingen wurden. Doch im Gegenzug verfolgen auch die Gangs mittlerweile eine ausgesprochen ausgeklügelte Strategie im Umgang mit der Journaille.

Wie die Rocker Journalisten instrumentalisieren

Einschlägige Szene-Blätter nutzen die Rocker schon lange, um ihre legalen Geschäfte anzukurbeln, Eheschließungen öffentlich zu zelebrieren oder den letzten Vereinsausflug an die Ostsee in Wort und Bild besprechen zu lassen. Die »Biker News« sind für Rocker so etwas wie »Wild und Hund« für den Waidmann, gäbe es da nicht einen entscheidenden Unterschied.

In dem »Motorrad-Magazin für Biker und Rocker« verkünden die Gangs nämlich in diversen Kleinanzeigen auch, welche neue Dependance sie gerade eröffnet haben – woraus nicht selten ein regionaler Alleinvertretungsanspruch des jeweiligen Clubs resultiert und damit Konfliktpotenzial. Man könnte auch sagen, die Clubs markieren in dem Fachjournal ihr Revier, denn der Feind liest mit. Offiziell wollen sie natürlich nur ihre bloße Existenz kundtun.

So erschien etwa in der August-Ausgabe 2007 der »Biker News« folgende »Bekanntmachung«: »In Oldenburg gibt es nur einen Club, der das Sagen hat, und das ist der Bandidos MC Oldenburg! Alle Absprachen erfolgen nur über uns.« Bereits eine Nummer später hatte die Konkurrenz kapituliert und teilte das auch schriftlich per Annonce mit. So viel Ordnung muss sein.

Mit den Kollegen der Lokalpresse verfuhren die Rocker in der Vergangenheit anders, hier galt es vor allem, gute Miene zu machen und für eine wohlwollende Berichterstattung zu sorgen. Beliebt waren bei den Rockern Charity-Aktionen sowie Festivitäten aller Art, die sogar in größeren Medien erstaunlich positive Resonanz fanden.

Über eine Schlagerparade in Hannover, die die Höllenengel zeitweilig sogar anführen durften und die ohne deren Unterstützung nicht derart opulent ausgefallen wäre, berichtete sogar ein großer deutscher Fernsehsender in einer fast halbstündigen Reportage. Vor laufender Kamera sagte der »König von Mallorca«, Jürgen Drews, seinerzeit: »Ich bin das Steckenpferd unserer Hells Angels hier, und wenn die rufen, kann ich die wohl nicht im Stich lassen.« Damals störte das kaum jemanden.

Ebenfalls in Hannover ließ ein Lokalblatt in diesen Jahren ausgerechnet denjenigen Redakteur die »erstaunliche Resozialisierung« und »erfolgreiche Wiedereingliederung« des Hells-Angels-Fürsten Frank Hanebuth preisen, der in seiner Freizeit einem Kiezmagazin mit erheblicher Rockernähe zugearbeitet hatte, was öffentlich kritisiert wurde. Später trennten sich die Wege von Zeitung und Redakteur. Inzwischen macht der frühere Gerichtsreporter PR-Arbeit – unter anderem zur Unterstützung von Verteidigern, um der »Meinungsmache von Polizei und Staatsanwaltschaft« entgegenzutreten, wie auf seiner Homepage zu lesen ist.

Nach dem Mord an dem Hells Angel Robert K. im Mai 2007 und dem anschließenden Prozess in Münster, der das Interesse an den Clubs noch einmal befeuerte, begannen auch überregionale Medien, über die Rockerszene zu berichten. Sie konzentrierten sich jedoch vor allem auf deren hässliche Seiten, schrieben über Rotlichtgeschäfte und Gewalt, Waffen und Durchsuchungen, vor Gericht ging es schließlich um Mord.

Die Gangs versuchten, sich dieser Welle schlechter Presse entgegenzustemmen. Besonders kritische Journalisten erhielten schon einmal böse Anrufe, wurden beschimpft und bedroht, das war das eine. Zum anderen aber guckten sich die Clubs Reporter aus, mit denen sie einen Deal machen konnten: Exklusivität und Nähe gegen eine einigermaßen wohlwollende Berichterstattung. Auf diesen Handel ließen sich manche ein.

So erschien am 17. Januar 2008 in der Illustrierten »Stern« eine Hymne auf die Hells Angels, wie es sie bis dato in der deutschen Presselandschaft noch nicht gegeben hatte. Unter der Überschrift »Wilde Brüder« beschrieb ein feingeistiger Reporter die Höllenengel als recht biedere Familienväter und Geschäftsleute. Der preisgekrönte Journalist schien tatsächlich überrascht zu sein, dass viele Altrocker ein Privatleben haben und darin ziemliche Normalos sein können – mit Eigenheim und Kindern und Frauen und Familienfeiern und alltäglichen Sorgen. Staunend dichtete der Erfolgsautor:

> Sind es die Bizeps? Die tätowierten Gladiatorenkörper in Lederkutten mit dem Totenkopf auf dem Rücken? Ist es diese immer leicht schwingend bewegte Körpermasse, das durchgestreckte Kreuz? Kampfstiere auf strotzenden Harleys. Muskeln, Motoren, archaische Männlichkeit – Hells Angels umgibt ein Kraftfeld. (...)
>
> An der Theke lehnen, zwei Meter hoch, 130 Kilo Kampfgewicht. Energisches Kinn, Muskeln wie Marmor und Fäuste wie Haubitzengranaten. Das ist Frank Hanebuth. Seine Worte Hammerschläge, jeder Satz eine gemeißelte Gesetzestafel.

Viele Spitzenbeamte aus den Spezialabteilungen bundesdeutscher Landeskriminalämter reagierten mit Entsetzen auf diesen Artikel. In ihren Augen war der mit Fotos bodybuildender oder Harley-fahrender Hells Angels angereicherte Text ein einziger PR-Coup der Gang. Es gab auch Rocker, die insgeheim über die Naivität des Autors lachten. Aber natürlich taten sie das nicht öffentlich, dem stand die Hierarchie ihres Clubs entgegen, schließlich hatte die Führung die Besuche des interessierten Schreibers erst möglich gemacht.

Der Journalist erklärte Jahre später in einem Interview, er habe ein »anderes Bild« der Angels zeichnen wollen, eines, das sich nicht aus Polizeiquellen speise, wie es bei vielen Kollegen der Fall sei, die zur Pflege ihrer Kontakte allzu bereitwillig eine »Tendenz der Strafverfolgungsbehörden unreflektiert« übernähmen und »Verdächtige kriminalisierten«. Notwendig sei vielmehr eine »Fusselarbeit« vor Ort wie damals bei der Watergate-Recherche – nicht weniger habe er leisten wollen.

Im Gegensatz aber zu dem amerikanischen Politskandal, in dessen Folge der US-Präsident Richard Nixon schließlich sein Amt niederlegen musste, wirkten Hannovers Hells Angels mit der Berichterstattung im »Stern« durchaus zufrieden. Der Reporter durfte wiederkommen, anlässlich des öffentlich zelebrierten Friedensschlusses von Hannover ein Exklusivinterview führen und mit der Bande Weihnachten feiern.

Eine solche Einladung ereilte auch einen jungen Politik-Redakteur der »Frankfurter Allgemeinen Sonntagszeitung«, der sich in der Vergangenheit anscheinend ebenfalls als Rocker-Versteher ausgezeichnet hatte. Über seine aufregenden Stunden mit den Hells Angels veröffentlichte er jedenfalls am 25. Dezember 2011 einen bemerkenswert eindimensionalen Artikel mit der Überschrift »Weihnachten unter Höllenengeln«, in dem es unter anderem hieß:

> Frank Hanebuth stand vor dem Festzelt. Er schüttelte die Hände, die sich ihm entgegenstreckten. Ein Riese, gebaut wie ein Stier. Er hatte diesen Körper genutzt und geformt. Als Halbstarker war er Rausschmeißer gewesen, dann Schwergewichtsboxer. Vergangene Zeiten. Aber es war nicht diese Größe, diese Masse, die ihn heraushob. Woanders vielleicht, aber hier gab es viele Stiere. Es war auch nicht der Mongolenbart oder die mit geflügelten Totenköpfen aus Messing behangene Kutte. Es war seine Macht. Eine animalische Anziehungskraft. (…)
>
> Irgendjemand im Gedränge hinter mir zwickte mich in die Taille, ganz zart, wie man es bei einem Kind tut. Ich drehte mich um. Es war Hanebuth.

Wer solche Journalistenfreunde hat, braucht sich um seine Feinde eigentlich keine Sorgen mehr zu machen. Dennoch bauten die Hells Angels unter Federführung ihres Pressesprechers Rudolf »Django« Triller und womöglich auch mit tatkräftiger Unterstützung eines ehemaligen Zeitungsredakteurs über die Jahre das nicht wenig rege »PR Team 81« auf. Wo immer die Angels Mitteilungsbedarf erkennen, stellt diese Truppe nun Pressemitteilungen ins Netz, meistens jedoch sind sie ziemlich kurz: »Mit dem heutigen Datum, 27.06.2012, hat sich der H.A.M.C. Hannover aufgelöst«, war beispielsweise zu lesen, als der wahrscheinlich größte und mächtigste Club der Höllenengel in Europa seine Organisationsform änderte.

Häufig wiederholt das »PR Team 81« auch formelhafte Beschwörungen, die nicht unbedingt der Wahrheit entsprechen müssen: »Desgleichen entbehren sämtliche Mutmaßungen«, schrieben die Höllenengel im Oktober 2009, »dass die Konflikte zwischen dem Hells Angels MC und anderen MCs auf Konkurrenzkämpfen z. B. im Drogenmilieu gründen, jeglicher Grundlage, weil der Hells Angels MC in gesamt Deutschland nichts mit Drogengeschäften zu tun hat.«

Dem stehen – neben zahlreichen Verurteilungen wegen Verstößen gegen das Betäubungsmittelgesetz – unter anderem auch die Aussagen des Düsseldorfer Milieu-Aussteigers Krystian »Leon« K. entgegen. Der berichtete im Mai 2010 der Sonderkommission »Bash«, dass der Drogenhandel in der nordrhein-westfälischen Landeshauptstadt maßgeblich von den Rockern organisiert würde.

Auch bekam der Frankfurter Hells Angel Peter B. 2009 zwei Jahre auf Bewährung, weil er in 18 Fällen Kokain, insgesamt waren es mehr als drei Pfund, verkauft hatte. Bei zwei seiner Clubkameraden hatten die Ermittler sogar 1,3 Kilo Koks gefunden. Und die Kieler Höllenengel Marcus C. und Reinhard T. wurden 2002 wegen gemeinschaftlichen Schmuggels von einem Kilo Kokain jeweils zu drei Jahren Haft verurteilt. Sie blieben dennoch im Club. Doch das nur am Rande.

Generell setzen die Hells Angels bei unliebsamer Berichterstattung nicht nur darauf, sich deftig zu beschweren oder ihre Positionen nüchtern im Nachhinein auf dem Schriftwege kundzutun, sondern sie nutzen auch sehr geschickt presserechtliche Möglichkeiten – mitunter sogar gegen die Polizei.

Wie oben bereits erwähnt, erhielt der damalige Sonderermittler des niedersächsischen Landeskriminalamts (LKA), Volker Kluwe, im Sommer 2009 umgehend Post von Hannovers Staranwalt Götz von Fromberg, nachdem Kluwe in mehreren Interviews vor den Entwicklungen in der örtlichen Rockerszene gewarnt hatte. Fromberg, der sich seinerzeit noch ein Büro mit Altkanzler Gerhard Schröder teilte, übermittelte in seinem Schreiben die Verärgerung des örtlichen Hells-Angels-Anführers Frank Hanebuth über die Einschätzungen der Polizei.

Kluwe hatte in den Interviews deutlich Stellung bezogen. Seiner Ansicht nach sei es den Hells Angels in einem »Drei-Phasen-Modell« gelungen, tief in die Wirtschaftsstruktur der niedersächsischen Landeshauptstadt einzudringen, wo sie nun unter anderem als Immobilienkaufleute, Sicherheitsunternehmer und Getränkevertreiber viel Geld verdienten. SPIEGEL ONLINE hatte diese Vorgänge bereits im Dezember 2008 beschrieben. Trotz ihrer legalen Geschäfte sei es »reine Organisierte Kriminalität«, der die Hells Angels nachgingen, sagte der Leitende Kriminaldirektor Kluwe und ergänzte später, dass es für die Polizei zugleich immer schwieriger werde, den inzwischen im Geschäftsleben etablierten Rockern Straftaten nachzuweisen.

Das blieb nicht ohne Folgen: Mit Götz von Fromberg ließ Angels-Boss Hanebuth seinen besten Mann auf den Polizisten los: »Wenn man davon ausgeht, dass Sie eine Ermittlungsgruppe mit acht Beamten führen«, schrieb Jurist von Fromberg an Kluwe, »kann mein Mandant erwarten, dass Sie für Ihre wörtlich zitierte Behauptung einen Wahrheitsbeweis antreten.« Es sei ihm jedoch kein Verfahren bekannt, in dem Hanebuth vorgeworfen worden sei, zur Organisierten Kriminalität zu gehören. Daher sei »völlig klar, dass sich Herr Hanebuth die diffamierenden und geschäftsschädigenden Äußerungen nicht länger gefallen lässt«. Großzügig bot das Duo aus Rocker und Rechtsanwalt sodann dem Ermittler ein Gespräch an, für das man gerne zur Verfügung stehe. Doch darauf ließ sich der Ermittler nie ein.

Auch gegen die Presse ließen die Rocker bereits aufmarschieren. Zahlreichen Medien schickten sie Begehren auf Unterlassung ins Haus, zuweilen durchaus erfolgreich: Nicht jeder Bericht über die Banden ist gänzlich fundiert, in der Szene sind viele Aufschneider und angebliche Aussteiger unterwegs. Und zuweilen saßen Redakteure seriöser Presseerzeugnisse auch schon genau solchen Typen auf, die wüste Behauptungen über das Binnenleben der Clubs verbreiteten, ohne diesen jemals angehört zu haben.

Interessant ist als Fußnote in diesem Zusammenhang noch, dass für die »Gesetzlosen« schon ein Jurist tätig wurde, der seit vielen Jahren auch die Redaktion des »Stern« berät. Dabei hieß es doch in der Illustrierten einst so schön: »Wer sich aber in die Seelenwelt der Angels begibt, stößt irgendwo hinter der letzten Tankstelle vor Mittelerde auf ein versunkenes Reich, in dem sich trotzköpfige Recken an strenge Regeln halten, auch wenn diese dem Strafgesetzbuch oft zuwiderlaufen.«

Und auch wenn die Rocker demnach das Strafgesetzbuch nicht sonderlich zu interessieren scheint, nehmen sie die presserechtlichen Vorschriften zuweilen schon sehr genau – man könnte fast sagen: pingelig genau.

Die Medienstrategie der Höllenengel

Das Prinzip einer fairen Berichterstattung gilt allerdings nicht mehr, wenn sich die Hells Angels selbst publizistisch betätigen. Inzwischen sind sie auf mehreren Portalen im Netz vertreten. So startete der Club im Januar 2011 die Seite www.hellsangelsmedia.com. Der damalige Anführer des Bremer Charters »West Side«, Michael Wellering, sagte, man wolle damit der angeblich einseitigen Berichterstattung der Presse entgegentreten, dieser »Bundeshetze«, wie er es später nannte. Einseitigkeit mit Einseitigkeit heilen sozusagen, oder eher: Gleiches mit Gleichem vergelten.

Denn ganz offensichtlich geht es den Rockern in den Filmchen, die sie auf ihrer Homepage veröffentlichen, nicht um eine ausgewogene Darstellung, sondern darum, ihrem Ärger Luft zu machen. Da sitzen abwechselnd führende Köpfe aus Bremen vor der Kamera und schimpfen auf »Heuchler und Lügner in der Politik«, auf »Verbotsfanatiker«, »Blockwarte« und »Dreckschleudern in den Medien«. Nach Angaben der Rocker verzeichnete die Seite binnen eines Jahres mehrere Millionen Klicks.

Und während Verunglimpfungen namentlich genannter Ermittlungsbeamter eigentlich von Beginn an zum festen Programm der Hells-Angels-Propaganda gehörten, markierte eine Veröffentlichung im Juni 2012 doch eine neue Qualität der psychologischen Kriegsführung. Zum ersten Mal nämlich publizierten die Rocker im Netz ein vertrauliches Strategiepapier der Polizei (»VS – Nur für den Dienstgebrauch«). Darin skizziert eine Projektgruppe des Bundes und der Länder, wie die Sicherheitskräfte gegen die Banden vorgehen könnten, und mahnt dabei an: »Dem Schutz von polizeilichen Informationsquellen kommt (…) eine besonders hohe Bedeutung zu.« Doch daraus wurde nichts.

Für die Behörden war es natürlich besonders peinlich, dass diese grundlegende Ausarbeitung nicht geheim gehalten werden konnte. Also erwirkten sie beim Amtsgericht Landau einen Beschluss, der den Rockern untersagte, das brisante Dokument weiterhin im Internet zu zeigen. Und vielleicht weil sich das angedrohte Ordnungsgeld auf 250 000 Euro belief, kamen die Rocker der richterlichen Aufforderung tatsächlich nach.

Angemeldet hatte den Auftritt übrigens der Anführer der Hells Angels »Landau«, Kay Scherrer, der unter anderem eine Event-Agentur betreibt und sich im Kreise der Bandenbosse erboten haben soll, sich initiativ um die Homepage zu kümmern: Er kenne da jemanden, der das für ihn übernehmen könne.

Mit welch prominenter Unterstützung die Gang bei ihren pseudojournalistischen Unternehmungen rechnen kann, zeigte ein Streifen, der zu Beginn des Jahres 2011 auf der Seite erschien. In dem 2 Minuten und 19 Sekunden langen Trailer zu dem Werbefilm »81 – The other world« trat der bekannte Berliner Schauspieler Ben Becker auf und sprach mit rauchiger Stimme die Worte: »Es gibt Menschen, die leben angeblich hier und jetzt. Und es gibt Menschen, die sich entschieden haben, in einer anderen Welt zu leben.« Sodann durften eine ganze Reihe Anführer des Clubs die angeblichen Qualitäten der Hells Angels preisen: »Treue und Respekt dem anderen gegenüber stehen an erster Stelle«, behauptete etwa Frank Hanebuth. Unterlegt war das Ganze mit treibender Musik und markigen Bilder: Angels beim Kickbox-Training, gemeinsame Ausfahrten, Keilereien mit der Polizei.

Der Mythos der Hells Angels gründet seit jeher auch auf dem geschickten Umgang mit Medien. In Filmen, Büchern und Zeitungsartikeln ließen sich schon die kalifornischen Gründerväter der Bande feiern und schufen auf diese Weise ein Image, das seither Zehntausende Männer weltweit in den Bann der bekanntesten und mächtigsten Rockerbande zog. Den Hells Angels gelang es, eine Marke zu werden, ein Exportschlager wie Coca-Cola oder Marlboro.

Als der Gottvater der Hells Angels, Sonny Barger, seine Biografie verfilmen lassen wollte, musste darüber das Welttreffen der Höllenengel Anführer befinden. Zwei Drittel der Charter-Präsidenten stimmten schließlich dafür, woraufhin im Juni 2001 ein Vertrag zwischen der in Kalifornien ansässigen Hells Angels Motorcycle Corporation und der Twentieth Century Fox Film Corporation geschlossen werden konnte.

In dem neunseitigen »Trademark License Agreement« verständigten sich die Parteien unter anderem darauf, dass die Höllenengel 2,5 Prozent aus dem Nettogewinn des Streifens erhalten würden. Dafür räumten sie der Filmfirma im Gegenzug die vorübergehende Nutzung bestimmter Markenrechte ein. Zudem setzten die Rocker einen sogenannten »Patch Wrangler« durch. Dessen einzige Aufgabe wäre es, den Schauspielern nach Drehschluss die Kutten wieder abzunehmen und sicher aufzubewahren. Auf dass keine verloren geht oder in Umlauf gerät.

Doch cineastische Großkunstwerke sind ein vielleicht schon veraltetes Mittel der Legendenbildung. Heute springt der Rocker-Nachwuchs vor allem auf die Filmchen an, die im Internet kursieren. Manche davon sind Fernsehberichte, manche semiprofessionell gemachte Musikvideos, in denen den Gangs gehuldigt wird.

»Die 8 und die 1 steht auf den Kutten, SEK und Bullen, sind die, auf die wir spucken«, reimt der Gangsterrapper Kan etwa in seiner Hymne auf einen Unterstützerclub der Angels. Und weiter: »Es ist Zeit, wenn der General schreit, holt die Kutten, wir ziehen in den Kampf. (...) Ich schwöre Treue bis in den Tod auf Rot-Weiß.« Hannovers Hip-Hopper Memo wiederum, der schon einmal einen Clip mit Hells Angels als Statisten in einer Kirche drehte, fordert in einem Video: »Support Frank Hanebuth!«

Diese ausgeklügelte Imagekampagne verfehlt ihr Ziel nicht. Gerade junge Männer aus den Problembezirken deutscher Großstädte haben in Internetportalen wie YouTube die Prominenz der Bande entdeckt und wollen nun unbedingt dazugehören. Sie erhoffen sich Sinn, Abenteuer, Zusammenhalt und vor allem Respekt.

Oder, wie es Hells-Angels-Sprecher Rudolf »Django« Triller im Januar 2008 in einem Video-Interview mit »Stern.de« formulierte: »Immer dann, wenn Hells Angels in Deutschland von den Behörden unter großen Druck gesetzt worden sind, (...) haben wir uns danach (...) rasanter weiterentwickelt als vorher. Deswegen sage ich zu den Behörden: ›Gebt Gas, wir überleben das, ihr macht uns nur stärker!‹«

Im Jahr 2012, nachdem nicht nur die deutschen Behörden massiv gegen die Hells Angels vorgegangen sind, verfassen drei führende europäische Köpfe der Bande ein Strategiepapier. »Dieses Dokument«, prangt auf der ersten Seite der Ausarbeitung, »ist nur zur internen Verwendung«, darunter der Titel: »Vorschlag: Betrifft die internationale Polizei- und Regierungsoffensive gegen den Hells Angels Motorcycle Club«.

Auf vielen Seiten beklagen die einflussreichen Rocker das von der Presse angeblich unkritisch begleitete Vorgehen der Polizei gegen die Clubs. Die Medien hätten sich von den Behörden vereinnahmen lassen, es sei mittlerweile ein »Staatsterror« im Gange, der annähernd vergleichbar sei mit dem, »was den Juden vor dem Zweiten Weltkrieg widerfahren« sei. Es gehe daher nun um nicht weniger, als das Clubleben der Hells Angels zu retten.

Die Autoren des Papiers, darunter der deutsche Clubsprecher Rudolf »Django« Triller, machen sodann einige Vorschläge, wie die Rocker dem zunehmenden staatlichen Druck begegnen könnten. »Das Hauptproblem ist«, konstatieren die Denker unter den Rockern, »dass wir mit der Presse nicht in einer angemessenen Weise zusammenarbeiten.« Weiter behaupten sie:

> Die Polizei hat einfach den größten Teil der Presse übernommen, und wir haben die einzige Plattform, auf die wir uns hätten konzentrieren sollen, unseren schlimmsten Gegnern überlassen. Mit den Medien zu reden und umzugehen (in einer kontrollierten Weise) ist der einzige Weg, wie wir überhaupt aus dieser Situation noch herauskommen können. (...)
>
> Es ist essenziell, dass wir anfangen, in den Medien zurückzuschlagen. Wir wissen, dass sie versucht haben, uns zu ficken, (...) aber das ist der einzige Weg, um die Übergriffe und Razzien zu stoppen. Wir müssen jeden Weg nutzen, den wir finden können, damit dieser Teil des Theaters funktioniert.

Was als Rockerkrieg, ausgetragen mit Fäusten und Waffen aller Art, begonnen hat, ist längst ein Kampf um die Meinung der Öffentlichkeit geworden. Auch Polizei und Polizei haben ihn aufgenommen.

Die Polizei: Alles auf Alarm

Als im September 2009 in Düsseldorf der Hells Angel Michael F. seine Verlobte ehelicht, knattern 150 Rocker in die Altstadt. Und obschon die Höllenengel dort bereits seit vielen Jahren als kriminelle Vereinigung verboten sind, bewegen sich die Kuttenträger doch mit größter

Selbstverständlichkeit in der Metropole am Rhein – unter den Augen einer Hundertschaft Polizisten. Ja ein Sprecher der Polizei entblödet sich anschließend nicht, einer Lokalzeitung Folgendes über das Entgegenkommen der Ordnungshüter während der Rockersause zu sagen: »Wir haben für die Jungs gerne den Verkehr geregelt – wie das eben bei Hochzeiten so üblich ist.«

Im Grunde genommen ist die Haltung, die sich in diesem naiven Satz ausdrückt, beispielhaft für den jahrelangen Umgang der Behörden mit den Motorradclubs. Zwar mag es einige Experten in den verschiedenen Dienststellen für Organisierte Kriminalität geben, die sich mit Rockern auskennen und ahnen, welche Gefahr von ihnen ausgeht. An der Spitze und in der Breite der Sicherheitsbehörden folgt man aber ganz anderen Prioritäten.

Und das schlägt sich auch in der Pressearbeit der Polizei nieder. Die meisten Straftaten der Motorradgangs finden damals keinen Weg in die Öffentlichkeit, weil sie entweder im Behördenapparat nicht als Delikte von Rockern registriert und dementsprechend weitergeleitet werden oder weil die jeweiligen Pressesprecher die Vorgänge für nicht spannend genug halten, um sie der Journaille bekannt zu machen. Selbst Jahre später verschicken die Ämter noch Meldungen wie diese:

»Gegen 04.44 Uhr fielen heute in der Altstadt (…) Schüsse. Es gab keine Verletzten. Die Polizei nahm einen 29-jährigen Mann fest. Der polizeilich bekannte Duisburger wird wegen eines Verstoßes gegen das Waffengesetz dem Haftrichter vorgeführt. Die Polizei ermittelt nun die Tathintergründe.«

Dass der Schütze den Hells Angel angehört und in der Nähe des Bandidos-Clubhauses herumgeballert hat, verschweigt die Polizei. Motto: Bloß keine schlafenden Hunde wecken!

Doch unter dem Druck des Medieninteresses und der daraus resultierenden politischen Debatte verändert sich allmählich der Umgang der Ermittler mit den Bikern. Zunächst verschwindet der Rockersprech aus den offiziellen Verlautbarungen: Jetzt ist nicht mehr vom

»Präsidenten« eines Clubs die Rede, sondern vom »Anführer«, nicht mehr von einem »Chapter«, sondern von einer »Bande«.

Zugleich bietet der Staat Hundertschaften und Spezialeinsatzkommandos auf, um seine Handlungsfähigkeit zu beweisen. Großeinsätze gegen die Szene werden intensiv von der Presse begleitet – und im Jahr 2012 hagelt es schließlich so viele Vereinsverbote, dass die Rocker einige etablierte Clubs in vorauseilendem Gehorsam selbst schließen. Zeitweilig scheint es, als genieße keine Frage der inneren Sicherheit eine höhere Priorität als die, wie man gegen die Motorradgangs vorgehen kann.

Die Pressearbeit spielt dabei für die Polizei seit geraumer Zeit eine entscheidende Rolle. Wie aus der vertraulichen »Rahmenkonzeption« einer Bund-Länder-Projektgruppe aus dem Oktober 2010 (»VS – Nur für den Dienstgebrauch«) hervorgeht, stufen die Sicherheitskräfte ihre »Öffentlichkeitsarbeit« als »Schlüsselfaktor« im Kampf gegen die Biker-Kriminalität ein.

Dabei komme es darauf an, heißt es in dem Dokument, die »Rolle und die Aufgabe der Polizei« zu verdeutlichen, »Verständnis und Akzeptanz für polizeiliche Maßnahmen« zu schaffen, die »Kooperationsbereitschaft der Bevölkerung« zu erhöhen, »das Sicherheitsgefühl der Bürger« zu stärken, »die Handlungsfähigkeit des Staates« zu betonen, »rechtskonformes Verhalten« der Rocker zu fördern und möglichst alle Polizisten zu sensibilisieren.

Zu diesem Zweck hätten die Behörden eine »proaktive Medienarbeit« anzustreben. Das heißt, die Beamten sollen nicht warten, bis die Journalisten auf sie zugehen, sondern von sich aus die Initiative ergreifen. Der Grund: »In der medialen Darstellung wird teilweise ein unkritisches oder gar heroisierendes Bild von OMCG vermittelt.« Die Öffentlichkeitsarbeit der Ermittler müsse daher »die kriminellen Aktivitäten« der Rocker verdeutlichen und »einer Verharmlosung oder gar Glorifizierung« entgegenwirken.

Auch wenn in der Praxis vielen Beamten ein pünktlicher Feierabend deutlich lieber ist als ihr aufklärerisches Wirken: Der sogenannte

Rockerkrieg ist auch für Polizei und Innenministerien zur Propagandaschlacht geworden. Rocker und Staat versuchen, die Presse für ihre jeweiligen Zwecke einzuspannen, wobei sich die Beamten dabei zumeist peinlich genau an ihre Vorschriften halten. Exklusivität gegen Nähe – diese Deals gibt es mit deutschen Behörden nur selten.

Die Hells Angels wiederum, als wahrscheinlich finanziell potenteste Gruppierung der OMCG-Szene, setzen stark auf ihre Internetauftritte, auf Imagefilme und Musikvideos. Das Problem ist nur: Die für illegale Geschäfte notwendige Ruhe, die ein Wegschauen der Polizei erst möglich macht, erreicht man auf diese Weise wohl nicht. Deswegen soll im Frühjahr 2010 ein perfekt inszenierter Friedensgipfel dafür sorgen, dass die Rocker wieder aus den Schlagzeilen verschwinden.

KAPITEL 13

ROCKER-GIPFEL IN HANNOVER

Der Frieden und sein schnelles Ende

Handschlag der Kuschelrocker

Der Frieden kommt zu früh, er kann nicht warten. Die Journalisten drängeln. »Komm her, Peter«, röhrt Hannovers mächtiger Hells-Angels-Boss Frank Hanebuth nachmittags um Viertel vor vier und greift nach der Hand des Mannes, der bis vor kurzem noch so etwas wie sein Todfeind war: Peter Maczollek, Vize-Präsident der Bandidos in Europa, Statthalter in Deutschland.

Es bricht ein Blitzlichtgewitter los, als begegneten sich zwei Staatsmänner. Kameraleute drängeln um den besten Platz in dem viel zu kleinen Raum, sie rufen: »Hierher, Peter, hierher, Frank!« Die Rockerbosse schauen verkniffen, streng, die Presse ist ihnen ein lästiges Übel, aber an diesem Mittwoch im Mai 2010 darf es, bitte schön, durchaus etwas Öffentlichkeit sein. Die Männer wollen eine Botschaft verkünden.

Und so verliest der Hannoveraner Anwalt Götz von Fromberg, der Hanebuth seit Jahren vertritt, im Konferenzraum seiner Kanzlei die gemeinsame »Presseerklärung« der Hells Angels und Bandidos: »Beide Parteien haben vereinbart, zukünftig in friedlicher Koexistenz miteinander zu leben und sich gegenseitig zu respektieren und zu achten, ohne dass es zu gewalttätigen Auseinandersetzungen kommt.« Die Rocker-Rivalen hätten eingesehen, trägt Fromberg weiter vor, »dass das Verhalten einzelner Mitglieder in der Vergangenheit zur starken Verunsicherung der Bevölkerung und auch der ganzen Bikerszene geführt hat«. Es bestehe »berechtigte Hoffnung«, dass der Konflikt nun beigelegt werden könne.

Jeder Club wolle seine Mitglieder disziplinieren und Verstöße gegen den geltenden Frieden sanktionieren. Bislang hatten sich die mächtigen Rockerbosse im Streitfalle zumeist auf die Position zurückgezogen, jeder Ortsverein agiere eigenständig. Das soll nun anders sein.

Man habe sich in den Verhandlungen in den vergangenen Wochen auf folgende Punkte verständigen können, sagt Fromberg und lehnt sich genüsslich zurück. Abwechselnd tragen jetzt vier der insgesamt sechs Rocker-Repräsentanten vor, und es klingt ein bisschen wie Harte-Kerle-»Dingsda«, als Hanebuth, Maczollek, Rudolf »Django« Triller und Leslav Hause verkünden:

– »Beide Parteien haben vereinbart, dass Hells Angels nicht in die Städte der Bandidos gehen und umgekehrt.«
– »Beide Clubs nehmen keine Member oder Ex-Member des jeweiligen anderen Clubs auf.«
– »Beide Parteien vereinbaren, dass innerhalb eines Jahres ab heute keine Neugründung von Chartern beider Clubs erfolgt.«
– »Nach Ablauf dieses Jahres werden Neugründungen nur nach Absprache beider Clubs durchgeführt. Es ist geplant, regelmäßige Gespräche zu führen, um Probleme zu verhindern. Probleme sollen regional gelöst werden.«

Überhaupt: Die Rocker wollen sich jetzt angeblich viel intensiver austauschen, wie Hanebuth später noch einmal betont: »Wir müssen mehr miteinander reden.« Ausgerechnet sie, die verbale Konfliktbewältigung bislang gerne als »Quatschi-Quatschi« abtaten und sich in den vergangenen Jahren einen ebenso blutigen wie erbarmungslosen Kampf geliefert hatten – ohne viele Worte.

Da wurden ihre »Brüder« auf offener Straße erschossen, da schlugen sie sich gegenseitig Beile oder Macheten in die Körper, stachen immer wieder mit Messern zu, warfen Handgranaten in feindliche Clubheime. »Turbulenzen« nennt Anwalt Fromberg das nun, »Revierkämpfe« hieß es bei der Polizei, und von »Krieg« sprachen Rocker, wenn man ihnen versicherte, ihre Namen nicht zu veröffentlichen, und natürlich die

Journalisten. Mancher Biker bekannte damals schon freimütig, dass ihm die schlechte Presse zunehmend auf die Nerven ging.

»Wir haben keine Lust mehr, ständig und grundsätzlich als Kriminelle dargestellt zu werden«, sagte Michael Mnich von den Bandidos. »Das muss aufhören.« Und deshalb wollen die Gangs mit dem Friedensschluss nicht nur ihr Image aufpolieren, sondern sich wohl auch die bei schweren Gewaltdelikten anrückende Polizei vom Leib schaffen. Ein Kriminalist, seit Jahren mit der Szene befasst, erklärt zu der plötzlichen Verständigungsbereitschaft: »Die Rocker scheinen erkannt zu haben, dass sie sich in den fortwährenden Auseinandersetzungen aufzureiben drohten und ihnen immer weniger Gelegenheit blieb, Geld zu verdienen.«

Jetzt also ist Frieden, vor geschätzt 40 Journalisten verkündet und per Handschlag besiegelt, ausgerechnet einen Tag ehe in Hamburg die Innenminister zusammenkommen, um unter anderem auch über ein entschiedenes Vorgehen gegen die Szene zu sprechen. »Das ist rein zufällig«, behauptet Fromberg. In den Vereinen hört man jedoch Gegenteiliges: Man habe keine Angst, vor nichts und niemandem, sagen sie da, aber Sorge, ja, habe man schon.

Ohne seine Kutte, ohne seine Armee im Rücken wäre mancher Biker nur noch halb so bedrohlich – insofern ist Ruhe nun erste Rockerpflicht. Viele Ermittler sind allerdings ob der inszenierten Gang-Verständigung empört. In ihren Augen teilen da vor den Augen der Öffentlichkeit zwei kriminelle Banden ganz unverhohlen die Republik untereinander auf und niemand stört sich daran.

Im Winter 2008 – nach dem Mord an dem Hells Angel Robert K. und dem Prozess gegen seine Killer – hatten die Clubs schon einmal einen Waffenstillstand vereinbart. Damals allerdings scheiterte die Abmachung an dem kaum beherrschbaren Temperament zweier Männer, die in Duisburg aufeinandertrafen. Aus den tödlichen Schüssen des Hells Angels Timur A. auf den Bandido »Eschli« Elten entstand die nächste Serie von Anschlägen und Racheakten.

Diesmal aber soll angeblich alles anders sein. Auf die Frage, wie ernst die Kuttenträger ihren Friedensschwur nehmen, den sie juristisch genau als »Abkommen zur Beilegung eines Konflikts« bezeichnen, antwortet Hells-Angels-Chef Frank Hanebuth seinerzeit mit einer Gegenfrage: »Wir haben früher schon zusammen gefeiert und kennen uns seit Jahren, warum sollte da wieder Stress entstehen?«

Und Bandido-Boss Maczollek sagt, vielleicht etwas weniger optimistisch als sein Rivale: »Ja, es wird wieder rappeln irgendwo, aber dann muss der Club denjenigen entsorgen.« Entsorgen? »Ruhigstellen.« Ruhigstellen? »Rausschmeißen!«

Der erste Verstoß

Doch den Frieden zu wahren ist gar nicht so einfach. Denn in Hannover, als die Rocker die Republik unter sich aufteilten, hat niemand die Hochrisikozone Berlin erwähnt. Sieben Chapter der Bandidos und drei Charter der Hells Angels machen die Hauptstadt zum Pulverfass, trotz Friedensvertrags. Bandidos und Hells Angels fühlen sich wie Kapitäne ohne Schiff oder wie Zuhälter ohne Prostituierte, wenn sie in einem Gebiet nicht das alleinige Sagen haben. Es ist unvereinbar mit ihrem Selbstverständnis. Ein gewaltfreies Nebeneinander von Bandidos und Hells Angels in Berlin ist so realistisch wie eine Pilgerreise des Papstes nach Mekka.

Und so dauert es keine elf Monate, bis sich in der Hauptstadt die beiden Erzfeinde wieder attackieren. Am 21. April 2011 schlendern fünf Bandidos aus dem Vorort Henningsdorf, darunter der Bandenboss Thorsten S., durch die Einkaufspassage Borsighallen im Nordwesten Berlins. Und plötzlich prallen sie vor dem Media-Markt auf einige Hells Angels des brutalen Migranten-Charters »Berlin City«. Die Männer werden angeführt von Ersoy »Chucky« Padir, dem korpulenten Bruder des Charter-Chefs Kadir Padir. Die Überwachungskameras halten sodann fest, wie die Höllenengel einen Bandido attackieren. Die Aggression geht eindeutig von den Hells Angels aus. Vergeblich versucht der oberste Bandido Thorsten S., die Angreifer zu beruhigen.

Ermittler des Landeskriminalamts wollen später auf dem Video erkennen, wie »Chucky« ein Messer zieht, wahrscheinlich um auf seinen Gegner einzustechen. Warum die Höllenengel diesmal auf die Rivalen losgehen, bleibt unklar, vielleicht gibt es auch gar keinen besonderen Grund. Rechtsstaatlich aufgeklärt wird auch diese Attacke nicht.

In Hannover hat Deutschlands oberster Bandido Peter Maczollek noch verkündet, dass nach einem Zwischenfall der Aggressor von seinem Club »entsorgt« werden müsse. Es war auf höchster Ebene eindeutig vereinbart worden, wie derartige Vorfälle zu ahnden sind: Die Rockerfürsten hatten sich versprochen, Friedensbrecher aus der Gang auszuschließen.

Ein hochrangiger Bandido formuliert dementsprechend die clubinterne Erwartungshaltung nach der Attacke in der Einkaufspassage: »Für uns ist sonnenklar, dass die Hells Angels die Angreifer aus dem Club werfen müssen.« Doch offenbar ist das den Höllenengeln nicht ganz so klar.

Und so übersteht der Pakt von Hannover noch nicht einmal den ersten Stresstest. Aus Polizeikreisen heißt es später, dass sich Kadir Padir, der mächtige Anführer des Charters »Berlin City«, schlicht geweigert habe, seinen Bruder aus der Bande zu entfernen. Demnach artet der Vorfall zu einem regelrechten Machtkampf innerhalb der Hells Angels aus. Einflussreiche und gestandene Rocker fordern, Ersoy Padir mit einem Ausschluss zu bestrafen. Schließlich gehe es um die Glaubwürdigkeit des gesamten Clubs. Doch die Migrantenrocker in Berlin vertrauen auf ihre exponierte Position, die sie sich mit brutalster Gewalt erstritten haben. Den Forderungen der Alten wollen sie sich nicht beugen, Blut ist dicker als Wasser: »Wenn ihr meinen Bruder rausschmeißt«, soll Gangchef Kadir Padir gedroht haben, »gehe ich zu den Mongols. Dann habt ihr jeden Tag Sportfest.«

Zum ersten Mal wird in diesem Moment deutlich, dass die seit Jahrzehnten überlieferten Regeln der Clubs für die jungen Wilden nicht mehr uneingeschränkt zu gelten scheinen. Das Interesse der Banden, bislang auch gegen den Willen Einzelner stets durchgesetzt, muss in diesem Fall zurückstehen. Wenn man so will, ist das der Moment, in dem aus Brutalität und Skrupellosigkeit resultierende Macht eine jahrzehntealte Tradition bezwingt.

In den folgenden Monaten kommt es in Berlin zu immer mehr Überfällen und Attacken. Mit Fäusten, Messern und mit Pistolen gehen Männer aufeinander los, viele werden dabei verletzt. Häufig scheinen die Hells Angels vom Charter »Berlin City« auf die eine oder andere Weise mit den gewaltsamen Auseinandersetzungen zu tun zu haben, doch nachweisen können ihnen die Ermittler meist nichts. Und auch ihr Club vermag sie nicht in die Schranken zu weisen. Eines wird dadurch immer deutlicher: Mit diesen Typen lässt sich kein Frieden machen.

Duisburg – die umkämpfte Stadt

Ein weiterer Brennpunkt des Bandenkriegs ist Duisburg. In dem ebenso großen wie umsatzstarken Rotlichtviertel der Stadt stehen sich die verfeindeten Banden seit Jahren auf den Füßen, und nicht zufällig stirbt hier der Bandido »Eschli« Elten im Kugelhagel.

Das Clubhaus der örtlichen Bandidos liegt in der Charlottenstraße, und nur wenige hundert Meter entfernt, in der Vulkanstraße, arbeiten in den dortigen Puffs zahlreiche Männer aus dem Dunstkreis der Hells Angels als Aufpasser und Wirtschafter. In dieser Gegend liegt immer eine gehörige Spannung in der Luft, und die ist nicht nur der Aufgeregtheit zahlreicher Freier geschuldet.

So verzeichnet die Duisburger Kriminalpolizei auch nach dem öffentlich verkündeten Friedensschluss der Rockerfürsten fortwährende Scharmützel der Horden:

- Im April 2011 wird ein Unterstützer der Bandidos auf sein T-Shirt angesprochen und zusammengeschlagen.
- Am 24. April 2011 bleiben zwei Bandidos im Stadtbezirk Hamborn mit dem Auto liegen. Sofort sind sie umringt. Die Scheiben des Wagens werden zertrümmert und die Rocker verprügelt – von

»Supportern« der Hells Angels mit »türkischem Migrationshintergrund«, wie es in einem Dokument der Polizei heißt.

- Am 8. Mai 2011 demonstrieren wiederum die Bandidos Stärke in der Stadt. In großer Zahl marschieren sie in eine Kneipe, die einem Anhänger der Hells Angels gehört und in der sie bislang nicht bedient worden waren. Die Rocker drohen dem Wirt, einen Brandsatz in sein Lokal zu werfen, wenn sie weiterhin boykottiert würden. Im Rotlichtviertel stehen sich beide Gangs wenig später gegenüber. Einheiten der Bereitschaftspolizei, die von einem Fußballspiel des MSV abkommandiert werden, können eine Massenschlägerei gerade noch verhindern.
- Am 10. Mai 2011 schleudern Unbekannte einen Molotow-Cocktail auf ein Gebäude im Stadtteil Obermarxloh, in dem sich Unterstützer der Hells Angels regelmäßig treffen. Es entsteht nur Sachschaden.

Doch ausgerechnet aus Duisburg, dieser nach Berlin wahrscheinlich am härtesten umkämpften Rockerhochburg Deutschlands, wollen sich die Hells Angels nicht mehr zurückziehen. Anfang 2012 bauen sie sich im Stadtteil Rumeln-Kaldenhausen ein ehemaliges Bürogebäude zum Clubhaus um. Zwar erfolgt zunächst nur die Gründung eines vorläufigen Charters, doch schleichend haben sich die Höllenengel damit in der bisherigen Bastion der Bandidos eingerichtet.

Verschärft wird die Situation noch dadurch, dass sich weitere Banden formieren. Da ist etwa der MC Brotherhood »Clown-Town«, eine Gang, die sich im Frühjahr 2012 schließlich dem berüchtigten Satudarah MC aus den Niederlanden anschließt. Auch Männer mit Shirts des Rockerclubs Mongols werden in Duisburg gesichtet, später etablieren sich in der Region zudem das Gremium-Chapter »Bosporus West« und ein Ableger der vor allem in Baden-Württemberg starken Türstehergang United Tribuns.

Fast alle dieser Neu-Rocker sind Migranten, bislang fuhren sie allenfalls hochgezüchtete japanische Rennmaschinen, wenn sie überhaupt ein Motorrad besaßen. Kutten, Shopper, Rock'n'Roll – das war nie ihre Welt und wird es wohl auch nie sein. Viele der Männer, die sich inzwischen in Duisburg um einen gefürchteten ehemaligen Unterweltboss aus Berlin zu scharen scheinen, sind sogenannte Mhallamiye-Kurden.

Als Wirtschaftsflüchtlinge zogen die Groß- oder Urgroßeltern der jungen Biker in den dreißiger und vierziger Jahren aus der Türkei in den Libanon. Dort wurden sie meist nicht eingebürgert, durften nicht arbeiten und waren auf sich allein gestellt. »Die mitgebrachten tribalen Verhältnisse wurden noch enger geschnürt, um das Überleben der Gruppe gewährleisten zu können, und die Ghettoisierung war extrem«, heißt es in einer Studie des Publizisten Ralph Ghadban.

Nach Deutschland kamen die Mhallamiye-Kurden als Asylbewerber. Ihre Anträge wurden fast durchgehend abgelehnt, doch weil viele keine Pässe besaßen oder diese vernichtet hatten, konnte man sie nicht ausweisen – der Libanon wollte sie nicht, die Türkei erst recht nicht. Sie erhielten zunächst eine Duldung, durften also nicht arbeiten. Bis 1990, so ein Bericht des Landeskriminalamts Berlin, wanderten rund 15 000 Mhallamiye-Kurden auf diesem Weg nach Deutschland ein.

Sie bekamen Kinder, laut Ghadban durchschnittlich sieben oder acht pro Familie. Inzwischen leben laut Schätzungen weit mehr als 100 000 Mhallamiye-Kurden in Deutschland. Kriminell ist nur eine Minderheit von ihnen. Doch die »tribalen Werte«, die die Clans mitgebracht hätten, »stehen im totalen Gegensatz zu den individuellen Werten unseres demokratischen Systems«, analysiert der im Libanon geborene Sozialforscher.

Anders als viele türkische Familien hätten sich die Gruppen nicht mal ansatzweise integriert. »Drogenhandel, Erpressung, Diebstahl und Raubüberfälle helfen, große Reichtümer anzusammeln«, so der Wissenschaftler. Eine Ausbildung brauche man dazu nicht. »Der Staat muss sich bei den Clans mit allen Mitteln des Rechtsstaats Respekt verschaffen. Polizei, Sozialbehörden, Jugendämter, Finanzämter und die Schulen müssen an einem Strang ziehen«, sagt Ghadban, der schon früh vor Fehlentwicklungen gewarnt hat. Die Hoffnung auf Integration gibt er dennoch nicht auf. Man müsse die Parallelgesellschaft der Sippen zerschlagen, ihnen die kriminellen Geldquellen nehmen. »Wir dürfen uns als Gesellschaft nicht von einigen wenigen terrorisieren lassen«, mahnt er.

Die Spezialermittler einiger Landeskriminalämter zeigen sich in der Zeit des großen Friedens zwischen Hells Angels und Bandidos alarmiert, weil sich – ähnlich wie in Duisburg – in mehreren Regionen Deutschlands eine Liaison zwischen Größen der Organisierten Kriminalität anbahnt, die sich bislang eher aus dem Weg gegangen sind. Doch nun wollen offenbar immer mehr arabische und türkische Kriminelle auch Rocker werden. »Für uns ist das eine Horrorvorstellung«, klagt ein Fahnder, »da deutet sich eine ganz neue Achse des Bösen an.«

Eine Kommission des Bundeskriminalamts (BKA) hatte schon 2004 vor nicht mehr zu kontrollierenden Ethno-Gruppierungen, darunter auch den Mhallamiye-Kurden, gewarnt. Die Ermittler kritisierten seinerzeit das Scheitern jeglicher Integrationsbemühungen und attackierten die deutsche Justiz. In falsch verstandener Toleranz hätten die Gerichte das Problem mit ihrer fortwährenden Nachsichtigkeit noch erheblich verschlimmert, hieß es.

»Ethnisch abgeschottete Subkulturen«, so war nach SPIEGEL-Informationen in dem mehrfach entschärften Bericht am Ende doch noch zu lesen, hätten sich »unter erheblichem Missbrauch der vorhandenen Schwachstellen des bundesdeutschen Ausländer- und Asylrechts bereits fest etabliert«. Die Zerschlagung solcher kriminellen Strukturen werde »nur noch in Teilbereichen« möglich sein. Und das auch nur bei Zusammenarbeit »aller mit der Thematik befassten Behörden, justizieller Unterstützung und dem Ausbau kriminaltaktischer Ermittlungsmaßnahmen«. Sprich: eigentlich nie.

Im Jahr 2010 schicken sich tatsächlich die ersten dieser Männer an, Kutten anzuziehen und Rocker zu werden, wohl angelockt von der plötzlichen Prominenz der Motorradclubs und ihrer ständigen Medienpräsenz. Der von den mächtigen Männern in Hannover ausgehandelte Frieden zwischen Hells Angels und Bandidos interessiert sie dabei herzlich wenig – selbst wenn sie bald schon diesen Gruppierungen angehören werden.

Straßenschlacht in Mönchengladbach

Es ist genau 23.38 Uhr, als die erste Streife ihren Funkspruch absetzt: »Massenschlägerei Altstadt unter Rockern«, so steht es im Einsatzprotokoll. Aufgeregt, fast schon panisch verlangt der Polizist nach Unterstützung, wie sich hinterher ein Beamter der Leitstelle erinnert: »Wir brauchen alles, was ihr habt.« Denn im Zentrum Mönchengladbachs artet im Januar 2012 eine samstägliche Auseinandersetzung, die anfangs nicht mehr als eine Schubserei vor einer Disko zu sein schien, zu einer Straßenschlacht aus.

Laut Polizei dreschen Hells Angels und Bandidos schon bald mit Eisenstangen, Schlagringen und Baseballschlägern aufeinander ein, auch Messer werden gezückt. Am Ende ist ein angehender Höllenengel namens Jimal, 38, schwer verletzt. Jemand hat ihm einen Stich in die Leber versetzt. Zwei weitere Unterstützer der Hells Angels und ein Leverkusener Bandido erleiden Schnittverletzungen. Die Mordkommission »Kutte« nimmt wenig später wegen versuchter Tötung und schweren Landfriedensbruchs ihre Arbeit auf.

In der Nacht aber jagen nach dem Funkspruch zunächst Streifenwagen aus der gesamten Region mit Blaulicht und Vollgas nach Mönchengladbach: Bergheim, Bonn, Düren, Düsseldorf, Duisburg, Essen, Heinsberg, Kleve, Köln, Krefeld, Neuss, Viersen und Wuppertal schicken Unterstützung. Und auch die Rocker rüsten auf. In Windeseile rollt aus Bochum, Oberhausen, Mülheim, Leverkusen, Essen und Duisburg schlagkräftiges Personal heran. Darunter auch die deutschen Bandidos-Bosse Peter Maczollek, 47, und Leslav Hause, 49 – die Polizei notiert ihre Personalien. Zugleich laufen noch etwa 35 Mitglieder der Motorradclubs Outlaws und Gremium auf, die jedoch von der Polizei schnell wieder des Feldes verwiesen werden.

Die Beamten registrieren während der Schlacht von Mönchengladbach auffällig viele auswärtige Kennzeichen, darunter zum Beispiel auch das eines schwarzen Mercedes Vito 111 CDI vom Niederrhein. Der Wagen gehört Thorsten »Huge« G., 44, einem Bandido des Chapters Duisburg. In der Wohnung des zweifachen Familienvaters finden die Ermittler wenig später mehrere Patronen verschiedener Kaliber, zahlreiche Messer und eine Präzisionsschleuder.

Warum es aber ausgerechnet am Niederrhein zur Massenkeilerei kommt, ist den Kriminalisten auch Monate später noch immer schleierhaft. Aus einem Bericht der Beamten geht hervor, dass die Bandidos vor einem Club aufgezogen waren, der von Mitgliedern und Unterstützern der Hells Angels bewacht wird. Eine bewusste Provokation? Suchten sie die Auseinandersetzung? Ein Sprecher der Bandidos sagt, man habe in einer größeren Gruppe friedlich in Mönchengladbach feiern wollen und sei plötzlich umstellt worden. Die Hells Angels äußern sich seinerzeit nicht zu dem Vorfall.

Möglicherweise geht es auch darum, wer den Sicherheitsdienst einer Bar stellt, also »die Tür macht«. Lautet doch eine alte Gewissheit der Ermittler: »Wer die Tür hat, hat den Laden.« Denn die Männer mit den aufgepumpten Armen kontrollieren zumeist den Drogenhandel in dem jeweiligen Club. Nach Erkenntnissen der Polizei sind zwei Türsteher der örtlichen Diskothek »Hells Angels«.

In dem konkreten Fall könnte den Fahndern bei ihrer Arbeit ausnahmsweise einmal die moderne Technik helfen. Der Alte Markt in Mönchengladbach ist – neben der Bolkerstraße in Düsseldorf – der einzige Ort in NRW, an dem die Polizei eine permanente Videoüberwachung erproben darf. Und daher gibt es von der Rockerschlacht etwas, was in der Szene durchaus Seltenheitswert hat: bewegte Bilder. Relativ schnell wollen die Ermittler auf diese Weise zwei Männer identifiziert haben, die im Milieu nicht ganz unbekannt sind. Der 37-jährige Tunesier Brahim Z. galt einmal als »Herr der Ringe« in

Köln, das war Anfang der 2000er Jahre, als er mit seiner berüchtigten Türstehergang im Amüsierviertel am Rhein Angst und Schrecken verbreitete. Inzwischen betreibt Z. ein Bordell in Leverkusen und hat sich genau wie der Deutsch-Iraner Ramin Y., 23, gegen den ebenfalls ermittelt wird, den dortigen Bandidos angedient. Y. allerdings wird kein Jahr später mit seinen Banditen vom Chapter »Westgate« zu den Angels überlaufen – und die wiederum werden eine gute Woche später ihren Club schon wieder schließen.

In der Nacht im Januar, nach der Massenschlägerei am Niederrhein, dreht sich die Spirale der Gewalt aber erst einmal weiter. Unbekannte schießen in der Folge auf die Wohnung eines Oberhausener Bandidos und feuern auch in Essen um sich. Am frühen Sonntagmorgen detoniert dann vor einem Bandidos-Vereinsheim in Herten (»La Casa de los Locos«) ein Sprengsatz, es handelt sich wohl um eine Handgranate.

»Vor Ort war auf dem Gehweg in unmittelbarer Nähe der Eingangstür (...) eine ca. zehn Zentimeter tiefe, trichterförmige Vertiefung festzustellen. Die massiven, doppelglasigen Scheiben des Gebäudes sowie mehrere umstehende Pkw waren stark beschädigt, im Umfeld der Vertiefung waren Schmauchspuren und Metallsplitter ersichtlich«, notiert ein Kriminalhauptkommissar beim Lagedienst des nordrhein-westfälischen Landeskriminalamts.

Zwar wird bei dem Anschlag niemand verletzt, aber die Schockwirkung ist enorm. Denn Hausherr dort ist der Pressesprecher der Bandidos in Deutschland, Michael Mnich, der den Anschlag wenig später eine »unkluge und völlig überflüssige Aktion« nennt, »die uns allen schaden kann«.

Zu dieser Einschätzung gelangt auch die Polizei, wie ein Schreiben aus der Führungsetage der NRW-Ordnungshüter belegt. Es trägt den wenig griffigen Titel »Bekämpfung der Rockerkriminalität« und ist als Verschlusssache eingestuft (»Nur für den Dienstgebrauch«). In dem Papier fasst ein Beamter des höheren Dienstes zusammen, wie die Sicherheitskräfte die Lage in der Rockerszene nach der Messerstecherei von Mönchengladbach, dem Handgranatenattentat und mehreren Pistolenschüssen bewerten. Kurz gesagt: Es ist ernst.

»Weitere Auseinandersetzungen«, so die Ermittler, »zwischen Mitgliedern und Unterstützern des Hells Angels MC und des Bandidos MC« seien »insbesondere in NRW nicht auszuschließen«. Im westfälischen Hamm hätten sich die verfeindeten Gruppierungen bereits wieder Auge in Auge gegenübergestanden, nur die Polizei habe einen neuerlichen Ausbruch der Gewalt verhindern können.

Die Beamten sollten daher, so heißt es in dem Dokument, vor den »Treff- und Sammelpunkten der Rockerszene« verstärkt Präsenz zeigen, Kontrollen durchführen und Aufklärung betreiben. Dabei hätten die Polizisten jedoch besonders auf die »Eigensicherung« zu achten. Wichtige Beobachtungen seien an die Sonderkommission »Projekt 124« des Düsseldorfer Landeskriminalamts zu melden.

An anderer Stelle ist zu lesen, dass das Berliner LKA bereits einen Tag vor der Konfrontation in Mönchengladbach auf mögliche Reibereien zwischen den Clubs hingewiesen habe. Jedoch sei bislang unklar, ob die jüngsten Auseinandersetzungen in Nordrhein-Westfalen auf einen strategischen Disput der Vereine zurückzuführen seien. Allerdings gehe man davon aus, »dass sich die Ereignisse in NRW auf die Gesamtlage verschärfend auswirkten«.

Die Polizei ist in höchster Alarmbereitschaft. »Wir stehen richtig unter Strom«, sagt ein Ermittler. »Der Einsatz von Schusswaffen und Sprengstoff zeigt, dass die Gewaltbereitschaft in der Szene immens ist.« Bei mehreren Großrazzien stellen Beamte unter anderem Teleskopschlagstöcke, Baseballschläger, Stahlruten, Axtstiele und Messer sicher. Auch zahlreiche Testosteron-Ampullen sowie eine Mitgliederliste des Hells Angels MC beschlagnahmen die Kriminalisten. Keine zwei Jahre nach dem Rocker-Gipfel in Hannover ist der Frieden endgültig dahin.

KAPITEL 14

GEWALT UND GEGENGEWALT

Der Staat greift durch

Rocker-Republik Deutschland

»The world is not enough«, lautet ein Slogan der Hells Angels – und wenn sie ihn tatsächlich jemals ernst genommen haben, dann konnten sie mit der Situation in Deutschland lange Zeit durchaus zufrieden sein. Hier büßten sie nämlich im Laufe der Jahrzehnte nur wenige organisatorische Kapazitäten ein, die sie für eventuelle Welteroberungsabsichten benötigt hätten. Ganze zwei Mal wurden in der Vergangenheit Ableger des Clans von Staats wegen geschlossen: 1983 in Hamburg und 2000 in Düsseldorf.

Doch diese behördliche Nachsichtigkeit ist nicht unbedingt darauf zurückzuführen, dass die Höllenengel sich in deutschen Landen besonders zivil verhalten hätten. Mitglieder der Hells Angels seien, so befand das Bundesverwaltungsgericht 1988 nach einer Klage des Clubs gegen das Hamburger Verbot, im Namen der Gang »massiv und gewalttätig in der Öffentlichkeit in Erscheinung« getreten und hätten »dadurch weitere Straftaten« ermöglicht, »bei denen Außenstehende eingeschüchtert und gefügig gemacht wurden«. Nein, für die Zurückhaltung des Rechtsstaats war wohl eher ausschlaggebend, dass das Verbot eines Vereins in Deutschland ein schwieriger verwaltungsrechtlicher Vorgang ist, mit dem die Politik lange Zeit sehr sparsam umging. Dazu reicht es eigentlich nicht aus, die individuellen Verfehlungen der Clubmitglieder aufzuaddieren.

»Wesentlich ist der Nachweis, dass die Straftaten des einzelnen Mitglieds dem Clubzweck dienen und das Delikt dem Verein in seiner Gesamtheit zuzurechnen ist«, heißt es in einer vertraulichen »Konzeption zur Bekämpfung der Rockerkriminalität« des baden-württembergischen Landeskriminalamts. Und damit taten sich die bundesdeutschen Behörden lange Zeit schwer, vielleicht auch weil sie anderen Prioritäten zu folgen hatten. Nach dem 11. September 2001 verschlang der Kampf gegen den islamistischen Terrorismus einen Großteil der Kapazitäten.

Juristische Grundlage eines Vereinsverbots ist der Artikel 9 Absatz 2 des Grundgesetzes. Grund für die Schließung eines Clubs, die vom Innenminister oder einer obersten Landesbehörde ausgesprochen werden kann, ist demnach, dass seine »Zwecke oder Tätigkeit den Strafgesetzen zuwiderlaufen« oder er »sich gegen die verfassungsmäßige Ordnung oder den Gedanken der Völkerverständigung richtet«. Damit einhergehend wird in der Regel das Vereinsvermögen beschlagnahmt.

Allerdings sind Vereinsverbote in ihrer polizeilichen Wirksamkeit umstritten. »Dass sich damit die kriminellen Machenschaften von Rockern unterbinden lassen, ist ein Irrglaube«, so Joachim Kersten, Kriminologe an der Deutschen Hochschule der Polizei. »Es handelt sich schließlich nicht um einen Kaninchenzüchterverein, sondern um eine äußerst gewalttätige und rabiate Szene«, erklärt der Experte.

»Diese Kerle haben in der Schattenwirtschaft ihren Status gefunden«, sagt Kersten. Sie legten ihr Gehabe nicht ab und ließen auch ihre Geschäfte nicht ruhen. Solange sich zudem mit Menschenhandel oder Prostitution illegal Geld verdienen lasse, sei ein »Ausmerzen« krimineller Strukturen durch Verbote nicht möglich. Schlössen Behörden einige Rockerclubs, habe das nicht zur Folge, dass die Männer ihre Kutten an den Nagel hängten. Vielmehr wichen sie ins Umland aus und sortierten sich dort neu. Das aber könne ein demokratischer Rechtsstaat nicht verhindern, so Kersten.

Genauso kam es nämlich auch in Hamburg und Düsseldorf. Zwar verzichteten die Höllenengel der Hansestadt nach dem Verbot darauf, sich öffentlich in ihren Clubwesten zu zeigen, und verlegten das Vereinsheim ihres neuen Charters »Harbor City« ins Mecklenburgische. Doch wenn heute rund um den Hans-Albers-Platz von »Rot-Weiß« die Rede ist, wissen die allermeisten, dass damit keine Pommes frites gemeint sind. Auf der Reeperbahn sind die Hells Angels nach wie vor eine Macht.

In dem Dienstzimmer eines hochrangigen Hamburger Ermittlers hing daher lange Zeit an einer Pinnwand hinter dem Schreibtisch unter anderem ein ausgeschnittener Artikel aus der »Bild«-Zeitung, Überschrift: »Der Kiez braucht uns.« In dem Text ließ sich der Ober-Angel Frank Hanebuth mit den Worten zitieren: »Wir haben in Hamburg seit Jahrzehnten die Vorherrschaft, sehr großen Einfluss.« Der Kriminalist hatte die Sätze gelb markiert und an den Rand geschrieben: »Seit 14 Jahren verboten.«

In Düsseldorf ist es ähnlich, dort spielen die Höllenengel vor allem in der Altstadt-Gastronomie und im Rotlicht eine entscheidende Rolle. Als im August 2009 in Düsseldorf der Hells Angel Michael F. seine Verlobte heiratete, wurde die Stellung der Rocker auch den Normalbürgern sehr deutlich. Für die 150 Angels, die im vollen Ornat zur Hochzeit fuhren, regelte die Polizei, wie bereits erwähnt, sogar den Verkehr. So viel zu Verboten in Theorie und Praxis.

Ein Phänomen, das der Polizei die Verfolgung krimineller Rocker immer wieder erschwert und mit dem sich die Kriminalisten ständig konfrontiert sehen, ist das der sehr vergesslichen Zeugen. Als sich im Mai 2007 etwa der Hells Angel Rayk Freitag und der Bandido Carsten D. in Berlin auf offener Straße prügeln, filmt ein junger Mann den Kampf sogar. Doch vor Gericht kann sich der Amateurfilmer Guido S. später angeblich an nichts mehr erinnern.

Und als der Frankfurter Hells Angel Peter B. im Oktober 2009 vor dem Lokal »My Way« einem Mann ins Gesicht geboxt haben soll, verläuft auch diese Untersuchung im Sande. »Aus dem polizeilichen Abschlussbericht ist ersichtlich«, heißt es in einem Schriftsatz des hessischen Innenministeriums, »dass der Geschädigte aus Angst vor Repressalien von einer Aussage Abstand nahm.«

Nichts hören, nichts sehen, nichts sagen. Die Furcht der Menschen vor den Rockern ist groß, denn so unfähig der Staat ist, seine Zeugen wirkungsvoll und langfristig zu beschützen, so nachtragend können die Gangs sein. Allerdings hilft den Rockern oft schon ihr schlechter Ruf dabei, dass die vorauseilend eingeschüchterten Bürger bei der Polizei ihren Mund halten.

Im Falle des Frankfurter Hells-Angels-Charters »Westend« zum Beispiel führten etwa 550 Ermittlungsverfahren gegen dessen Mitglieder zu gerade einmal zu 70 Verurteilungen. »Was wollen Sie machen«, fragt ein LKA-Beamter, »wenn es plötzlich niemanden mehr gibt, der zu einer Aussage bereit ist?« Wenn man zudem unterstellt, dass nur ein Bruchteil aller Delikte überhaupt ans Tageslicht kommt, kann ein kriminelles Leben ziemlich lange dauern.

Doch die Duldsamkeit von Polizei und Politik, ihre ansonsten so ausgeprägte Fähigkeit, Probleme auch langfristig zu ignorieren, findet schließlich im sogenannten Rockerkrieg ein Ende. Als Erstem platzt dem damaligen brandenburgischen Innenminister Jörg Schönbohm (CDU) der Kragen. Der ehemalige Inspekteur des Heeres verbietet im August 2009 den Bandidos-Unterstützertrupp Chicanos Barnim. Das ist zwar kein Meilenstein der Kriminalitätsbekämpfung, aber immerhin ein Signal: Wir werden nicht länger zusehen.

Das Problem ist nur, dass das den Rockern ziemlich egal ist.

Noch.

Vorbote der Verbote

In seiner nicht einmal dreijährigen Amtszeit als Innenminister Schleswig-Holsteins hat der CDU-Politiker Klaus Schlie zwei Dinge getan, die in Erinnerung bleiben werden. Zum einen schrieb der gelernte Realschullehrer, der später Landtagspräsident werden sollte, einer Amtsrichterin aus Elmshorn einen bösen Brief, weil die einen Polizeihauptmeister wegen des ungerechtfertigten Einsatzes von Pfefferspray zu einer Geldstrafe verurteilt hatte. Damit aber beschwor Schlie nicht nur den Unmut des Justizministers, sondern auch den geballten Zorn der juristischen Berufsverbände herauf.

Zum anderen aber wagte der kleine, kompakte Mann mit den flinken Augen einen Schritt, der zu diesem Zeitpunkt in der deutschen Kriminalpolitik beispiellos war. Er schloss am 29. April 2010 gleich zwei Ableger der großen Rockergruppen – ein Chapter der Bandidos (»Neumünster«) und ein Charter der Hells Angels (»Flensburg«). Das hatte es in der Bundesrepublik noch nie gegeben, weshalb man durchaus sagen kann, dass Klaus Schlie als Vorbote der Verbote seinen zumeist zögerlichen Ressortkollegen im Rest der Republik um Jahre voraus war. Und in Schleswig-Holstein ist das nicht unbedingt eine Selbstverständlichkeit.

Überhaupt spielten nadelstichartige Polizeiaktionen gegen Rocker, wie sie zwei Jahre später schon sehr häufig werden sollten, in der politischen Debatte jener Tage noch kaum eine Rolle. Der damalige nordrhein-westfälische Innenminister Ingo Wolf (FDP) argumentierte etwa, die Auflösungen einzelner Clubs lösten die Probleme »nicht langfristig, weil sie nur zu einer Verdrängung führen«. Und für ein generelles Verbotsverfahren sei aus seiner Sicht alleine der Bund zuständig.

Auch Berlin plädierte seinerzeit für ein deutschlandweites Vorgehen gegen die Rockerszene. Während in Niedersachsen und Bremen dieselben Innenpolitiker, die wenig später schon ihren Kurs deutlich ändern sollten, sogar noch überhaupt keinen Handlungsbedarf sahen. Aber wen interessiert schon das Geschwätz von gestern?

Schleswig-Holsteins Sheriff Schlie jedoch, in dessen Zuständigkeitsbereich sich die Rockerbanden besonders brutal attackiert hatten, wollte die OMCG-Kriminalität bei der Innenministerkonferenz im Frühjahr 2010 erneut zu einem großen Thema machen. Und das hatte Folgen.

Abgerockter Norden

An dem ersten Tag, an dem es sie in Neumünster nicht mehr geben darf, sitzen die Bandidos auf der gefliesten Terrasse ihres Vereinsheims und halten Kriegsrat. Draußen stehen große Autos und schwere Motorräder, allesamt schwarz und auf Hochglanz poliert. Drinnen bestimmen breite Rücken und ernste Gesichter das Bild. »Das werden wir uns auf keinen Fall gefallen lassen«, sagt einer von ihnen. »Dagegen gehen wir vor.« Und jetzt, bitte schön, keine Fragen mehr. Alles Weitere werde man sehen.

Die Verunsicherung der Rocker (»ganz schlimme Scheiße«) ist spürbar – wahrscheinlich hatten sie wirklich nicht damit gerechnet, dass Polizei und Politik tatsächlich einmal ernst machen würden. Zwar diskutieren Sicherheitsexperten seit Wochen erregt darüber, ob ein Vereinsverbot eine wirksame Waffe im Kampf gegen die Outlaw Motorcycle Gangs sein könnte, doch passiert ist lange Zeit nichts. Das aber ändert sich an diesem Donnerstagmorgen im April 2010 schlagartig.

300 Beamte, darunter das Spezialeinsatzkommando (SEK), durchsuchen von 7 Uhr an zehn Wohnungen und Vereinsheime der Rocker in Schleswig-Holstein. Dabei wird den 17 Mitgliedern der Bandidos MC »Probationary Chapter Neumünster« und den zwölf Mitgliedern der Hells Angels MC »Charter Flensburg« auch schriftlich mitgeteilt, dass ihre Clubs mit sofortiger Wirkung verboten sind.

»Beide Vereine verstoßen gegen die Strafgesetze und richten sich gegen die verfassungsmäßige Ordnung«, begründet Innenminister Schlie die Aktion und setzt gleich nach: Auch über den übrigen Ablegern der Angels – die Bandidos gibt es damit im Norden offiziell nicht mehr – schwebe »das Damoklesschwert eines Verbots«. »Wir weichen keinen Schritt zurück. Das Gewaltmonopol liegt beim Staat«, so der CDU-Politiker, der eine »Null-Toleranz-Strategie« ankündigt.

Nach Ansicht des Innenministers dienen beide Vereine allein dem Zweck, kriminelle Kraft zu entfalten und ihre jeweiligen Gebiets- und Machtansprüche gegen die Konkurrenz durchzusetzen – auch mit Waffengewalt. Gegen zahlreiche Mitglieder der Hells Angels und Bandidos, darunter ist auch der ehemalige NPD-Landesvorsitzende Peter Borchert, laufen zu diesem Zeitpunkt Ermittlungsverfahren, etwa wegen versuchter Tötungsdelikte, gefährlicher Körperverletzung, Verstößen gegen das Waffengesetz und Nötigung.

»Die Straftaten stellen sich sichtbar als Aktivitäten der Vereine dar«, so Schlie. Sie seien zwar von einzelnen Mitgliedern verübt worden, gingen aber auf das Konto der beiden Gruppierungen. Das sei entscheidend für deren Verbot gewesen. »Es handelt sich nicht um harmlose Motorradclubs, deren Mitglieder sich zu friedlichen Wochenendausflügen treffen«, sagt Schlie.

In der 38-seitigen Verbotsverfügung gegen die Flensburger Hells Angels wird die Argumentation des Ministeriums noch deutlicher. Demnach konstatieren die Beamten, dass die Truppe um Anführer Stefan R. nur bestehe, um »eine Gebiets- und Machtentfaltung auf dem kriminellen Sektor gegenüber der verfeindeten Organisation der Bandidos« zu verwirklichen.

Untermauert wird diese These neben zahlreichen anderen Ermittlungsverfahren gegen einzelne Gangmitglieder und der allgemeinen Aufrüstung der Bande vor allem durch eine Attacke: So hatte am 12. September 2009 der 36-jährige Stefan R., Boss der Flensburger Angels, mit seinem Audi A8, während der Fahrt und auf der Autobahn, zweimal den Bandido Thomas K., 24, gerammt. Der Rocker stürzte und erlitt lebensgefährliche Verletzungen.

Der Tathergang zeige, schreiben die Ministerialbeamten, dass der Angriff nicht aus einer persönlichen Beziehung zwischen Täter und Opfer resultiert habe, sondern ausschließlich der nicht hinzunehmenden »Territorialherrschaft« der Banden entsprungen sei. Ursächlich für die Attacke war demnach allein der Umstand, dass sich Bandidos zu lange in einem Gebiet aufgehalten hatten, das von den Hells Angels als ihres angesehen wurde.

Hinzu komme, dass nach geltender Rechtsprechung ein Verein sich die – in diesem Fall zahlreichen – Straftaten seiner Mitglieder zurechnen lassen müsse, wenn die von Organen des Clubs angeordnet oder mit deren Wissen und Billigung begangen worden seien. Der hierarchische Aufbau der Hells Angels stelle indes sicher, »dass zumindest die Funktionsträger über nahezu alle für den Verein bedeutenden Straftaten einzelner Mitglieder unterrichtet sind«.

Daraus folgt letztlich: »Der Zweck und die Tätigkeit des Vereins ›Hells Angels MC Charter Flensburg‹ laufen den Strafgesetzen zuwider. Der Verein ›Hells Angels MC Charter Flensburg‹ richtet sich gegen die verfassungsmäßige Ordnung.« Deshalb werde er verboten und aufgelöst. Es hat sich ausgerockt im hohen Norden.

Dabei hatte man in Schleswig-Holstein – genau wie im Rest der Republik – die Hells Angels zuvor über viele Jahre gewähren lassen. Erst als sich im Frühjahr 2009 die Bandidos nach Neumünster vorwagen, der Konkurrenz das Terrain streitig machen, und es in der Folge immer wieder zu gewalttätigen Auseinandersetzungen zwischen den Lagern kommt, muss das Kieler Innenministerium reagieren. Zumeist tut es das mit aufwendigen Großeinsätzen der Landespolizei.

»Das Bestreben der Hells Angels scheint es zu sein, die Bandidos wieder aus dem Land zu drängen«, sagt bereits im Dezember 2009 der LKA-Dezernatsleiter für Organisierte Kriminalität, Detlev Zawadzki. Die Bandidos hingegen, so der Kriminalist, wollten ihren Brückenkopf im Norden unbedingt halten und damit auch die Nähe zu ihren »Brüdern« in Dänemark. Die Sonderkommission »Rocker«, die Zawadzki leitet, zählt seinerzeit etwa 50 Mitglieder der verfeindeten Clubs in Schleswig-Holstein, hinzu kämen noch einmal etwa 50 sogenannte Unterstützer, oftmals schlagkräftige Typen, die als Sturmtruppen gegen den jeweiligen Rivalen angesetzt würden.

Besondere Brisanz gewinnt die ohnehin instabile Situation dadurch, dass sich Führungsfiguren beider Lager bereits seit Jahren kennen und verabscheuen. So gerieten der Neonazi und ehemalige NPD-Landesvorsitzende Peter Borchert, inzwischen Vize-Präsident bei den Neumünsteraner Bandidos, und der Hells Angel Dennis Kofoldt schon früher aneinander. Der Altrocker erlitt dabei schwere Stichverletzungen, ein Gericht konnte jedoch Notwehr nicht ausschließen und sprach Borchert frei.

Beide Gangs reagieren im Frühjahr 2010 mit heftiger Empörung auf das Vereinsverbot. Sie hätten das Gewaltmonopol des Staates niemals in Frage gestellt, sagt Bandidos-Sprecher Michael Mnich. Das Vorgehen des Innenministers sei unverhältnismäßig und beruhe »weitestgehend auf Vermutungen und Legenden, was unser Zusammenleben anbelangt«. Sie würden daher »alle zur Verfügung stehenden juristischen Mittel ausschöpfen, um gegen das Verbot des Chapters in Neumünster vorzugehen«. Auch Hells-Angels-Sprachrohr Rudolf »Django« Triller kündigt rechtliche Schritte an: »Auf jeden Fall!«

Doch im Verlauf des Jahres 2012 wird das Oberlandesgericht Schleswig die Verbote bestätigen. Da haben die Höllenengel allerdings schon ganz andere Sorgen, ist doch inzwischen auch ihr wichtigster Club im Land geschlossen worden.

Die Strategie der Polizei

Die vertrauliche »Bekämpfungsstrategie Rockerkriminalität – Rahmenkonzeption« – im Behördenjargon BR-RK abgekürzt – umfasst 64 Seiten, und auf jeder einzelnen steht in der Kopfzeile »VS – Nur für den Dienstgebrauch«. Doch an diese behördliche Verwendungsbeschränkung fühlen sich die Hells Angels nicht gebunden, als sie das wichtige Strategiepapier der deutschen Polizei im Sommer 2012 ins Internet stellen.

Die Frage, wie die Rocker an das Dokument kamen, wird wohl nie abschließend geklärt werden können. Interessanter als der Weg des Papiers in die Öffentlichkeit ist ohnehin dessen Inhalt. Denn darin legen sich im Oktober 2010 die Ermittler aus Bund und Ländern erstmals auf eine gemeinsame Strategie gegen die Gangs fest.

Und auch die später reihenweise exekutierten Zwangsschließungen von örtlichen Banden-Niederlassungen spielen in dem Dokument bereits eine konzeptionell wichtige Rolle. »Sofern Ermittlungen gegen

Rockergruppen zu dem Ergebnis geführt haben«, schreiben die Beamten nämlich, »dass die Aktivitäten des Clubs auf eine planmäßige Begehung von Straftaten ausgerichtet sind« oder »dass der Club Straftaten einzelner Mitglieder im Clubinteresse duldet, fördert oder deckt, (…) ist ein Verbotsverfahren nach dem Vereinsgesetz zu prüfen.«

Die Vergangenheit habe gezeigt, so heißt es in dem Dokument, dass ein solches Vereinsverbot »ein wirksames Mittel sein kann, die von Rockerclubs bewusst in der Öffentlichkeit zur Schau gestellte Machtentfaltung zu beeinträchtigen oder nachhaltig zu unterbinden«. Zugleich werde auf diese Weise sowohl der Szene als auch der Öffentlichkeit vermittelt, »dass staatliche Organe willens und in der Lage sind«, rechtliche Möglichkeiten »zum Schutz der Allgemeinheit« auszuschöpfen.

Im Grunde genommen bekennt die Exekutive hier, worauf es ihr ankommt, wenn sie etwa ein Hells-Angels-Charter dichtmachen lässt. Sie handelt weniger in der Hoffnung, die Rocker zu bekehren, sondern vielmehr in der Absicht, ihre eigene Handlungsfähigkeit zu beweisen. Die hohe Schule aktionistischer Symbolpolitik hatte damit endgültig Einzug in die bis dahin eher fachlich-nüchterne Arbeit der deutschen Kriminalpolizei gehalten.

»Borderland«-Syndrom

Die nächste Stecknadel auf ihrer Landkarte büßen die Hells Angels am 6. Juni 2011 im baden-württembergischen Pforzheim ein – denn die Vorlage des Charters »Borderland« scheint für die Rechtsgelehrten im Staatsdienst einfach zu verlockend zu sein, um sie nicht in ein Verbot zu verwandeln. Die grundsätzliche Schwierigkeit bei Vereinsverboten ist die juristisch saubere Differenzierung, ob die Straftaten der Mitglieder nur dem kriminellen Streben Einzelner entspringen oder ob sich in ihnen auch der Wille des gesamten Clubs ausdrückt. In Pforzheim fällt den Beamten die Antwort auf diese Frage vergleichsweise leicht.

Ausgangspunkt ist, wie es in der Verbotsverfügung heißt, der zunächst private Konflikt zwischen einem Hells Angel und einem Mitglied der örtlichen Türsteher-Gang United Tribuns. Jedoch folgen die sich anschließenden Straftaten auch hier einem generellen Muster, so steht es in dem Schriftsatz des Innenministeriums: »Der Angriff auf ein Mitglied der Hells Angels wird als Angriff auf den Verein, auf dessen Ehre und Machtanspruch gesehen.« Und das bedeutet wieder einmal: Rache ist angesagt.

Am 27. November 2010 treffen sich die verfeindeten Banden auf dem Parkplatz des Pforzheimer Güterbahnhofs. Doch statt zu einer Aussprache kommt es zu einer Massenkeilerei, in deren Verlauf 15 Hells Angels und sieben Tribuns aufeinander losgehen: Zwei Türsteher werden durch Machetenhiebe und ein Rocker durch einen Messerstich in die Nierengegend schwer verletzt.

Am Ende soll der Vize-Präsident der örtlichen Höllenengel Danny K., 35, mit einem Revolver Kaliber .38 Special auf die Widersacher geschossen haben. Sein Bruder Marcus, 25, hielt womöglich ebenfalls eine Waffe in den Händen, ein anderer Rocker eine Pumpgun. Ob auch sie feuerten, konnte nicht ermittelt werden.

Doch damit ist die Fehde keineswegs beendet, im Gegenteil. In der virtuellen Nachbetrachtung der Schlacht bei Facebook reklamieren die United Tribuns nämlich nun dreist den Sieg für sich – und das gegen zahlenmäßig deutlich überlegene und besser bewaffnete Hells Angels. Das geht nun gar nicht. Laut Innenministerium beschließen die Rocker daraufhin per Abstimmung aller Mitglieder (»One man, one vote«), die Anführer der verhassten Tribuns umzubringen. Sie sammeln demnach Informationen vor allem über die Chefs der Bande, die Brüder R., und erstellen Steckbriefe mit Anschriften, Lage der Wohnungen, Mitbewohnern, benutzten Autos und Arbeitsstätten. Schusswaffen haben die Hells Angels sowieso.

Doch zu Attentaten kommt es nicht, der Staat ist schneller. In diesem Fall nämlich müssen die Juristen nicht lange darüber diskutieren, ob die kriminellen Absichten den Köpfen Einzelner entsprungen oder dem Club zuzuschreiben sind. In der Verbotsverfügung heißt es: »Der Verein muss sich die strafrechtswidrige Verabredung zum Mord seiner Mitglieder daher zurechnen lassen. Sie wurde mit Wissen und Billigung der Vereinsorgane begangen und steht im inneren Zusammenhang mit dem Verein.«

Zwar wird das Ermittlungsverfahren zu dem Komplott schließlich eingestellt, doch erkennt der baden-württembergische Verwaltungsgerichtshof (VGH) auch später noch »zahlreiche Indizien« für die Verschwörung. Einen Eilantrag der Hells Angels gegen den Sofortvollzug des Verbots weist der Erste Senat im Januar 2012 daher zurück: Das straffällige Verhalten der Mitglieder rechtfertige bei einer Gesamtschau die Annahme, dass es den Charakter des Vereins präge, teilt der VGH mit. »Die Einschätzung des Innenministeriums, Vereinszweck sei auch eine Gebiets- und Machtentfaltung auf dem kriminellen Sektor, ist daher nach derzeitigem Sach- und Kenntnisstand ohne weiteres nachvollziehbar.« Damit ist das Charter »Borderland« Geschichte.

»Westend« am Ende

Der Einsatz beginnt am 29. September 2011 gegen 19 Uhr an einem Briefkasten in der hessischen Provinz. Im beschaulichen Beselich bei Limburg an der Lahn stehen Kriminalbeamte vor dem Privathaus des Hells-Angels-Bosses Walter Burkard, genannt »Schnitzel-Walter«, und werfen eine zwanzigseitige Verfügung des hessischen Innenministers in den Schlitz. Das Verbot einer Rockerclub-Filiale ist damit offiziell zugestellt.

Gut 50 Kilometer weiter südlich setzen sich daraufhin 45 Beamte eines Spezialeinsatzkommandos in Bewegung, um in den Clubheimen der beiden Frankfurter Hells-Angels-Charter »Westend« und »Frankfurt« Vereinsschilder abzuschrauben, Spinde zu kontrollieren und Lederjacken zu beschlagnahmen. Auf diese Weise, so beschreibt Hessens Innenminister Boris Rhein seine Zielsetzung, gehe den Rockern »der organisatorische Zusammenhalt verloren«.

Viele Hells Angels, denen der CDU-Mann »lupenreine« Kriminalität bescheinigt, seien den Behörden bereits aufgefallen. Die Clubs bestünden »keineswegs nur aus harmlosen Motorradfahrern, viele Mitglieder sind wegen Gewalt-, Drogen- oder Waffendelikten polizeibekannt«, so Rhein. Ja, 17 Mitglieder des Charters »Westend« hätten gar kein Motorrad auf ihren Namen angemeldet, und etwa fünf Mitglieder besäßen nicht einmal den nötigen Führerschein.

Vielmehr dienen die beiden Frankfurter Clubs nach Ansicht des Innenministeriums allein dem Zweck, in einem bestimmten Gebiet kriminelle Macht zu entfalten. Die Gründung von Ersatzorganisationen wird den Höllenengeln deshalb ebenfalls untersagt. Die Kennzeichen der Vereine dürfen weder in der Öffentlichkeit verwendet noch weiterverbreitet werden. Außerdem wird das Vereinsvermögen beschlagnahmt, um den Chartern die finanzielle Grundlage zu entziehen.

Für die MC-Landschaft sind diese Verbote der bislang schwerste Schlag. Gerade das Charter »Westend« um ihren Anführer Walter Burkard gilt als eines der mächtigsten und finanziell potentesten im gesamten Bundesgebiet. Mitglieder des Clubs kontrollieren weite Teile des umsatzstarken Frankfurter Rotlichtmilieus. Auch zu Prominenten aus der Unterhaltungsbranche pflegen sie freundschaftliche Kontakte. Zudem ist der CDU-Politiker Rhein zuletzt selbst in die Nähe der Rocker gerückt worden. Der SPIEGEL enthüllt im September 2011 angebliche Kontakte des hessischen Innenministers zu den Angels.

In einem Telefonat mit Angels-Sprecher »Django« Triller hat sich Rocker-Anführer Walter Burkard knapp ein Jahr zuvor nämlich mit guten Verbindungen zu Rhein gebrüstet – vor den Ohren der Polizei, die das Gespräch abhört. Der Minister, so der Frankfurter Chefrocker Burkard, sei den Angels schon einmal hilfreich gewesen, als sie »ein großes Problem mit dene Rumäneweiber hier bei uns uff de Straße« gehabt hätten. Weiter heißt es in der behördlichen Abschrift, der Politiker könne daher möglicherweise auch bei einer anderen Angelegenheit nützlich sein. Gemeint ist ein bereits wiederholt gefordertes Vereinsverbot.

Rhein verteidigt sich: Er sei bei einem von Journalisten begleiteten Besuch im Bahnhofsviertel zwar von Bordellbetreibern angesprochen worden, aber dass die etwas mit den Hells Angels zu tun gehabt haben könnten, habe er nicht gewusst. Damit ist der CDU-Mann wahrscheinlich einer der wenigen in Frankfurt, denen die Stellung der Rocker im dortigen Rotlichtmilieu lange Zeit verborgen geblieben ist.

Der Politiker lässt jedenfalls mit dem SPIEGEL-Bericht schleunigst mitteilen, dass er weder Kontakte zu Hells Angels gehabt habe noch die Gruppierung unterstütze. Im Gegenteil: Für ihn sei »die Bekämpfung krimineller Motorradclubs ein Schwerpunkt«, die Angels wiesen »deutliche Züge von Organisierter Kriminalität« auf. Jetzt muss Boris Rhein seinen Worten auch Taten folgen lassen. Denn zu diesem Zeitpunkt liegt bereits seit Wochen eine interne Vorlage für ein Vereinsverbot auf dem Tisch des Ministers, von der nur wenige Beamte wissen. Zwar haben die Ermittler des Landeskriminalamts (LKA) nicht den Eindruck, Rhein verschleppe das Verfahren, doch nach den Berichten über das belauschte Rockergespräch gewinnt die Sache zusätzlich an Fahrt.

Die Kriminalbeamten drücken ohnehin aufs Tempo und erläutern ihrem Vorgesetzten nun den Schlachtplan gegen die Rocker. Denn die Polizisten wollen diesmal nicht wie bei vorangegangenen Razzien mit Tausenden Einsatzkräften anrücken. Sie planen, auch keine Durchsuchungsbeschlüsse zu erwirken und die Spezialeinsatzkommandos erst in allerletzter Minute zu alarmieren. Die Aktion soll so geheim wie möglich bleiben.

»Unsere größte Sorge war«, erklärt ein LKA-Ermittler hinterher, »dass wir zu spät kommen und die Clubs sich bereits aufgelöst haben, ehe wir zuschlagen können. Dann wäre alles vergeblich gewesen.« Doch zu einer solchen Peinlichkeit wird es erst im Frühsommer 2012 kommen, in Berlin. In Hessen jedoch unterschreibt der Minister am 29. September 2011 gegen 17 Uhr das Verbot, zwei Stunden später schlagen seine Männer zu.

Das hessische Verbotsverfahren ist nicht nur ein Meilenstein, weil es eines der etabliertesten Charter der deutschen Höllenengel trifft, sondern auch weil die Behörden damit einen vollkommen neuen Weg eingeschlagen haben. Im Gegensatz zu den Clubschließungen in Schleswig-Holstein oder Baden-Württemberg braucht es in Hessen kein aktuelles Kapitaldelikt als Anlass, keine blutigen Auseinandersetzungen, keine »Initialtat, die Ressourcen frei macht«, wie die Kriminalisten sagen. Diesmal ist es vor allem unermüdlicher Fleiß an der Aktenfront, der zum Erfolg führt.

Den Startschuss dazu gibt ein Leitender Kriminaldirektor, als er am 1. November 2010 in seiner LKA-Abteilung für Organisierte Kriminalität eine Arbeitsgruppe einrichtet, bestehend aus zwei Beamten. Das Duo soll in akribischer Kleinarbeit aus den behördlichen Datenbanken und Archiven zusammentragen, was gegen die Mitlieder der Motorradclubs im Land vorliegt, und die Erfolgsaussichten für vereinsrechtliche Verbotsverfahren prüfen.

Relativ schnell wird den engagierten Ermittlern klar, dass nur die 83 Rocker der beiden Frankfurter Hells-Angels-Niederlassungen genügend auf dem Kerbholz haben, um ihre Gangs schließen lassen zu können. Für das wichtigere Charter »Westend« führen die Beamten schließlich 15 Urteile auf, die zehn der 38 Clubmitglieder betreffen: Darunter sind allerdings nicht nur einschlägige Gewaltverbrechen, sondern auch drei Geldstrafen wegen Fahrens unter Alkohol- und Drogeneinfluss. In drei anderen Fällen mussten die in der Verbotsverfügung aufgeführten Ermittlungsverfahren, etwa wegen des Verdachts der Ausbeutung von Prostituierten, eingestellt werden, wenn auch zum Teil gegen Geldauflagen.

Aus dem Schriftsatz wird dennoch deutlich, dass unter den Hells Angels gewaltbereite Typen sind, die vor Bedrohung, Einschüchterung von Zeugen und brutalem Waffeneinsatz nicht zurückschrecken. Der Rocker Nils H. etwa wird 2007 wegen Totschlags zu neuneinhalb Jahren Gefängnis verurteilt, weil er 2006 den Türsteher einer Frankfurter Diskothek mit einem Messer getötet hat. Das Opfer, Dominique T., hatte den Höllenengel erst nicht in den Club lassen wollen, weil der einen Gang-Pullover trug.

Oder Hells Angel Timo G., der im Mai 2009 wegen schwerer Vergewaltigung, gefährlicher Körperverletzung und versuchter räuberischer Erpressung für vier Jahre und sechs Monate ins Gefängnis geschickt wird. Der Rocker hatte ein Escortgirl in seiner Wohnung stundenlang auf abscheuliche Weise gequält. Seine »Brüder« halten trotzdem zu ihm, besuchen ihn regelmäßig im Knast und schicken ihm Geld.

Die entscheidende Frage bleibt aber, ob der tödliche Streit um den Einlass in einen Tanzclub oder die sexuellen Grausamkeiten eines Freiers verwaltungsgerichtlich als Belege für die Organisierte Kriminalität der Hells Angels dienen können und das Vereinsverbot somit rechtmäßig ist. Der Jurist Florian Albrecht kommt in einem Aufsatz für die »Monatsschrift für Kriminologie und Strafrechtsreform« zu folgendem Schluss: »Verbotsverfügungen«, so schreibt er, »die sich weitgehend auf die summarische Erfassung von Einzelaktivitäten der Vereinsmitglieder beschränken, ohne dass der Zusammenhang zwischen der den Strafgesetzen zuwiderlaufenden Betätigung und dem betroffenen Verein nachgewiesen würde, werden den gesetzlichen Erfordernissen für ein Vereinsverbot nicht gerecht.«

Natürlich haben daher die mutmaßlich vom rechten Weg abgekommenen Frankfurter Hells Angels mittlerweile den Rechtsweg beschritten. Die Klage ihres Anwalts Michael Karthal, die beim Verwaltungsgerichtshof in Kassel eingereicht wurde, umfasst genau 107 Seiten und greift das Verbot in zahlreichen Punkten an.

Zum einen wird neben Formalien, an denen sich der erfahrene Verwaltungsrechtler Karthal stört, auch die Verhältnismäßigkeit der Maßnahme in Frage gestellt. Außerdem weist der Jurist die Darstellung der Behörde zurück, dass Straftaten den Vereinszweck bestimmten. Von den mehr als 30 Rockern des Charters »Westend« seien gerade einmal vier »im hier relevanten Umfang straffällig geworden«. Die Verfügung liste vielmehr Vergehen Einzelner aus dem »Bereich der Bagatellkriminalität« auf.

Wenn das Verbot von einem Gericht gekippt werden sollte, wäre das natürlich peinlich für das hessische Innenministerium. Doch auch dadurch ließe sich der wichtigste Effekt der Verfügung gegen die Frankfurter Rocker nicht mehr neutralisieren. Denn die neuen Methoden des Boris Rhein, quasi mit polizeilichem Archivmaterial gegen etablierte Gangs vorzugehen, führen auch in anderen Innenministerien der Republik zu hektischer Betriebsamkeit. Es soll sogar Minister gegeben haben, die ihre Beamten in der Folge des hessischen Verbots lautstark zusammengestaucht haben: »Warum kriegen wir das nicht hin, was die Hessen können?«

Der nächste Dominostein ist gefallen.

Kiel, Köln, Aachen

Fast scheint es, als kennten die staatlichen Strafverfolger bald schon keinen anderen Gegner mehr als die großen Rockerbanden. Denn nach Frankfurt trifft es in der Folge immer mehr etablierte Clubs. Am 18. Januar 2012 verbietet der schleswig-holsteinische Innenminister Klaus Schlie (CDU) das Kieler Charter der Hells Angels, knapp 18 Jahre nach dessen Gründung. Im August 2012 weist dann das Oberverwaltungsgericht Schleswig einen Eilantrag der Gang gegen die Zwangsschließung zurück.

»Die Zeit für ein weiteres Verbot war reif«, so Sheriff Schlie. Der Verein von Anführer Dirk R. habe das Ziel verfolgt, Gebiets- und Machtansprüche auf dem kriminellen Sektor gegenüber verfeindeten Organisationen durchzusetzen. Als Beleg führen Schlies Beamte in der 48-seitigen Verbotsverfügung zahlreiche blutige Revierkämpfe der Höllenengel und Bandidos an: Schlägereien, Messerstechereien und sogar Schüsse aus vorbeifahrenden Autos. Auf das Konto der Kieler Hells Angels gehen demnach diverse Gewalttaten, unerlaubter Waffenbesitz, Straftaten im Zusammenhang mit Prostitution und dem Betäubungsmittelgesetz. Die Delikte, so Schlie, stünden in einem inneren Zusammenhang mit dem Verein oder seien mit Wissen und Billigung führender Rocker und in einigen Fällen auch mit deren Beteiligung begangen worden.

Erstmals wird in dem Verbot auch eine neue Frontlinie beschrieben, hat sich doch im Juli 2011 in Schleswig-Holstein auch ein Ableger des internationalen Motorradclubs Mongols gegründet. Mit dessen Anhängern sollen die Höllenengel bereits wiederholt aneinandergeraten sein, weshalb das Innenministerium annimmt: »Aufgrund der anhaltenden Bewaffnung des Vereins ›Hells Angels MC Charter Kiel‹ liegt gerade auch die Gefahr weiterer Auseinandersetzungen mit konkurrierenden Vereinen nahe.« Also könne nur die Schließung des Vereins eine »Eskalation dieser Entwicklung unterbinden«.

Doch die Rocker suchen sich relativ schnell andere Möglichkeiten, ihr Clubleben weiterzuführen. Einige sind bereits vor dem Verbot nach Lübeck gewechselt, andere schließen sich anderen Chartern in der Region an. Dass ein Mitglied seiner Gang tatsächlich den Rücken gekehrt hätte, ist nicht bekannt.

Einige Monate später, in Nordrhein-Westfalen ist gerade Wahlkampf, endet auch die kurze Existenz des Hells Angels Charters »Cologne«. Nicht einmal vier Jahre nach seiner Etablierung verbietet Landesinnenminister Ralf Jäger (SPD) den Club des Anführers Günter L., 50, weil er eine »Gebiets- und Machtentfaltung auf dem kriminellen Sektor« anstrebe, wie es in der Verfügung heißt.

Interessanter aber als ihr Ende ist der Beginn dieser Höllenengel-Niederlassung – weil er typisch dafür ist, wie die Gangs sich im Rockerkrieg verstärkt haben. Im Oktober 2008 nämlich verleiben die Hells-Angels-Bosse das Chapter »Cologne« des Motorradclubs Gremium, damals schon unter der Führung des Günter L., geschlossen ihrer Bande ein. Man kann auch sagen, sie locken L. und seine Männer, die daraufhin die Seiten wechseln. Die Rocker reden zwar gerne und viel von der lebenslangen Treue einer echten Bruderschaft, doch wenn eine andere Gang bessere Konditionen oder Perspektiven bietet, brechen die Männer häufig mit ihrem bisherigen Club. Ein bisschen erinnert das an manche Ehe.

Und auch in anderer Hinsicht ist es mit der Brüderlichkeit in den Gangs mitunter nicht weit her. Denn in der Domstadt am Rhein gibt es damals schon ein kleines Hells-Angels-Charter, »Cologne City« geheißen. Als sich diese Truppe im Frühjahr 2009 erdreistet, ihr Clubhaus auf die prestigeträchtige Kölner Partymeile verlegen zu wollen, kommt es zum Showdown – mit den eigenen »Brüdern«.

Unter einem Vorwand werden der Anführer Roger M. und sein Stellvertreter Dieter E. in ihr Vereinsheim bestellt. Dort fällt eine Übermacht über die beiden her und drischt sie zusammen. Nach Erkenntnissen der Polizei handelt es sich bei den Schlägern ebenfalls um Hells Angels – aus Köln, Bonn und Singen. Die Opfer werden anschließend aus der Gang ausgeschlossen, ihr Charter geschlossen, die bisherigen Gefolgsleute wechseln zu anderen Ablegern der Höllenengel.

Offiziell begründen die Rocker diese drakonische Maßnahme damit, dass Roger M. und Dieter E. Gelder der Bande veruntreut haben sollen. Doch zum einen bestreiten die Beschuldigten das vehement, zum anderen gehen auch die Behörden von anderen Hintergründen aus. Schließlich darf sich der angeblich in Ungnade gefallene Roger M. ziemlich schnell wieder einem Hells-Angels-Charter andienen. Doch in Köln – und das könnte eher das ausschlaggebende Motiv gewesen sein – gibt es jetzt nur noch eine Höllenengel-Dependance. Bis am 18. April 2012 auch diese schließen muss.

Eine gute Woche nach dem Verbot der Kölner Hells Angels, es ist immer noch Wahlkampf im Westen, trifft es zur Abwechslung wieder einmal die Bandidos. Am 26. April verbietet NRW-Innenminister Jäger das Aachener Chapter und lässt dem bereits in Untersuchungshaft sitzenden Anführer der Bande, Rafael S., um genau 5.08 Uhr eine entsprechende Verfügung übergeben. Der Besuch zu dieser frühen Stunde lohnt sich doppelt, denn die Beamten finden in der Zelle von Rafael S. noch ein Handy und stellen es sicher – doch das nur am Rande.

»Ferner werden«, heißt es später in einer vertraulichen Lagemeldung der im Kölner Polizeipräsidium eingerichteten Sonderkommission »Birke«, »durch Kräfte des LKA NRW um 9 Uhr für zwei Konten bei der Sparkasse Neuwied mit einem Vereinsvermögen von 4500 Euro

Kontobeschlagnahmebeschlüsse vollstreckt.« Man lerne: Auch Rocker bewahren ihr Geld nicht unbedingt in der Satteltasche einer Harley auf.

Mittags, im fünften Stock seines Ministeriums in der Düsseldorfer Haroldstraße, erklärt der Innenminister dann, was ihn zu dem Verbot bewogen habe: Die Bandidos hätten »sich abgeschottet, eigene Regeln aufgestellt und sich bewusst gegen die Grundwerte der Gesellschaft gestellt«, sagt Ralf Jäger. Tags zuvor hatte der SPD-Politiker seine Truppen schon gegen eine rechtsextreme Organisation im Bergischen Land losgeschickt.

»Wenn er könnte«, witzelt ein Journalist nach der Pressekonferenz über den umtriebigen Politiker und überzeugten Sozialdemokraten im Wahlkampf, »würde er morgen noch die CDU verbieten.«

Die Rocker reagieren

Die Hells Angels aber nehmen dem Staat schon bald die Mühe ab, weitere Ortsvereine verbieten zu müssen. Nachdem auch noch der Berliner Innensenator Frank Henkel (CDU) Ende Mai 2012 das berüchtigte Migranten-Charter »Berlin City« hat schließen lassen und die dortigen »Nomads« aus Angst vor einem Verbot ins Brandenburgische geflüchtet sind, ziehen die Rocker selbst den Stecker.

Handstreichartig machen die Höllenengel ihre größten, mächtigsten und prestigeträchtigsten Ortsvereine dicht: Bremen und Hannover. »Mit dem heutigen Datum«, teilen sie am 27. Juni 2012 auf einer einschlägigen Internetseite mit, hätten sich die Hells Angels »Hannover« »aufgelöst«. Ihr bisheriger Anführer, Frank Hanebuth, sagt tags darauf auf Anfrage: »Das war ein gemeinsamer Beschluss. Jetzt ist Ende im Gelände.« Wichtig ist dabei wohl auch die implizierte Botschaft an die »Brüder« in der Republik: Selbst wir Großen bringen Opfer für den Club, also zieht mit!

Die Höllenengel schließen auch das Charter »Potsdam« und einen Ableger in Hamburg (»Southport«), während die Bandidos schon bald die Tätigkeit ihrer Chapter »Oberhausen« und »Leverkusen« einstellen. Gegen alle vier Clubs laufen zu diesem Zeitpunkt großangelegte Ermittlungsverfahren, offenbar wollen die Rocker den Behörden zuvorkommen.

Ende Juli 2012 eröffnen die Hells Angels dann in Berlin vier neue Vereine, die sie »Northtown«, »Westtown«, »Easttown« und »Southtown« nennen. Der Vorteil dieser neuen Clubs scheint in den Augen ihrer Gründer auch zu sein, dass sie nicht eindeutig zu verorten sind. Denn daraus folgt wiederum, dass sich die Innenbehörde der Hauptstadt nicht so leicht zur zuständigen Verbotsinstanz erklären kann.

Wichtig ist aber vor allem die grundsätzliche Haltung der Rocker, die Clubsprecher Triller so beschreibt: »Ich bleibe Hells Angel, wie alle anderen auch. Dafür brauchen wir kein Abzeichen, kein Charter.« Über das Ende eines Daseins als Rocker, so die Botschaft Trillers, entscheidet auf keinen Fall der Staat.

Doch erst einmal ist volle Deckung angesagt. Hanebuth und Triller meiden die Öffentlichkeit, treffen sich nur noch heimlich und zeigen sich – wenn überhaupt – in den Kutten anderer Ortsvereine. Erfahrene Ermittler sind trotzdem überzeugt: »Keiner von ihnen wird von der Gang ablassen, das ist Teil ihres Lebens.«

Generell gehen die Banden in dieser für sie schwierigen Zeit sehr planvoll und umsichtig vor. So entwerfen im Jahr 2012 drei europäische Hells Angels – darunter der Deutsche Triller – ein internes Strategiepapier (»For internal HAMC use only!«), in dem sie Vorschläge für eine Neuausrichtung der Gang machen: »Es ist an der Zeit, dass alle Mitglieder unseres großartigen Clubs anfangen, sich zu verteidigen. (…) Das ist ein Weckruf von wenigen an viele. Wir müssen jetzt handeln, unser Club ist im Belagerungszustand.«

In dem 21-seitigen, auf Englisch verfassten Schriftstück beschreiben die europäischen Rocker-Vordenker sehr detailliert verschiedene Grade von Vereinsverboten und geben Handlungsanweisungen für die Betroffenen. So heißt es etwa, dass in Ländern, in denen bereits einzelne Charter geschlossen wurden, die Rocker sich mit der Situation auf »ernsthafte Weise« auseinandersetzen müssten. »Und wichtiger noch – zum Wohle des gesamten Clubs zusammenarbeiten!«

Die Banden sollten ihre Angst vor Verboten ablegen und stattdessen Wege entwickeln, wie sie mit den Sanktionen umgehen könnten. »Der Club muss in Zukunft sehr flexibel sein.« Den Chartern drohten »drastische Veränderungen«, auf die sie vorbereitet zu sein hätten. Sollte ein Ableger geschlossen werden, müssten dessen Mitglieder unbedingt »bei ihren Brüdern bleiben«.

Die Strategen der Hells Angels schlagen ihren Kameraden zugleich eine neue Struktur vor. Auf nationaler und auf europäischer Ebene sollen Gremien etabliert werden, die binnen kürzester Zeit weitreichende Entscheidungen treffen könnten: »So ließe sich die Reaktionszeit des Clubs von drei bis sechs Monate auf ein bis drei Wochen reduzieren, in manchen Fällen sogar auf Tage.«

Im Grunde genommen geht es darum, eine Art nationaler und europäischer Geschäftsführung zu etablieren, die von den einzelnen Ablegern finanziert würde. Offenbar hat sich die bisherige Entscheidungsfindung im Rat aller Charter-Anführer als umständlich erwiesen. Den Planern schwebt auch schon ein Name für den Etat ihrer kontinentalen Rocker-Regierung vor: »Freiheitsfonds«.

Zugleich werben die Autoren für ihre Idee eines Charter-übergreifenden Vorstandes, dem die örtlichen Bosse möglicherweise Kompetenzen und Macht übertragen müssten: »Denkt daran«, schreiben sie, »dass es für unseren Club absolut notwendig ist, dass einige Mitglieder an Nachrichten, Internetauftritten, Facebook-Profilen und mit Anwälten etc. arbeiten, jeden Tag.«

Überhaupt scheint es bislang um das Binnenklima der Gang nicht besonders gut bestellt gewesen zu sein. Immer und immer wieder mahnen die Club-Vordenker in ihrer Ausarbeitung, die internen Streitigkeiten zu beenden und endlich zum Wohle der Hells Angels an einem Strang zu ziehen: »Wir brauchen nicht noch mehr Feinde, vor allem nicht interne. Innerhalb des Clubs sollten wir miteinander auskommen und Frieden schließen.«

Zugleich wollen sie das gesamte Motorradclub-Milieu hinter sich versammeln, Motto: »Wenn wir fallen, fallen alle.« Daher wird den Höllenengeln dringend nahegelegt, künftig auf »sinnlose Machtdemonstrationen« zu verzichten. Statt sich neue Konkurrenten zu schaffen, sollten lieber Allianzen geschmiedet werden. »Da draußen sind Tonnen guter Leute, die uns unterstützen wollen. Holt sie nicht zu uns auf die Bühne, aber behandelt sie gut und gebt ihnen einen Platz in unserem Umfeld.«

Seinen eigenen großen Worten lässt Hells-Angels-Cheferklärer Rudolf »Django« Triller schnell Taten folgen. In einem Interview mit dem Szene-Fachblatt »Bikers News« wirbt er um den Rückhalt anderer Gangs: »Ich würde es begrüßen, wenn sich in Deutschland die Clubs mal an einen Tisch setzen. Denn dass die ganze Kampagne der Behörden auf die Hells Angels beschränkt ist, das kann ja nur ein Idiot glauben. Wenn sie mit uns fertig sind, dann kommen die anderen dran.«

Auf einer eigens eingerichteten Internetseite verbrämt die Presseabteilung der Hells Angels ihren Kampf gegen die Verbote sogar zur demokratischen Pflicht. Sie wollten »freiheitsfeindliche Winkelzüge der Regierung aufdecken und die Heucheleien von machtgierigen Politikern und Beamten entlarven«. Gerade die Bande, deren Angehörige das Grundrecht des Menschen auf körperliche Unversehrtheit immer wieder und auch im Wortsinne mit Füßen tritt, spielt sich nun öffentlich zu Verteidigern der Demokratie auf. Darf's vielleicht noch etwas mehr sein?

KAPITEL 15
WER SCHNELLER SCHIESST, GEWINNT
Machtkampf in Berlin

Bewaffnet in der Hauptstadt

Wenn man in seinem Auto quer durch die Hauptstadt Waffen kutschiert, sollte man nicht schneller fahren, als die Polizei erlaubt. Das ist sogar Laien auf dem Gebiet des Transportwesens klar. Ein 33 Jahre alter Unterstützer der Hells Angels muss von dieser goldenen Regel aber noch nichts gehört haben, denn er hat es an einem Donnerstagabend im März 2012 so eilig, dass eine Streife ihn stoppt.

Bei der Durchsuchung seines Autos finden Ermittler vier funktionsfähige Schusswaffen, einen selbstgebauten Schalldämpfer sowie Magazine mit Patronen verschiedener Kaliber. Im Einzelnen handelt es sich um eine halbautomatische Polizeipistole P1 mit entfernter Waffennummer, eine halbautomatische Selbstladepistole Automatic Kal. 6,35, eine Maschinenpistole Scorpion und eine vollautomatische Selbstladepistole Marke Eigenbau, ohne Waffennummer, mit Schraubgewinde am Lauf als Schalldämpfer.

Es ist eine Zeit, in der man sich als Rocker wohl besser hochgerüstet durch die Hauptstadt bewegt. Bandidos und Hells Angels bekämpfen sich bis aufs Blut, mit Hieb- und Stichwaffen wird mitten in Berlin aufeinander eingedroschen. Da tauchen Mitglieder der Gangs schon einmal mit einem Messer im Rücken in der Notaufnahme auf, angeblich ohne dass sie sagen können, wie es dazu kam. Rockerehre eben.

»Mehrere Durchschüsse in der Stahltür und Einschüsse im Mauerwerk« vermelden Beamte der Polizei nach einem Anschlag auf das Vereinsheim der Bandidos in der Streustraße. Es sei ein Racheakt gewesen, heißt es in der Szene, angeblich ging es um einen größeren Kokain-Deal, den die eine Gang der anderen vermasselt hatte.

Ein Lagebericht des LKA, datiert vom 25. April 2012, macht die Brisanz der Situation deutlich. In dem vertraulichen Papier (»VS – Nur für den Dienstgebrauch«) gelangen die Ermittler zu der Einschätzung, »dass der grundsätzlich bestehende Konflikt zwischen dem Bandidos MC und dem Hells Angels MC in Berlin aktuell eskaliert«. Es seien alle »Chapter« und »Charter« und auch die Unterstützer beider Clubs betroffen.

Eine zentrale Rolle sollen der Bandidos-Ableger »South Side« um Grischa Vowe auf der einen und der Hells-Angels-Club »Berlin City« um Kadir Padir auf der anderen Seite spielen. Die Fahnder gehen davon aus, dass bei den gezielten Angriffen auf Personen und Objekte der jeweiligen Gegenseite der Tod von Kontrahenten mindestens billigend in Kauf genommen wird.

Peinliche Polizeipanne

Das Chapter der Bandidos »South Side« in der Berliner Streustraße am Pfingstmontag 2012, kurz vor 16 Uhr. Während die wenigen gottesfürchtigen Berliner dem Herrn im Himmel danken, planen die Rockergangs der Stadt ein »dickes Ding«, wie es später ein LKA-Ermittler nennen wird. Von dem, was in den nächsten 24 Stunden bei den Hells Angels und den Bandidos vor sich gehen wird, ahnt die Polizei aber zu diesem Zeitpunkt noch nichts, denn die Quellenlage der Ermittler in der Szene ist eher lausig. Der Regierende Bürgermeister Klaus Wowereit (SPD) soll deswegen später noch einen seiner gefürchteten Tobsuchtsanfälle bekommen.

Gerade ist die Sonne wieder hinter den Wolken verschwunden, als knapp 100 Männer, stiernackig, durchtrainiert und geeint vom Hass auf den Staat, langsam in der kleinen Seitenstraße im Ostberliner Stadtteil Weißensee eintrudeln. Nicht alle haben einen Führerschein, nur ein paar fahren Harley. Das Vereinsheim, gestrichen in den rot-goldenen Farben der Bandidos, gleicht einer Trutzburg. Die Tür ist aus Stahl, die Fenster vergittert, Kameras überwachen den Bereich vor dem Eingang. Was drinnen passiert, erfährt die Öffentlichkeit normalerweise nicht.

An diesem Nachmittag beherrscht eine Art Kommando Ost der Hells Angels aus Berlin, Potsdam und Cottbus die Szenerie. Die Truppe um »Nomads«-Anführer André Sommer trägt Rot-Weiß, die Farben der Höllenengel. Die 18 Hausherren von den Bandidos sind hingegen in Zivil gekommen. In den nächsten Stunden werden hier bis weit nach Mitternacht führende Rocker über Strategie und Taktik beraten, denn sowohl das Hells-Angels-Charter »Nomads«, als auch die anwesenden Bandidos glauben, sie seien Ziele geplanter Razzien.

Nur Hells-Angels-Anführer Kadir Padir, 28, Chef der Gang »Berlin City«, ist entspannt. Dem sei »total egal, was passiert, der will das volle Programm«, so schätzt einer, der dabei war, die Situation ein. Padir, ein muskelbepackter Ex-Boxer, der mittlerweile gut und gerne 100 Kilogramm Wettkampfgewicht auf die Waage bringt, gilt damals noch als ungekrönter Chef der Berliner Hells Angels. Rund 30 Stunden später wird auch Padir wieder Zivilist sein: Die Polizei verbietet seinen Club, in der Hauptstadt ist das eine Premiere.

Chronik eines Verbots

Im Oktober 2011 treffen sich in kleiner Runde Ermittler aus dem LKA Berlin und Mitarbeiter der Senatsinnenverwaltung. Thema der Zusammenkunft ist ein mögliches Verbot der Hells Angels »Berlin City«. Irgendwie will man die »Sache« jetzt mal angehen, und wie es sich für eine Behörde gehört, wird als Erstes eine Arbeitsgruppe gegründet. Die AG »Chamäleon« soll alles zusammentragen, was es an »polizeilichen Erkenntnissen« gegen die Rockergruppe gibt. Chefin ist eine Kriminaloberkommissarin, die intern als »hart gegen sich und gegen andere« eingestuft wird. Es ist eine kleine, aber feine Truppe, die innerhalb weniger Wochen das Verbotsverfahren vorantreiben will.

Akribisch listen die Berliner Beamten auf, welche Charter der Hells Angels und welche Chapter der Bandidos besonders kriminell sind. Es werden Polizeidaten abgefragt, Gerichtsakten ausgewertet, Statistiken angelegt und die zuständigen Fahnder um Stellungnahmen gebeten. Da kommt in der Hauptstadt einiges zusammen.

Ende Februar, die Verbotsakte ist schon ziemlich umfangreich, schicken die Polizisten ihre Materialsammlung an die übergeordnete Behörde. Zuständig ist ab sofort der Beamte P. aus der Innenverwal-

POLIZEIPROTOKOLL (GEKÜRZT)

Am 30.04.2012 überprüften Einsatzkräfte der Dir 4 den Pkw DB E-Klasse Kombi, in der Frankfurter Allee Berlin. Führer des Pkw war Herr Kadir PADIR.

Herr PADIR war mir aus meiner bisherigen polizeilichen Tätigkeit als Mitglied des Hells Angels MC »Berlin City« bekannt.

Während der Maßnahmen trat Herr PADIR immer wieder an das Fahrzeug und schlug die Kofferraumhaube zu. Gegen 14.23 Uhr richtete er sich an mich sinngemäß mit den Worten: »Das gefällt dir? Da geilst du dich richtig dran auf! Hast du schon einen Steifen?«

Ich versuchte Herrn PADIR nochmals die Maßnahmen zu erläutern, doch dieser winkte lediglich ab und sagte in meine Richtung: »Quatsch mich nicht voll. Mach deine Maßnahmen, aber lass mich in Ruhe!« Danach drehte er sich weg und sagte laut und deutlich: »Hurensohn!«

Wir beide standen nun auf dem Bordstein des Gehweges (...), als sich Herr PADIR zu mir drehte und sagte: »Wir sehen uns noch mal privat!« Ich fragte Herrn PADIR nun, ob dies eine Drohung gegen mich sein soll, da sagte Herr PADIR zu mir: »Nein. Da können wir doch mal einen Kaffee trinken bei Lidl. Wenn ich dich bedrohen wollen würde, würde ich dir sagen, dass ich dir dann auf die Fresse haue!«

Nach einer kurzen Pause sagte er zu mir: »Du hast keine Ahnung. Mit Geld erreicht man eine Menge!«

Gelesen und Unterschrieben: Kennziffer: 195XX

tung – und der hat es nicht besonders eilig. P. wird schließlich nach Stunden und nicht nach vollzogenen Verboten bezahlt. Da habe einer offenbar die Berliner »Dit wird schon«-Mentalität verinnerlicht, sagt ein LKA-Fahnder frustriert.

Pikant an der Sache ist auch, dass bereits 2008 schon einmal ein Verbotsverfahren gegen die Rockergang von Kadir Padir anhängig war, auch damals war der Beamte P. zuständig. Padir hatte seinerzeit noch als Bandidos-Boss des Chapters »Berlin Centro« Angst und Schrecken in der Szene verbreitet, doch das Verfahren gegen ihn wurde nicht zu Ende gebracht.

Neben dem schleppenden Fortgang des Verfahrens sind die Ermittler jedoch auch aus einem anderen Grund alarmiert: Sie bemerken, dass sich die Berliner Rocker auf das angeblich so geheime Verbotsverfahren einstellen wollen. Innerhalb des Landeskriminalamts spricht sich herum, dass die Banden wohl »Bescheid wissen«. Außerdem gibt es an der Spitze der Polizei gerade ein Machtvakuum. Dem alten Innensenator Ehrhart Körting (SPD) ist es über Monate nicht gelungen, einen Polizeipräsidenten in den Ruhestand zu verabschieden und bei der Gelegenheit auch einen neuen zu installieren. So führt Margarete Koppers, eine 50 Jahre alte Juristin, die Behörde kommissarisch. Schon jetzt legendär ist ihr Auftritt während der Randale-Demonstrationen am 1. Mai 2012: Getarnt mit Sonnenbrille und Baseballmütze macht sie sich zum Gespött der Hauptstadtpresse.

Offensichtlich aber hat Koppers nicht nur ihre öffentlichen Auftritte, sondern auch die Truppe nicht so recht im Griff, denn im Landeskriminalamt am Platz der Luftbrücke geht es zeitweise drunter und drüber. In der Folgezeit entbrennt zwischen LKA und der zuständigen Abteilung beim Innensenator ein veritabler Streit. Ständig fragt Ermittler Bernd Finger an, warum die Sache nicht vorangehe, was da los sei. Der Beamte P. wiederum teilt den frustrierten Polizisten mit, er könne sich frühestens Anfang Juni als Termin für das Verbotsverfahren vorstellen. Beim nächsten Telefonat zwischen Innenverwaltung und LKA ist es dann schon Ende Juni. »Herr P. wollte noch seinen Jahresurlaub nehmen«, so ein Ermittler.

Doch auch im LKA gibt es Streit. Aus diversen Abteilungen werden der zuständigen Kriminaldirektorin Heike Rudat Unfähigkeit und Missmanagement vorgeworfen, auf den Fluren der Behörde soll es heftige Wortgefechte gegeben haben. In einer Sitzung mit einem guten Dutzend Fahndern erklärt Rudat, sie wolle persönlich das Schild vom Clubheim der Hells Angels abschrauben. Und so lange müsse eben gewartet werden.

Der Verrat

Am 24. Mai 2012 unterschreibt der Berliner Innensenator Frank Henkel (CDU) die endlich fertiggestellte Verbotsverfügung. Unklar bleibt, warum darin ein Briefkopf aus der Zeit des vorherigen Innensenators Erhard Körting (SPD) Verwendung findet. Für mögliche Nachfragen zu dem Verwaltungsakt ist zudem die Nummer 030-90272710 angegeben. Jedoch: »Diese Rufnummer ist uns leider nicht bekannt«, meldet sich die Stimme der Telekom. Auch die Faxnummer ist nicht erreichbar. Es beschleicht einen das Gefühl, dass die Verfügung schon fast zwei Jahre alt sein könnte. Die zuständige Innenverwaltung spricht später von einem »Versehen«.

In Berlin schreitet man derweil zur Tat. Aus dem restlichen Bundesgebiet werden zusätzliche Polizeikräfte angefordert. Mecklenburg-Vorpommern, Hamburg, Schleswig-Holstein, Brandenburg, Nordrhein-Westfalen und Niedersachsen sagen Hilfe zu, und kurz darauf wissen auch schon die Berliner Hells Angels, dass es am 30. Mai 2012, einem Mittwoch, losgehen wird. Nur welches ihrer Hauptstadt-Charter vom Vereinsverbot betroffen sein wird, ist den Rockern noch nicht vollständig klar.

Es kann ihnen aber auch ziemlich egal sein, denn längst sind sie auf alle Eventualitäten vorbereitet. Ein Informant hatte SPIEGEL TV bereits Mitte März unter dem Siegel der Verschwiegenheit offenbart, man »werde gewappnet sein, wenn es losgeht«. So würden zu gegebener Zeit Konten leer geräumt, Motorräder umgemeldet, Rechner weggebracht.

Die Rocker rechnen damit, dass die Einsatzkräfte am frühen Mittwochmorgen zuschlagen werden. Doch weil die Gangs ihrem Spitzel bei der Polizei nicht vollständig trauen und weil sie in diesem Fall auch nur ausgesprochen ungerne überrascht werden wollen, kommandieren sie einige Männer ab. Deren Mission: Sie sollen die etwa 140 im Hotel »Holiday Inn« untergebrachten auswärtigen SEK-Kräfte rund um die Uhr observieren.

Doch erst einmal wird noch ein ganz besonderer Coup vollzogen. Wochenlang haben die Hells Angels von Kadir Padir mit den Bandidos »South Side« um Grischa Vowe verhandelt. Beide Männer kennen sich seit langem. Geplant ist nun ein vollständiger Seitenwechsel der Berliner Banditen, wie ihn Padir bereits zwei Jahre zuvor vorgemacht hat. Die parallel erfolgenden Attacken – so eine Vermutung der Ermittler – sollen in diesem Zusammenhang vielleicht den Wechseldruck erhöhen. Frei nach dem Motto: »Kommt zu uns, dann ist alles gut.«

Der kollektive Zusammenschluss der einst so verfeindeten Rockergangs ist ein sehr seltener Vorgang. Doch er zeigt, dass es den Gangs mittlerweile ziemlich schnuppe ist, wessen Kutte sie tragen. Da, wo die Macht ist, ist das Geld – und da sind die neuen Rocker: Loyalität ist was für alte, sentimentale Männer.

Die Bandidos wollen natürlich nicht zu Padirs Charter wechseln, ist das doch von einem Verbot bedroht. Die Überläufer möchten sich schließlich nicht bald wieder in den Niederungen der Kleinkriminalität tummeln müssen. Ohne die internationale Struktur eines starken Clubs im Hintergrund scheint das Ganovendasein sehr viel mühseliger zu sein. Daher wählen die Beteiligten den Hells Angels MC »Potsdam«, der im benachbarten Brandenburg liegt und nicht als verbotsgefährdet gilt.

Am Pfingstmontag, den 28. Mai 2012, zieht gegen 16.30 Uhr eine Hundertschaft der Polizei vor dem Bandidos-Clubhaus in der Streustraße auf. Die Beamten halten ihre Funkgeräte griffbereit, um möglicherweise gleich Verstärkung zu rufen, sind doch die Hells Angels im vollen Ornat im Revier ihrer Feinde aufgelaufen. Doch die Atmosphäre ist entspannt, von Gewalt keine Spur. 62 Rocker werden kontrolliert, keine besonderen Vorkommnisse.

An diesem Tag wird der Kampf um die Vorherrschaft in der Berliner Rockerszene wohl endgültig entschieden. Die Hells Angels haben in das Vereinsheim der Bandidos an der Streustraße funkelnagelneue Kutten mitgebracht, die sie in einer für Rocker durchaus feierlich zu nennenden Zeremonie übergeben.

Die anabolikagestählten Rocker vom bisherigen Konkurrenzunternehmen Bandidos werden mit ihrem Rufnamen nach vorne gebeten und nehmen die Westen der einstigen Todfeinde entgegen. Dann bestellen die Männer 100 Hamburger, und die Party kann beginnen. Mit dem seit Wochen geplanten Wechsel ins brandenburgische Potsdam haben sich die Rocker auch der Zuständigkeit der Berliner Polizei und einem drohenden Vereinsverbot entzogen.

Damit ist der erste Ordnungspunkt dieses ereignisreichen Tages abgehandelt. »Bei uns sind gestern 18 Mitglieder ausgetreten. Wo die hingegangen sind, weiß ich nicht. Mehr gibt es dazu nicht zu sagen«, verkündet keine 24 Stunden später ein Sprecher der deutschen Bandidos-Führung mit finsterem Blick. So sieht jemand aus, der Rache schwört. Von wegen »Bandidos forever, forever Bandidos«.

Exodus der »Nomads«

Der historischen Stunde eines beachtlichen Verrats wohnt auf Seiten der Hells Angels auch André Sommer, 48, bei. Der muskelbepackte Ex-Hooligan des Ostberliner Fußballclubs Dynamo ist Präsident der Hells Angels »Nomads«. Er hat in dieser Funktion Holger »Hocko« Bossen beerbt, einen der berüchtigtsten Höllenengel in Deutschland, Markenzeichen: böse gucken früh um fünf.

Sommer ist in die Jahre gekommen, die schwersten Kämpfe liegen hinter ihm. Schon zu DDR-Zeiten prügelte er sich gerne mit der grün uniformierten Staatsmacht, die damals Volkspolizei hieß, auch wenn sie keine Polizei des Volkes war. Sommer saß sogar im Stasiknast

Hohenschönhausen ein. Das war 1983, die DDR erlebte eine Art zweiten Frühling, und Sommer machte sich als Fußballschläger einen Namen. Heute ist der Rocker eher dem deutsch-nationalen Gedankengut verhaftet, in seiner Berliner Kneipe »Germanenhof« darf geraucht werden, das Bier kostet 1,50 Euro, und die harten Jungs aus dem nahen Plattenbauviertel sind hier gerngesehene Gäste.

Im Mai 2012 gehen Sommer und seine Getreuen davon aus, dass auch ihre »Nomads« von einem Verbot betroffen sein werden. Zu viel ist passiert in den vergangenen Monaten, zu oft wurde geschossen. Mit Rayk Freitag, dem Karatekämpfer, der sich an einem Sonntagmorgen 2008 eine wüste Keilerei mit der Polizei geliefert hatte, saß ein Rocker aus der Clubführung im Knast, verurteilt zu einem Jahr Haft. Im Zusammenhang mit der Erpressung eines Tätowierers geht ein anderer Nomade für viele Jahre ins Gefängnis. Schussverletzungen, Messer im Rücken, aufgeschlitzte Gesichter, fast abgehackte Arme: Die Hells Angels haben in den vergangenen Jahren auch oft einstecken müssen.

Schon seit geraumer Zeit wird in Berlin darüber spekuliert, den Rockerclub schließen zu lassen. Es ist typisch für die Geschwätzigkeit der Hauptstadt, dass Senatoren, Staatsanwälte und Polizeiführer in Hinterzimmerrunden, beim Bier oder in Verhandlungspausen vor Gericht über das Thema palavern. Jeder hat eine Meinung, keiner hält damit hinter dem Berg.

Irgendwann erreichen die Gerüchte auch André Sommer und seine Hells Angels »Nomads«, die als Eliteableger der Rockergang gelten. In jedem Land der Welt darf es sie nur einmal geben, weshalb der Berliner Sommer seinen Club unbedingt vor dem Verbot bewahren will. Ein Umzug ist angesagt.

Eine kleine, vergleichsweise unbescholtene Truppe übernimmt die Führung des Charters und verlegt es in ein kleines Kaff nördlich Berlins: Torsten L., Henry J., René L., Dirk F. und als Präsident Alfons B. sind allesamt nicht vorbestraft, einen Verein unter ihrem Kommando zu verbieten dürfte schwierig sein. Die Kutten derer, die nicht umziehen, werden versteckt, die Gelder beiseitegeschafft, die Motorräder auf unverdächtige Privatpersonen überschrieben. Sommer selbst bringt das größte Opfer: Er verlässt seine geliebten »Nomads« und gründet ein neues Charter. Allzu einfach will er es der Polizei selbst an Pfingsten nicht machen.

»Berlin City« war einmal

Wenn es nach André Sommer geht, soll nun auch Kadir Padir sein Charter der Geschichte überantworten, statt es vom Staat schließen zu lassen. Doch der 28-jährige Türke, der ja früher als fanatischer Bandido die Hells Angels bekämpfte und schließlich mit fast allen seiner Gefolgsleute zu den Höllenengeln überlief, will plötzlich nicht mehr. Erst im Laufe der Nacht von Pfingstmontag auf Dienstag soll es Sommer gelungen sein, Padir zu überzeugen.

Nachdem nun also auch die Hells Angels »Berlin City« mitziehen, wird am nächsten Morgen wohl erst Frank Hanebuth in Hannover und dann der zuständige Pressesprecher Rudolf »Django« Triller informiert. Als Bote, im Szenejargon »Pony-Express« genannt, rast der Höllenengel Dirk F. persönlich gen Westen. Man will vermeiden, dass die Staatsmacht von den beschlossenen Clubschließungen aus Telefonüberwachungen oder abgefangenen Mails erfährt.

Um Padir Zeit zu geben, »noch ein paar Dinge zu regeln«, einigt man sich darauf, das Ende des Ortsvereins »Berlin City« erst am Nachmittag zu verkünden. Padirs Leute nutzen die Zeit, um ihre Kutten fortzuschaffen und blütenweiße T-Shirts überzuziehen. Dann werden am Clubheim in der Residenzstraße die Hells-Angels-Embleme abmontiert. Die Polizei erfährt davon durch den Anruf eines Journalisten.

Kurz nachdem der Angels-Sprecher die Nachricht von der Auflösung des Berliner Charters am Nachmittag per Internet verbreitet hat, geht auch bei der Polizei ein Fax ein: Es ist ein Screenshot der Internetseite »Ride free«. Mit dürren Worten wird dort die Auflösung der Bande »Berlin City« vermeldet. Einem Polizeisprecher zufolge ist angeblich nicht klar, woher das Fax kommt. Dabei ist das selbst für ungelernte Kriminalisten gut zu erkennen.

»An Heike Rudat«, steht darauf, das ist die zuständige LKA-Dezernatsleiterin, die noch ein paar Wochen zuvor die Schilder am Vereinsheim angeblich »eigenhändig« abschrauben wollte. Und auch der Absender ist deutlich lesbar: HMK Rechtsanwälte. Mit einer Berliner Nummer, die zu einem Juristen im Bezirk Tempelhof gehört. Da es keinen Verein mehr gibt, kann auch keiner verboten werden, so soll die Botschaft der Hells Angels verstanden werden.

Alte Sofas, ein Täschchen und ein Anschlag

Aus taktischen Gründen zieht das LKA daraufhin die Razzia um einige Stunden vor. Kurz nach 22 Uhr läuft am Dienstag nach Pfingsten 2012 über den nicht abhörsicheren Polizeifunk der Befehl zum Sammeln. Reporter und Fotografen wissen, dass es gleich losgeht. Auch die Rocker sind somit gewarnt, hören sie doch über ihre Scanner mit. Der Rest ist Show.

Dennoch wird der zuständige Innensenator Frank Henkel (CDU) später einen »Erfolg im Kampf gegen das Organisierte Verbrechen« feiern. Geschätzte 20 Sofas werden aus dem Höllenengel-Heim getragen und in die Asservatenkammer verbracht. Der harte Rocker sitzt nämlich gerne weich. Zwei Möbelwagen voll Plunder aller Art fahren ebenso davon wie uralte Hantelbänke, zerschlissene Sessel und eine abgenutzte Küche. Bei Charter-Chef Padir dauert die Durchsuchung bis in den frühen Morgen, dort stellen die Beamten unter anderem ein Prada-Täschchen sicher.

Die Bandidos sind übergelaufen, die Polizei sucht einen Verräter, der ihre geplanten Verbote verpfiffen hat, und die Hells Angels haben sich in Teilen rechtzeitig selbst aufgelöst oder Berlin verlassen. So weit ist alles klar und geregelt in der Hauptstadt.

Zwei Wochen später, am Hintereingang der Kneipe »Germanenhof« in Berlin-Hohenschönhausen: André Sommer parkt hier wie immer seinen türkisfarbenen englischen Kleinwagen und seine verchromte Harley-Davidson. So kann er je nach Wetterlage überdacht oder mit den Haaren im Wind nach Hause fahren.

Vor ein paar Tagen hat er einen neuen Geschäftsführer für seine Kaschemme eingesetzt. Gegen 3 Uhr will Sommer Feierabend machen. Was er nicht ahnt: In einem Gebüsch lauert ein Unbekannter, der es auf den Hells Angel abgesehen hat. Zwar hat ein Rocker immer mit dem Tod zu rechnen, aber muss der wirklich so plötzlich und feige aus dem Dunkel kommen? Sommer geht die Treppe hinunter, sieben Stufen, lässt die Harley an und will losfahren, als der Täter schießt. Zwei Kugeln verletzen den Hells-Angels-Boss schwer. Bei der Tatwaffe soll es sich nach Ermittlerangaben um eine aufgebohrte Gaspistole mit kleinem Kaliber gehandelt haben. Benutzen so etwas Profis? Was ist das Motiv? Und hat Sommer seinen Gegner erkannt? Das interessiert auch die Spürnasen der Berliner Mordkommission.

Doch vor den Antworten auf diese Fragen steht, einmal mehr, das Schweigen der Rocker. Dass er den Mund halten kann, hat Sommer ja auch fast auf den Tag genau drei Jahre zuvor schon einmal unter Beweis gestellt, als er mit Stichwunden im Rücken nur knapp einem tödlichen Angriff entkam. Im Prozess gegen die mutmaßlichen Angreifer schwieg er eisern – ein Hells Angel redet nicht mit der Staatsmacht. Insofern machen sich die Berliner LKA-Beamten nicht allzu große Hoffnungen, dass Sommer dieses Mal auspacken könnte.

Als der schwer verletzte Sommer nach der Attacke vor dem »Germanenhof« ins Krankenhaus gebracht wird, halten seine Gefolgsleute tagelang vor dem Kliniktor Wache. Unter ihnen sind auch Kadir Padir, sein alter Konkurrent, und Grischa Vowe, der ehemalige Edel-Bandido und Überläufer. Jetzt sind sie alle Angels.

Sommer bekommt in diesen Tagen übrigens auch mehrere SMS von einigen Bandidos: Er solle tapfer sein, den Kopf oben behalten. Der Verwundete bedankt sich umgehend für die Genesungswünsche der Gegner. Auch Rocker zeigen manchmal Mitgefühl, zumindest die der alten Schule.

»Schnauze!«

Dienstag, 3. Juli, 11.39 Uhr, Keithstraße 30, Berlin-Tiergarten: Ein blauer Jeep Grand Cherokee mit Berliner Kennzeichen fährt vor. Am Steuer ein kräftiger Mann mit rasiertem Schädel. Seine wachen Augen taxieren die Gegend. Der Koloss und sein Beifahrer steigen aus und sichern die Straße. Über Funk wird ein zweiter Wagen, ein silberfarbener Mercedes Vito, gerufen, der dann entgegen der Fahrtrichtung genau vor dem Dienstsitz des Landeskriminalamtes Berlin, Abteilung 1, zuständig für »Delikte am Menschen«, hält.

In dem Bau aus den zwanziger Jahren des vorigen Jahrhunderts arbeitet die Mordkommission. Dem Transporter entsteigt André Sommer, ehemaliger Anführer der Hells Angels »Nomads«. Er hat abgenommen, das Gesicht ist fahl, nicht so voll und rosig wie noch vor ein paar Wochen. Um den linken Arm, den eine Kugel durchschlagen hat, schlingt sich ein Verband.

Mit schleppendem Gang bewegt sich Sommer zur Eingangstür. Die Frage nach seinem Gesundheitszustand beantwortet Bodyguard Nummer drei, ein »Supporter«, durchtrainiert und stilecht mit Sonnenbrille, mit einem Wort: »Schnauze!« Sommers Anwalt drückt die schwere, mit Kupfer beschlagene Holztür auf. Für die schönen Kassettendecken im Eingangsbereich hat Sommer keinen Blick. Vorbei am Pförtner geht es in den zweiten Stock, in ein Vernehmungszimmer der 2. Mordkommission. Die Fahnder und eine Sekretärin warten schon.

Ein paar Tage zuvor hat Sommer ein Security-Unternehmen gebeten, ihn zu beschützen. Zwar übernähme das wohl auch die Polizei, sogar unentgeltlich, aber das wiederum will der Höllenengel nicht. Doch Sommers Schutz mache nur bewaffnet Sinn, urteilt die von einer Berliner Kanzlei beauftragte Sicherheitsfirma: Schließlich ist bereits ein Mordanschlag fehlgeschlagen, und wer sagt denn, dass der Täter, Profi hin oder her, es nicht noch einmal versucht. Dummerweise nur haben die Beschützer bislang keine Genehmigung, Pistolen zu tragen. Also geht ein Antrag darauf an die zuständige Polizeibehörde. »Eine

Entscheidung«, so die Beamten, »wird erst in ein paar Wochen fallen.« Bis dahin muss sich der Rockerboss von seinen Leuten bewachen lassen.

Nach einer Stunde ist die Zeugenvernehmung vorbei. Der Hells Angel wird von einigen Getreuen nach Hause eskortiert. »Seine Aussagen haben die Ermittlungen nicht weitergebracht«, sagt ein Kriminalist hinterher und bestätigt damit alle Vermutungen. Wieder hat André Sommer, seiner kruden Rockerlogik folgend, geschwiegen: Derartige Angelegenheiten werden in der Welt der Gangs anders geregelt, ohne die »Schmiere«, wie die Polizei im Jargon heißt.

Die guckt auch zu, als Sommer ein paar Tage später eine Art Comeback-Party feiert. Der Einladung in den »Germanenhof« sind Rocker aus ganz Deutschland gefolgt, entsprechend hoch ist die Anspannung der Hells Angels. Auch Rayk Freitag, der Karateka, der vor Jahren die wüste Keilerei am Spandauer Damm mit der Polizei entfesselt hat, ist frisch aus der Haft entlassen und schaut auf ein Getränk vorbei.

Die Kneipe liegt hinter einer hohen Hecke, man kann den Eingang nur zu Fuß erreichen. Sattes Grün sprießt überall. Links liegt ein kleiner Park mit Büschen und ein paar Bänken, fast idyllisch ist es hier. Wenn da nur nicht die nervösen Rocker wären, die schon am frühen Sonntagmorgen die Gegend kontrollieren. Sie untersuchen Papierkörbe und versiegeln die Eimer anschließend mit schwarzen Mülltüten, so ähnlich wie es das BKA macht, wenn Staatsgäste kommen und man Bombenanschläge befürchtet. Die Rocker kriechen durch das Unterholz, überprüfen abgestellte Autos, lassen niemanden an sich heran. Die uniformierten Ordnungshüter beobachten das Treiben aus sicherer Entfernung und lassen die Gang gewähren.

Im November 2012 nimmt dann ein Spezialeinsatzkommando den ehemaligen Anführer der Hells Angels »Nomads« im brandenburgischen Altlandsberg fest. Holger »Hocko« Bossen, 51, soll das Attentat auf seinen Amtsnachfolger Sommer in Auftrag gegeben haben, weil er dessen Posten übernehmen wollte. Bossen kommt in Untersuchungshaft.

KAPITEL 16
DAS ENDE
Junge Wilde gegen alte Rocker

Das Märchen von den Schafen in Wolfspelzen

Viele Menschen denken, die Konflikte der Gangs gingen sie nichts an. Tatsächlich sind bei den Schießereien, Straßenschlachten und Handgranatenattacken in Deutschland bislang kaum Unbeteiligte verletzt worden, wenngleich sie mitunter auch nur äußerst knapp davonkamen. Damals in Duisburg etwa, als der Hells Angel Timur A. den Bandido »Eschli« Elten erschoss, verfehlten zwei Projektile die Köpfe zweier Frauen in der Nähe nur haarscharf.

Aber wer glaubt, dass sich die Rocker nur untereinander schaden oder allenfalls mit anderen Männern aus dem Milieu aneinandergeraten, hat weit gefehlt. Das Beispiel des Hells Angels Jürgen C. belegt das deutlich. Der frühere »Sergeant at Arms« des Frankfurter Charters »Westend« ging einst auf eine Nachbarin los, beschimpfte und bespuckte sie, weil die es gewagt hatte, sich vom Lärm seiner Harley gestört zu fühlen. Den Ehemann der Frau schlug der Rocker sogar nieder, ehe der überhaupt etwas sagen konnte. Anschließend traktierte er den am Boden Liegenden mit Fußtritten.

Jahre zuvor war C. schon einmal ausgerastet, als er auf einer Bundesstraße hinter einem langsam überholenden VW-Bus gehangen hatte. Er fuhr neben das Vehikel, versuchte zunächst, den Wagen abzudrängen, ließ dann seine Begleiterin die Scheibe auf der Beifahrerseite herunterkurbeln und feuerte durch das geöffnete Fenster. Die Kugel durchschlug das Blech und drang in den Oberschenkel des Fahrers ein. Welch ein Schock muss das für den arglosen Busfahrer gewesen sein?

Wie bereits erwähnt, gingen schon die frühen Hells Angels in Deutschland nicht nur auf ihresgleichen, sondern auch auf Zivilisten los. Das wohl erste Todesopfer, das auf das Konto der Rocker geht, war der unbewaffnete Gemeindehelfer Dieter K., den Hells Angels im April 1973 im Jugendclub der Hamburger Apostelkirche niederstachen. Sieben Jahre später töteten sie auf Sylt den Geschäftsführer der Diskothek »Riverboat«. Detlef B. hatte ihnen Hausverbot erteilt.

Dabei sagt der Hells-Angels-Sprecher Rudolf »Django« Triller, der seinerzeit auch zu der Hamburger Terrortruppe gehörte, heute so abgeklärt wie philosophisch: »Gewalt ist ein Teil der menschlichen Natur. Jeder hat es drin. Wenn ich unterwegs wäre und meine Familie wird angegriffen, dann habe ich keine Zeit, auf irgendwelche Gesetzeshüter zu warten, dann wird verteidigt. Ende. Und dann ist es mir auch völlig egal, was die Gesellschaft davon hält.«

Und was, wenn Schwächere, Unbewaffnete in Überzahl angegriffen werden? Ist dann auch alles egal?

Schon damals, in der Anfangsphase der deutschen Rockerszene, behauptete der Anführer der Hamburger Hells Angels, Joachim H., übrigens: »Wir sind ein demokratisch organisierter, eingetragener Motorradverein. (...) Unser Ziel ist die Pflege des Motorradsports.« Solange es Rocker in Deutschland gibt, so lange inszenieren sie sich schon als harmlose Freizeittruppe, als harte Kerle mit Herz, als Schafe in Wolfspelzen. Zuletzt haben sie mit dieser Strategie allerdings deutlich weniger Erfolg als all die Jahre zuvor.

Zwar können die deutschen Rocker – allen voran Triller – ihre Legende im Schlaf herunterbeten. Dem stehen jedoch Abertausende Ermittlungsverfahren, Prozesse und Urteile gegen die Mitglieder der Banden entgegen. Aber ihr vermeintlicher und öffentlich gerne verbreiteter Glaube an das Gute in der Gang ist unerschütterlich.

Die kräftezehrenden Jahre des sogenannten Rockerkriegs haben die Szene jedoch stark verändert, ja man muss sagen, sie haben sie noch weiter verschlechtert. Schon immer zogen die Banden Suchende und Strauchelnde an, Männer, die lieber zuschlugen, als lange zu debattieren, Jungs, deren größte Stärken ihr Hass, ihre Wut, ihre Verachtung waren und die eigentlich nur eines gut konnten: etwas kaputt machen.

Doch diese Männer – das muss man ihnen vielleicht zugutehalten – liebten ihre Clubs, oder besser gesagt: Sie liebten es, endlich irgendwo dazuzugehören. Sie liebten das Gefühl, ein Hells Angel oder ein Bandido zu sein, ein König der Straße und nicht mehr nur ein gesellschaftlich Gescheiterter, Türsteher, Zuhälter, Geldeintreiber. Rocker zu sein, das war ihr Leben, ihre Identität, das waren sie.

In vielen Chaptern und Chartern der Bandidos und Hells Angels sind die Deutschen nach dem Wettrüsten der jüngeren Vergangenheit mittlerweile deutlich in der Minderzahl. Die Gangs haben vielfach brutale Banden aus den Problemvierteln der Großstädte aufgenommen, denn das war immer noch besser, als wenn die zur Gegenseite übergelaufen wären und man dann mit ihnen hätte kämpfen müssen. Allein in Nordrhein-Westfalen hat sich die Zahl der örtlichen Ableger von Bandidos und Hells Angels seit 2005 fast verdoppelt.

Die Neuen in den und um die Clubs aber kennen die althergebrachten Loyalitäten zu den Banden nicht mehr. Für sie ist das Dasein als Rocker nur ein Abschnitt in ihrer ohnehin oft schon arg zerfurchten Biografie. Sie wechseln die Seiten, wie es ihnen gerade opportun erscheint, sie definieren sich stark über ihre Herkunft, Familie, Ethnie – der Clan ist ihnen wichtiger als die Gang.

Auch die Hells Angels haben diese unheilvolle Entwicklung erkannt. So heißt es in einem vertraulichen Strategiepapier der europäischen Führungsebene des Clubs (»For internal HAMC use only!«):

> Wir denken, dass wir stark sind, und wir sind es. Aber in Wirklichkeit werden wir jeden Tag, jeden Monat, jedes Jahr schwächer und schwächer. Ja, unser Club wächst weltweit, mit neuen Ländern, mehr Mitgliedern, aber wissen die, was es bedeutet, ein Hells Angel zu sein? Wissen sie, worum es wirklich geht? Nehmen wir die richtigen Leute auf? Wollen die alles riskieren für das Wohl des Clubs? (...) Charter, Länder und Regionen

vergessen, die neuen Leute zu erziehen. Die Resultate sind, dass es mehr Brüder gibt, die nicht so leben, wie sie sollten, nämlich gemäß unseren Wegen und Traditionen. Und so kommen immer mehr Brüder herein, die von Brüdern ausgebildet wurden, die selbst nicht genug über unseren Club wissen.

Deswegen schlagen die Autoren des Papiers unter anderem Folgendes vor:

> Es sollen keine neuen Geschäftsleute (gemeint sind wohl Kriminelle oder Milieu-Größen; Anm. d. Autoren) in den Chartern (...) zugelassen werden. (...) Viele dieser Unternehmer scheren sich nicht um unsere Kultur, und ganz offen gesagt brauchen wir sie auch nicht. Sie nutzen unseren Lebensstil häufig aus und verschwinden, wenn die Kacke am Dampfen ist. Dann müssen wir uns mit dem Mist herumschlagen, den sie als Mitglieder unseres Clubs verzapft haben. (...)
>
> Wir müssen den Zugang herunterfahren, um die schlechte Saat aufzustöbern. Wir haben uns schon darauf verständigt, keine Patchover mehr zu machen (d. h. sich nicht mehr andere Motorradclubs einzuverleiben; Anm. d. Autoren). Jetzt müssen wir vorsichtiger sein, mit unseren Unterstützern und den Männern, die in unseren Club aufgenommen werden wollen. Lasst uns nicht paranoid werden, aber wir sollten den gesunden Menschenverstand benutzen und vorsichtiger sein. (...)
>
> Wir müssen lernen, wer die neuen Mitglieder sind und warum sie sich unserem Club anschließen. Sind sie Rocker, Ehrenmänner, Brüder, Leute, die mit Gleichgesinnten Spaß haben wollen, oder sind sie nur irgendwelche, die mit dem Club Geld machen wollen? Heute kommen zu viele Leute in unseren Club und verlassen ihn schnell wieder, nachdem sie Mitglieder geworden sind. Doch der Hells Angels Motorcycle Club ist kein Drehtür-Verein!

Den Höllenengeln ist schmerzlich bewusst geworden, dass die neue, hastig herangezogene Generation in den Motorradclubs große Probleme verursacht. Denn ihre mangelnde Verbundenheit mit den Banden hat zur Folge, dass die jungen Wilden eigentlich kaum noch zu kontrollieren sind, sowohl für den Staat als auch für die Gangs. Während die Altrocker ihren Status als Hells Angel oder Bandido häufig partout bewahren wollten, haben interne und externe Sanktionsmittel für den Nachwuchs jeden Schrecken verloren: Ihr wollt uns rausschmeißen? Ihr wollt unseren Club verbieten? Ja, dann macht doch! Der Berliner Rocker Kadir Padir etwa soll, wie oben erwähnt, seiner Clubführung sogar offen mit dem Wechsel zu einer anderen Gang gedroht haben: »Dann habt ihr jeden Tag Sportfest.«

Hinzu kommt, dass die Jungen zu spüren scheinen, wie die Zeit der Alten abläuft. Die Ermittlungsbehörden sind in den vergangenen Jahren massiv gegen die etablierten Vereine der Szene vorgegangen. Das war wohl richtig und wichtig. Zugleich nahm es den Alphatieren der Gruppierungen aber auch die Möglichkeit, den Nachwuchs einigermaßen im Zaum zu halten. Und diese Entwicklung könnte sich noch rächen.

Denn viele der Neu-Rocker sind alles andere als unbedarfte Jungspunde. Über die Bremer Mongols, die sich vor allem aus der kurdischen Großfamilie M. rekrutierten, sagte ein LKA-Fahnder einmal: »Wenn sich die Hells Angels mit denen anlegen, werden sie schnell merken, dass sie die Einzigen sind, die zu einer Schießerei mit Baseballschlägern anrücken.« Und der Kölner Bandido Yusuf erläuterte der »Frankfurter Allgemeinen Sonntagszeitung«: »Die Kanaken sind brutal. Die freuen sich, wenn es Stress gibt.«

Und daher verlegten sich die Bremer Höllenengel dann doch lieber darauf, im Falle der Mongols ihr bis dahin brutal exekutiertes Revierdenken auszusetzen und sich stattdessen lieber in Ignoranz zu üben. Das seien ja gar keine richtigen Rocker, verkündeten die Hells Angels unisono. Woraus wohl folgen sollte: Also müssen wir uns nicht mit denen streiten. Was wiederum eine weise Entscheidung war.

Mongolen an der Weser

Die letzte Bewegung im Leben des Fahranfängers Mustafa B. war eine Drehung der rechten Hand. Seine rote Honda Fireblade, 178 PS, 290 Stundenkilometer Spitze, heulte auf, beschleunigte und schoss an den Autos vorbei. Sekunden später prallte der Motorradfahrer gegen einen Baum. Er starb noch an der Unfallstelle, einer vierspurigen Straße im Bremer Stadtgebiet. Ein Fremdverschulden liege nicht vor, teilte die Polizei lapidar mit.

Tatsächlich untersuchte die Kripo die Maschine des Toten besonders gründlich auf mögliche Manipulationen. Denn der 38-Jährige galt als einer der führenden Köpfe der Organisierten Kriminalität in Bremen. Der Verdacht lag nahe, dass jemand aus dem Milieu ein besonderes Interesse an seinem Ableben gehabt haben könnte.

Denn Mustafa B. hatte die Hells Angels herausgefordert. Im August 2010 gründete der Kurde gemeinsam mit knapp zwei Dutzend Mitgliedern seiner Sippe einen Ableger des US-Motorradclubs Mongols. Es war das erste Mal, dass in der Bundesrepublik Angehörige eines als kriminell geltenden Zuwanderer-Clans auf diesem Feld aktiv wurden.

Die Ermittler an der Weser fürchteten daher, dass es zu einem neuen, blutigen Rockerkrieg kommen könnte, der schnell auch andere Städte infizieren würde. Oder, nicht weniger bedrohlich, dass sich die Hells Angels und der Ethno-Clan verbrüderten. Eine Wahl zwischen Pest und Cholera. »Wir beobachten beide Entwicklungen mit großer Sorge«, sagte denn auch der Bremer Kripo-Mann Harald Habethal dem SPIEGEL.

Tatsächlich kam es wenige Monate später, im Frühjahr 2011, zu mehreren Attacken der Mongols auf die Höllenengel. Einmal gingen etwa 20 Mitglieder und Unterstützer der Neu-Rocker auf die Konkurrenten los. Zwei Männer wurden dabei erheblich verletzt, es brauchte mehrere Spezialeinheiten der Polizei, um Schlimmeres zu verhindern. Zuvor hatten die Mongols schon einmal angegriffen, 61 Kerle wurden seinerzeit vorübergehend festgesetzt.

Kurze Zeit später reagierte der Bremer Innensenator Ulrich Mäurer (SPD) und verbot den Ethno-Club. Er betonte, die Mongols bezeichneten sich zwar selbst als Motorradgang, dies sei aber offensichtlich nicht der wahre Grund ihres Zusammenschlusses. Denn die Rocker-Novizen besaßen nach Erkenntnissen der Polizei weder Motorräder noch die notwendigen Führerscheine. Wenn sie über die Bremer Diskomeile rollten, dann in PS-starken Autos. Lediglich Anführer Mustafa B. machte noch seinen Motorradführerschein, mit dem er zwei Wochen später in den Tod raste.

»Wir vermuten«, so seinerzeit auch Andreas Weber, Chef des Bremer Landeskriminalamts, »dass es den Mitgliedern ethnischer Clans darum geht, neue Strukturen und Handelswege zu erschließen.« Mongols sollen in den USA und in Südeuropa in Drogengeschäfte verwickelt sein. Eine länderübergreifende Zusammenarbeit könnte sich da lohnen.

Nach Überzeugung der Polizei hatte die Sippe schon zuvor den Bremer Rauschgiftmarkt dominiert. Die Großfamilie M. zählt zu den Mhallamiye-Kurden, die, wie geschildert, auch in Duisburg oder Berlin zunehmend Gefallen am Rockerdasein gefunden haben. In Bremen rechnet die Polizei 2600 Kurden zu der Sippe, gegen jeden zweiten ermittelte sie bereits. 66 Familienmitglieder galten als Top-Täter. Wenig überraschend, dass sich auch die Einträge der meisten Mongols über viele Seiten im Polizeicomputer erstreckten. Ibrahim M., nach Einschätzung der Ermittler vorübergehender Nachfolger von Mustafa B. an der Spitze des Clubs, wurde im August 2010 allein mit 147 Taten in Verbindung gebracht, von Körperverletzung bis zum illegalen Waffenbesitz. Neu allerdings war seine plötzliche Begeisterung für das Rockerleben – ob sie von Dauer sein würde, schien fraglich.

Rocker ohne Kräder

Auch in Berlin formieren sich im Dezember 2010 Großkunden des Justizapparates zu einem Ableger des Mongols MC. Die Männer, die sich eine schwarze Kutte überstreifen und Omar R. folgen, stammen zumeist aus kriminellen Clans. Keiner von ihnen hat ein Krad, keiner einen Motorradführerschein, und mit der traditionellen Rocker-Kultur sind sie etwa so vertraut wie Pitbulls mit Tofu.

Die Biografie des Anführers R. liest sich dafür wie das Drehbuch zu einem Sozialdrama, Thema: gescheiterte Integration. 1981 wird Omar R. als Zweitjüngster von zehn Geschwistern in Berlin geboren, auch seine Familie zählt zu den Mhallamiye-Kurden. In der Schule kommt Omar R. nicht mit, er kann kaum Deutsch. Auf der Sonderschule fällt er schließlich durch extreme Aggressionen gegenüber Mitschülern und Lehrern auf. In der sechsten Klasse hat er bereits fünfmal die Schule gewechselt. Als er zwölf Jahre alt ist, stürmt er den Religionsraum der Lenau-Schule in Kreuzberg und reißt die christlichen Kreuze von der Wand, außerdem verprügelt er Mädchen.

Auch außerhalb der Schule akzeptiert Omar R. weder Grenzen noch Gesetze. Im August 1996 sticht der 14-Jährige einem Jugendlichen mit dem Messer in die Herzgegend, sein Opfer überlebt nur knapp. Die eigene Kasse bessert er mit ständigen Raubüberfällen auf Kinder und Jugendliche auf. Das Landgericht Berlin verurteilt ihn wegen versuchten Mordes, räuberischer Erpressung und Körperverletzung zu drei Jahren Haft. Kaum entlassen, raubt er weiter. 2000, 2004 und 2009 wird er erneut verurteilt. Einen Schulabschluss macht er nie, eine Ausbildung ebenfalls nicht. Eigentlich hat er auch keine Aufenthaltserlaubnis mehr. Dennoch lebt er als Asylbewerber von staatlichen Unterstützungen, wird Vater zweier Kinder und irgendwann also auch Rocker.

Als die Mongolen unter seinem Kommando 2010 in Berlin aufschlagen, zetteln sie sofort Ärger mit den Hells Angels an. Die beiden US-Clubs sind traditionell verfeindet. Die Neueinsteiger veröffentlichen ein martialisches Gruppenfoto im Netz und beleidigen mit der Bildüberschrift »Fuck All Hells Angels All Of World« nicht nur die englische Sprache, sondern auch den Gegner. Die Rivalen antworten schnell, aber nicht im Internet, sondern auf der Straße. Zwei Höllenengel türkischer Herkunft stechen einem Mongol ein Messer ins Bein und brüllen: »Scheiß Mongole!«

Die Ankunft krimineller Großfamilien im Berliner Rockermilieu alarmiert auch die Polizei. Einige Clans verfügen allein in der Hauptstadt über mehrere hundert Mitglieder. Bundesweit können es Tausende sein. Wie aus einer »Gefährdungsbewertung« des Landeskriminalamts Berlin (»VS – Nur für den Dienstgebrauch«) hervorgeht, schätzen die Ermittler das aggressive Auftreten eines weiteren Rockerclubs in der Hauptstadt als außerordentlich brisant ein. Bei einem Aufeinandertreffen der Mongols und der Hells Angels sei »mit körperlichen Auseinandersetzungen ggf. auch unter Verwendung von Waffen und sonstigen gefährlichen Gegenständen mit hoher Wahrscheinlichkeit zu rechnen«, notiert ein Beamter.

Es sei davon auszugehen, dass die Strukturen der Berliner Mongols inzwischen gefestigt seien und der Konkurrenz von Hells Angels und Bandidos entgegengetreten werden könne. »Mit einem offensiven Auftreten von Mitgliedern des Mongols MC Berlin ist ab sofort zu rechnen«, so der LKA-Mann. Daher sollten Polizisten – wann immer möglich – die in der Stadt auftretenden Mongolen fotografieren und identifizieren: Aufklärung ist angesagt. Denn die Messerattacke der Hells Angels wollen die Neu-Rocker schnellstmöglich rächen. Nicht eins zu eins, nein, der Akt blutiger Vergeltung soll heftiger ausfallen, damit sie in der Gewaltbilanz vorne liegen. Sonst nehme sie doch niemand Ernst, so lautet das Kalkül der Emporkömmlinge.

Daher fragt Ober-Mongole Omar R. den einzigen Deutschen in der Truppe, Stefan S., ob er »etwas Größeres« bauen könne, etwas, das so »richtig bumm macht«. Nach einer Anleitung aus dem Internet füllt S. 75 Gramm Schwarzpulver in ein Stahlrohr und verschließt die Enden mit Metallmuttern. Eine klassische Rohrbombe. Simpel, aber durchaus tödlich, wie ein LKA-Experte später feststellt.

Den Sprengkörper präsentiert Stefan S. bei einem Club-Meeting in der Bar »Palm Beach« im Berliner Stadtteil Tegel. Die Rockertruppe ohne Kräder beschließt, die Bombe entweder vor dem Vereinsheim der Rivalen zu zünden oder sie unter das Auto des Hells-Angels-Bosses Kadir Padir zu legen. Ziel der Aktion: mehr Respekt.

Doch am Ende bleibt Berlin von dem Bombenangriff verschont. Ein verstoßenes Mongols-Mitglied packt bei der Polizei aus und enthüllt auch die explosiven Absichten seiner früheren Freunde. Ein Spezialeinsatzkommando stürmt daraufhin die Wohnung von Stefan S. und findet die Sprengvorrichtung. Insgesamt werden sechs Möchtegern-Rocker festgenommen und unter anderem wegen der Attentatspläne verurteilt. Omar R. muss für vier Jahre ins Gefängnis, wieder einmal. Die Berliner Mongols lösen sich auf, doch eine baldige Rückkehr der Migranten-Gang in die Hauptstadt ist alles andere als ausgeschlossen.

Zunächst gründet sich aber im Juli 2011 ein Mongols-Ableger in Kiel. Relativ schnell kommt es auch dort zwischen dem vergleichsweise kleinen Club, dem nur etwa ein Dutzend Männer zugeordnet werden, und den mächtigen Hells Angels zu Auseinandersetzungen. Mehrere Menschen werden verletzt.

Der Anführer der örtlichen Höllenengel kündigt laut einem Vermerk eines Polizisten an, mit Hunderten vor dem Vereinsheim der Kontrahenten aufzuziehen und Stärke zu demonstrieren. Doch dazu kommt es nicht mehr. Der schleswig-holsteinische Innenminister verbietet den etablierteren der beiden rivalisierenden Motorradclubs an der Förde, die Hells Angels.

»Wir schwören, Mann, wir töten sie«

Im September 2010 eröffnet ausgerechnet die größte deutsche Rockergang Gremium, die immerhin ein Eisernes Kreuz in ihrem Emblem führt und bis dahin auch eher hart auf der rechten Spur unterwegs zu sein schien, das Migranten-Chapter »Nomads Bosporus Türkiye«.

In einem Interview mit dem Szene-Magazin »Bikers News« – Überschrift »Wir sind die neue Generation« – erläutert Präsident Fatih kurz darauf, warum er unbedingt seine eigene Bande anführen wollte. In den vergangenen Jahren, so der Türke, seien immer »mehr Migranten in die MC-Szene« eingetreten und »teilweise auch von größeren Clubs verheizt« worden.

»Bei uns Kanaken«, sagt Fatih, »ist es einfach so, wenn du da einem auf die Ader trittst, dann gibt der Vollgas. Und das wurde damals schon von ein paar größeren Clubs ausgenutzt, was für mich dann die Motivation war zu sagen, okay, wir machen es. Aber wir machen es anders.«

Das bedeutete wohl: Die jungen Wilden wollen nicht mehr nur die Handlanger und Schläger der großen Banden sein, nicht mehr nur deren Krieg führen müssen, sondern sie wollen endlich auf eigene Rechnung und Verantwortung arbeiten. Allerdings betont Fatih auch, selbstverständlich »keine Gremium-Regeln« brechen zu wollen.

Seine Wehrhaftigkeit macht der Multikulti-Club ein Jahr nach seiner Gründung in einem Hip-Hop-Video deutlich, das binnen kurzer Zeit bei YouTube Hunderttausende Mal angesehen wird. »Wir stehen hier, ihr wollt Krieg«, rappt einer der Gang-Anführer namens Desed, »gebt uns ein paar Gegner und wir schwören, Mann, wir töten sie!«

Ganz so schlimm endet es glücklicherweise nicht, als es im August 2012 zu einer heftigen Auseinandersetzung mit dem Lager der Hells Angels kommt. Einem vertraulichen Vermerk (»VS – Nur für den Dienstgebrauch«) der Düsseldorfer Polizei zufolge stürmt eine Truppe von etwa 20 Unterstützern der Höllenengel, es sind die Mitglieder des sogenannten Clan 81, ein Café auf der Kölner Landstraße. Mehrere Gremium-Rocker werden dabei verletzt.

»Es besteht der Eindruck«, notiert eine Polizistin anschließend, »als handelten die Düsseldorfer Mitglieder des Gremium MC Bosporus eher auf Weisung übergeordneter Personen und ohne eigenständige Entscheidungsbefugnis – ähnlich der Unterordnung des Clan 81 im Verhältnis zu den Hells Angels.« Daher könne eine von oben angeordnete Vergeltungsaktion nicht ausgeschlossen werden. Es sei von einer »sehr brisanten Lage im Rockermilieu« auszugehen.

Angespannter wird die Lage noch dadurch, dass inzwischen an Rhein und Ruhr eine weitere Größe der Gangszene mitmischt. Anfang Juni 2012 tritt in Duisburg die etwa 20 Mann starke Motorradbande Brotherhood »Clown-Town« um Anführer Yildiray Kaymaz geschlossen zu der niederländischen Formation Satudarah über. Natürlich, so betonen auch diese Rocker, gehe es ihnen lediglich um »kulturellen Austausch«. Sie seien ein reiner Motorradverein und hätten nichts mit Verbrechen zu tun.

Allerdings ist Satudarah der größte niederländische Bikerclub und wird laut Polizei immer wieder mit der Organisierten Kriminalität in Verbindung gebracht. In Deutschland steht die Gruppierung den Bandidos nahe. »Gemeinsamer Feind sind die Hells Angels«, so ein Beamter. »Bei einem Aufeinandertreffen der Rockergruppierung Satudarah und der Hells Angels sind Auseinandersetzungen nicht auszuschließen«, heißt es in einem vertraulichen Vermerk der Polizei. Bald schon detoniert nachts eine Handgranate in einem Duisburger Wettbüro, das den Höllenengeln zugerechnet wird.

Bezeichnend ist auch, was Anführer Yildiray Kaymaz im Sommer 2012 in einem Interview mit »Bikers News« verkündet. Demnach gehörte keines der »Clown-Town«-Mitglieder, bei denen es sich laut Kaymaz um »Türken, Kurden, Albaner, Serben und Sinti« handelt, zuvor schon einmal einem Motorradclub an. Auch seien nur ausgesprochen selten Partys anderer Gangs besucht worden. »Die Szene ist nicht unser Ding«, so Yildiray Kaymaz. »Wir kennen weder die Gebräuche, noch interessieren uns ihre Regeln. Wir sind für uns da.« Deutlicher kann man nicht sagen, dass man mit dem Rockerleben eigentlich gar nichts an der Kutte hat.

Wie die Gangs überleben können

Über die Ursachen für den Untergang des Römischen Reiches haben sich Generationen von Historikern die Köpfe eingeschlagen – im übertragenen Sinne. Als relativ unstrittig erscheint heute, dass das Imperium Romanum sich am Ende nicht nur mächtigen äußeren Feinden gegenübersah, sondern auch massive Probleme im Inneren hatte. So scheiterten die Kaiser auch daran, aus kämpferischen Barbaren wie den Germanen zuverlässige Soldaten Roms zu machen. Hinzu kam wohl eine gewisse kriegerische Unlust etablierter Bürger, so dass der

Staat als Ganzes dem inneren Zerfall sowie dem Ansturm von außen letztlich nicht viel entgegenzusetzen hatte.

Nun sind die Rockergangs in Deutschland längst keine Weltmacht, wie Rom es war, und doch scheinen in ihrem Gefüge ähnliche Mechanismen zu wirken. Über Jahrzehnte ist es den Banden gelungen, ihre Existenz zu sichern, weil sich die Mehrheit der Mitglieder den Regeln und der Hierarchie der Gruppen unterwarf. Abweichler gab es in den Banden zwar schon immer, doch bislang waren sie nicht stark genug, um wirkliche Sprengkraft entwickeln können. Das aber scheint sich jetzt zu ändern.

Die Rockerszene in Deutschland steht vor einer Zeitenwende: Der Einfluss der alten Silberrücken – Frank Hanebuth in Hannover, Bernd Wobser in Bonn, Walter Burkard in Frankfurt, Lutz Schelhorn in Stuttgart – auf die Geschicke der Hells Angels nimmt offenbar kontinuierlich ab. Bei den Bandidos und Gremium ist es ähnlich.

Als Geschäftsleute sind diese Männer nach vielen Jahren im Milieu mittlerweile so etabliert, dass sie sowohl auf die Auseinandersetzungen mit anderen Gangs als auch auf die Exekutivmaßnahmen der Staatsmacht gut verzichten können. Die Generation derer, die vor vielen Jahren die großen US-Motorradclubs in der Bundesrepublik verbreiteten, hat sich einiges aufgebaut und deshalb nun viel zu verlieren. Das schränkt jeden Krieger ein, gerade wenn er unter ständiger Beobachtung steht.

Die Neuen aber, die derzeit an vielen Orten mit aller Macht nach oben drängen, sind nicht nur beweglich, skrupellos und frei von jeglicher Verantwortung, sondern auch ziemlich schnell aufgestiegen. Und das kann ebenfalls Folgen haben: So verknüpfen manche Ermittler gerade mit denen, die sich die jahrelange Ochsentour durch die Ebenen der Clubs ersparen konnten, große Hoffnungen.

Sollten diese Männer nämlich eines Tages von den Banden enttäuscht werden, so das Kalkül der Kriminalisten, fühlten sich diese Typen vielleicht nicht mehr an die Gesetze der Gangs gebunden und könnten möglicherweise hervorragende Kronzeugen abgeben. In die bisher ziemlich geschlossene Phalanx der OMCG-Szene würde das große Lücken reißen. Es ist eine einfache Rechnung, die der eine oder andere Fachermittler bereits aufmacht: Mehr Rocker bedeuten mehr potenzielle Aussteiger.

Doch zugleich drohen die Clubs noch unberechenbarer und gefährlicher zu werden. Viele Gang-Einsteiger bringen nicht nur eine große Gewaltbereitschaft, sondern auch erhebliche offene Rechnungen aus ihrem kriminellen Vorleben mit, die nun – mit der neuen Macht im Rücken – beglichen werden könnten. Das aber zöge die Gruppierungen in einen Strudel aus Attacken, Racheakten und Vergeltungsmaßnahmen hinein, aus dem es kaum ein Entrinnen gäbe. Doch lässt sich das überhaupt verhindern?

Vielleicht.

Ironischerweise müssten die Motorradclubs dazu etwas leisten, das die Gesellschaft als Ganzes nicht geschafft hat: Sie haben den sozial randständigen Männern, die in die und zu den Banden drängen, eine Perspektive in ihrer Mitte zu bieten. Denn nur wenn es gelingt, den Großteil dieser Kerle bei der Harley-Lenkerstange zu halten, werden die Clubs überleben. Ansonsten zerlegen sich die deutschen Gangs in absehbarer Zeit selbst. Und den Rest gibt ihnen dann die Polizei.

EPILOG

BANDE, WECHSLE DICH!

Tief im Westen ließ sich zuletzt ganz gut studieren, was bundesweit Schule machen könnte. Dort lief Ende November 2012 der Deutsch-Iraner Ramin Y., 24, mit seiner Bandidos-Truppe geschlossen zu den Hells Angels über, obschon er kein Jahr zuvor bei einer Massenschlägerei einen Höllenengel noch schwer verletzt haben soll. Als Abschiedsgruß gab Y. seinen früheren »Brüdern« noch Folgendes via Facebook mit: Er habe bei den Bandidos die erhoffte »Bruderschaft nicht finden« können. Es habe »unzählige, unglaubliche Enttäuschungen« gegeben, vor allem sei die Zweiklassengesellschaft zwischen den etablierten Rockern und dem rechtlosen Nachwuchs unerträglich gewesen. So seien zur Beerdigung eines »ausländischen Members« nur wenige deutsche Rocker erschienen, und außerdem hätten die Alten immer wieder die Freundinnen der Jungen »angegraben oder angetatscht«. Hätten die sich dann beschwert, wären sie aus dem Club geworfen worden. »Mit Respekt«, so hieß es in dem letzten Eintrag des desillusionierten Bandidos Ramin Y., »hat das alles nichts mehr zu tun.«

Man hätte dem Junior-Biker zurufen mögen: Willkommen in der Rockerwelt, willkommen im echten Leben! Doch der Enttäuschte hatte sich bereits anders orientiert und den Hells Angels angedient. Hier sollte nun alles anders und vieles besser werden. Zur Clubgründung in Krefeld erschien sogar nationale Rockerprominenz wie der Berliner Kadir Padir, der zu Beginn des Jahres 2010 als Erster mit seinem Gefolge von den Bandidos zur Konkurrenz übergetreten war und seither neben Necati A. und Fardad B. als informeller Anführer der Migranten unter den Mitgliedern gilt. Der Journaille erklärten die Männer, wie stark und einig sie nun als Höllenengel seien. Jedoch dauerte es nur eine gute Woche, bis der neue Club schon wieder Geschichte war. Die Angels teilten per Rundschreiben mit, der Verein von Ramin Y. sei geschlossen worden, eine Begründung dafür nannten die Rocker nicht. Vielleicht war das Ganze eine Finte, vielleicht aber hatten sich die plötzlichen Freunde auch in Rekordzeit wieder zerstritten.

Eines aber wurde in jedem Fall deutlich: Der alte Leitsatz »Angels forever, forever Angels«, den in entsprechender Variation ja jeder Motorradclub für sich beansprucht, gilt nicht mehr. Die modernen Rocker basteln sich inzwischen ihre eigenen, ebenso wechselvollen wie widersprüchlichen Banden-Biografien zusammen – heute hier, morgen dort und übermorgen ganz woanders. In Dänemark gibt es einen jungen Mann, der erst Bandido war, dann Islamist wurde und sich schließlich als Agent westlicher Geheimdienste führen ließ. Loyalität und Brüderlichkeit, Kameradschaft und Treue, diese vermeintlichen Werte der Rockerszene sind, so sie denn je etwas gegolten haben, inzwischen bloße Lippenbekenntnisse. Für die meisten Biker zählt nur noch ein Ideal: der eigene Vorteil. Langfristig könnte sich das als Nachteil erweisen.

PERSONENREGISTER